越西的云朵

中国文化记者越西行采访调研作品集

主　　编◎丁振海　郭运德
执行主编◎王琴珍　何万敏

党建读物出版社

第十一届全国报纸副刊理论研讨会于2023年9月23日在四川越西召开。图为全体与会人员合影

（中共越西县委宣传部提供）

◆瞻仰红军洞，缅怀革命先烈　　（申菏亮 摄）

◆第十一届全国报纸副刊理论研讨会会场　　（申菏亮 摄）

◆记者们参加越西农民丰收节暨越西苹果节　　（申菏亮 摄）

◆记者们在普雄镇且拖村农户家中观看新稻谷脱粒　　（申菏亮 摄）

◆记者们在尝新米节体验基地为参加新米抽穗比赛的村民加油

（中共越西县委宣传部提供）

记者们在普雄镇呷古村委会活动室采访银饰传承人　　（申菏亮 摄）

记者们在普雄镇呷古村委会活动室采访村支部副书记阿侯热曲

（申菏亮 摄）

记者们在普雄镇且拖村采访月琴传承人　（申菏亮 摄）

记者们在中所镇陶家营村采访民宿老板　（申菏亮 摄）

记者们在越西县城北感恩社区村史馆调研，感悟脱贫攻坚成就

（申菏亮 摄）

记者们在越西县越城镇第一幼儿园采访并与幼儿园的老师、孩子们合影

（中共越西县委宣传部提供）

越西：藏在深山人正识

丁振海

每一个地方因为自然地理的形塑，有着属于自己的样貌与性格。如何定义一个地方，也许不同的人有着不同的答案。

有这样一个地方，它有积淀两千多年的历史厚度，还有街巷村寨的烟火温度，更有多民族融合的文化深度——它就是越西。

雪山脚下，嶲水绕城，坐落在北纬28°的越西，气候宜人，拥有充足的日照、充沛的雨量和分明的四季。

“春有百花秋有月，夏有凉风冬有雪。”这样的诗句，几乎就是对越西一年四季的完美写照。

春天一到，草长莺飞，索玛花开；大地披上绿装，春风飞扬着乱花渐欲迷人眼的美感。

整个夏天，“凉爽”才是主角，也将这个词所蕴含的美意演绎出怡然自得；当许多城市酷暑难当之时，20℃的体感成为多少人心驰神往的夏季清凉。

秋季馥郁，丰收的田野迎来又一个颜值高光时刻，秋色渐浓之间处处层林尽染，如油画一般饱满斑斓；枝头沉甸甸的苹果，像一张张黄灿灿、红扑扑的笑脸。

冬天飘雪，层叠的山峦变得温柔又庄重，放眼望去，天地间白茫茫洁净，有一种别样的安宁与浪漫。

泾渭分明的四季，让日子有了不落窠臼的层次和节奏，也让人们的心情时时更新顾盼。

越西古称“越嶲”，因越过嶲水设郡县得名。

汉代遗迹零关古道，是古代南方丝绸之路的一个组成段，贯穿越西县南北，使这里有过“一线通南北”之称。诸葛武侯由此南征小相岭，源远流长的古蜀文化也就有了步履屐痕；民族迁徙形成的“藏彝走廊”，留下多民族繁衍生息、交流交往交融的历史故事和文化传承。

极富魅力的彝族文化，是热气腾腾的火把节、能工巧匠手中飞针走线的绣饰和精刻细凿的银饰、勤劳质朴的“新米节”的和鸣交响。

晋太康八年（287年），文昌帝君张亚子诞生，“文昌故里”留下了博大精深的文昌文化。山绿、水碧、河清、田美、土碉楼，文昌故里旅游景区是越西县首个国家AAAA级旅游景区，塑造的正是厚重人文历史与灵秀山水的相得益彰。

获评AAAA级旅游景区，“水韵花红”2024年5月刚刚挂牌。一个以苹果文化为主题，集休闲避暑、亲子游乐、农业科普、生态观光于一体的特色旅游目的地，毫无疑问是越西“现代农业+农旅融合”的一张崭新名片。

至此，越西县已有7个A级景区，1个省级风景名胜区，1个省级大熊猫自然保护区。

远古崖画、湿地绿洲、碧潭水镇、云上梯田、油菜花海……丰富的元素组构成美轮美奂的山水画廊，每一幅美景，每一种风情，都深深吸引着四面八方的朋友。

四面环山，依水而居，青山绿水，空气清新。如许天造地设的滋养，造就了越西人勤劳质朴、乐观向上、热情好客的性格。

一个地方的文化就像流动的血液，在当地人的成长岁月里留下深刻印记，又在毫厘之间影响着他们的生活与习惯。

越西的烟火温度，氤氲在人们走过的每一个彝村藏寨、徜徉的每一条大街小巷、吃过的每一道生津口味、看过的每一种食物珍馐……九大碗、坨坨肉、烤乳猪、干糕、石磨豆花……在火候的烹饪下，迸发出治愈人心的慰藉与牵挂。家乡的烟火漫卷，仿佛是不可复制的，常让远在他方或者身在异乡的人魂牵梦绕。

从山路弯弯、马蹄沓沓，到列车奔驰、公路通畅，时间与空间的交错带来的文化交流与贸易往来见证了越西千百年来的变化。1970年7月1日，成昆铁路通车，凉山人民坐着火车走出了大山；2022年底，新成昆铁路实现全线贯通运营，包括越西县在内的沿线城市步入动车时代，凉山的旅游、农业等资源得到了巨大的释放空间。

新成昆铁路与老成昆线，相隔半个多世纪，同一走向的两条铁路、三条轨道线并列而行，“绿皮车”和“绿巨人”共同穿越高山深谷，带领越西走上快速奔跑之路。现代化交通工具在古老的土地上，勾勒出新的历史弧线。

不冷不热、不骄不躁；有纬度、有厚度，有深度、有温度……随着现代交通网络的编织与便捷，越西，这处曾经深藏在绿水青山之中的宝地，正慢慢掀开神秘的面纱，令人刮目凝视，惊羡不已。这既是此次采访活动的百名媒体人的共同感受，也必将成为全社会的广泛共识。

（本文作者系中国报纸副刊研究会名誉会长）

目录

特别奖

一等奖

二等奖

三等奖

其他作品

特别奖

丰收的表情

彭　程

在越西，四川凉山彝族自治州的一个辖县，我沉浸在金秋季节浓郁的氛围里，感受着丰收带来的欢悦。

抵达越西县城，是在前一天的黄昏时分。舟车劳顿的倦怠，让一夜睡眠格外酣沉。醒来后拉开窗帘，俯瞰宾馆楼下嶲水河湍急的流水，眺望远处高耸壁立的峰峦上缭绕的云雾，顿感神清气爽，对即将开始的行程充满了期待——要知道，这里可是大西南深山中的一隅，山遥水迢，是梦里都很难抵达的地方呵。

早餐后，我们一行乘车赶往越西现代产业园区，参加苹果节开幕式。眼前是一片开阔的坝子，绿野平畴，在远处峰峦烟岚的陪衬下，秀丽风景的诸多形态和细节缓缓地展开。车子不久就驶入了绵延无际的万亩苹果种植区。这里的苹果树植株低矮，形状与北方的大不一样，像是一株株枝干简洁疏朗的灌木，沿着一排排水泥桩密集地排列着，果实累累垂垂，带给我一种颇为新奇的感受。

会场就设在苹果园旁侧。通往会场的路两边，摆设了一长排摊位，陈列着许多土特产，有核桃、花椒、天麻、烤烟、小土豆、苦荞茶，还有豆腐乳、灌香肠、农家腊肉……这片土地上的收获琳琅满目。

圆形的会场像一盏巨碗，盛满了喜庆气氛。舞台后方的巨大背板上，写着“果香嶲州　乐享丰收”几个大字。嶲州是此地的古称，汉武帝时曾设置越嶲郡。舞台正前方的下面，摆放着一排背篓和罐子，外壁都贴着一张菱形的红纸，上面是一个斗大的“丰”字，里面装着各种农产品。主持人宣布开幕后，一队腰间扎着蓝印花布围裙的年轻女子依次上场，她们笑容甜美，步态轻盈，双手捧着藤条编织的提篮，绕场一周，展示盛放的各种丰收果实。

这一天正是秋分。几年前，国家正式把每年秋分这一天定为“中国农民丰收节”。将这个庆贺收获的节日，与传统的二十四节气之一相叠加，既意蕴丰厚又自然恰切。悠久醇厚的传统文化，向往美好生活的人性根底，二者的结合浑然天成，就像这个季节的空气中多种花果香气的混融。

既然以苹果节命名，唱主角的还是各样苹果。越西苹果成熟早，品种优，口感好，是当地的一大主导产业。苹果节同时也是交易会，“越西农特产品展示暨产销对接会”的横幅很是醒豁。蒙着白色桌布的数十米长的展台上，密集地摆放着一盘盘苹果，鲜艳红润，流光溢彩，旁边标注着它们的名称：信浓黄、红将军、锦绣海棠、维纳斯黄金……苹果被切成小片，放在小碟子里供人们品尝，整个会场弥漫着香甜的气息。开幕式的一个重要节目，是评选“苹果王”，我为被抽中做评委的几位同行者发愁：这些果实，色泽模样都饶是可爱，吃到嘴里也各有滋味，如何抉择取舍？

等到结果终于揭晓，我走到获奖品种种植者的展台前，想订购几箱寄给亲友品尝。正沉浸在喜悦中的主人，黝黑朴实的面孔上露出一丝歉意，告诉我今年的苹果已经全都被订购售罄了。近年来电商销售快速发展，去年底又新开通了穿过县境的成昆铁路复线，运力明显提升，这让大凉山的农副产品能够迅捷地发往全国各地。

白天是展示，是丰收果实的呈现；晚上则是庆祝，是内心喜悦的宣泄。

夜色笼罩了大地，远山隐遁无迹。晚餐后，重返白天的开幕现场，参加一场歌舞晚会。年轻的本地歌手一展歌喉，嗓音激越奔放。身着鲜艳服装的姑娘们，舞姿轻盈柔美，摇头摆手、转腰迈步之间，摇曳着浓郁的民族风情。最后的节目是集体舞。演员走下舞台，与观众手牵手围成一个圆圈，随着伴奏音乐的变换，跳起不同的彝族舞蹈，将晚会推向了高潮。欢声笑语中，我们这些来自天南海北的客人，分明体会到一种代入感，一种沉醉般的酣畅。相信一定有人和我一样，在某一个瞬间，真切地感受到自己的灵魂与这片陌生土地的关联。

这便是仪式的功能和效果。仪式是来自现实而又超越了现实的情境，精神的追求、心灵的慰藉，都寄寓在某种程式化的姿态、动作、吟唱和舞蹈之中。祈盼收获丰盈，是人类亘古的梦想，是跨越时间和空间的情感。那么，当丰收降临大地，庆祝便是一种必要的仪式，一种自然不过的献祭。

彝族的先人信奉自然神，在他们眼中，日月星辰、林木庄稼、田亩井泉、畜栏灶台，各自都有神灵佑护祝福。那么不妨想象，此刻，头顶高远深邃的星空中，远方没入沉沉夜色的大山里，古老的诸神们也正在俯瞰远眺着这一幕场景。

类似的情形，在过去的千百年间也曾反复出现过。区别在于，当年的场景是在简陋的茅屋里，是在黝黑的火塘旁，是嘶哑的喉咙里发出的哀求般的告白。但那些梦想与祈盼，换来的总是失望和悲叹。不像此时此刻，丰收是确凿无疑的现实，就像掌心托着的苹果那沉甸甸的分量，就像齿颊间甘甜的苹果汁液，真实而清晰。

对美好事物的体验，永远不会嫌多。就像一位嗜饮者，尽管已经品尝过不少美酒，但当一瓶新的佳酿端到面前，他怎么会无动于衷？第二天，我们再次目睹了庆祝丰收的场面，更为浩大、丰富和生动。

这次去的地方更远。车子穿过前一天行经的万亩苹果林，驶向大山深处。渐渐地，四周辽阔的天地收缩围拢过来，道路被挤成窄窄的一条，在山谷间盘旋萦回，旁边是一道乱石磊磊的溪流。山坡变得陡峭险峻，看见了几匹马，看见了成群的毛色黑白相间的山羊，看见了一个牧羊人孤独的身影。山越来越高，要扬起下巴才能望见峰巅，白色的云雾弥漫舒卷，时常洒落零星的雨滴。

行行复行行，车子又从高处迂曲下行，转过几个弯后，面前豁然开朗，出现了一处开阔的平坝。这个地方是普雄镇，四围连绵的山脉像是一道道错落摆放的屏风，绿意葱茏，将一大片稻田围拢在中间。稻田浓重恣肆的金黄色，像是无数桶颜料被一只巨手从天上倾倒下来，又均匀地泼洒开来。脑海里忽然跳出了波兰大诗人密茨凯维奇的诗句：“好一片田野，五谷为之着色！”

稻田深处矗立着一个大牌子，上面写着“四川省非遗彝族尝新米节体验基地”。稻田中阡陌交错，在好几条木板铺成的道路上，排列着整齐的队伍，有男人的队伍，也有女人的队伍，他们身着传统的彝族节日服饰，色彩绚烂。队伍中的每个人都等距离地站立着，手中高举着一把黄伞，与丰收的原野一样的颜色。在这里，一个盛大的仪式即将开始，仿佛箭矢搭上了弓弦，蓄势待发。

不，这个比喻并不恰切。剑拔弩张总是与某种紧张的情势相连，但眼前的场面却是庄重里有从容，严肃中有轻松。随着广播里发出一道指令，一支支队伍开始走动，女人牵起裙裾，男人挥动手臂，动作姿态中带有一种自然质朴的风致。原本静谧的田野，骤然间变得灵动。我再一次感受到了仪式中蕴积的美以及感染力。

在成熟稻谷散发的清香中，我们走过一段田间道路，登上一座宽阔的圆形木台。木台凸起在稻浪中间，像是一艘漂浮在海上的轮船。田埂间的几支队伍，也先后汇聚到了这里，人们将手中的黄伞放在场地中间，在歌曲《彝家幸福谣》的旋律中，围着它们一圈圈地走动和舞蹈。喜庆的气氛从木台上蔓延开来，像明亮的阳光流淌荡漾。

走秀和歌舞都还只是铺垫，是为了更好地营造气氛。和一切仪式一样，前奏过程越长，越能够提升期待的阈值。接下来，在众人瞩目中，活动迎来了它的高潮。几位彝族妇女走下田埂，走进稻田，各自俯身采下一捧稻穗。她们骄傲地举过头顶，笑容欢畅，脸庞也仿佛染上了稻穗的光泽。

她们高高擎起的稻穗，仿佛是一簇金色的火焰，带领我们沿着乡路，走进不远处的且拖村，走进一户农家，观赏这个名为“尝新米节”的彝族传统民俗节庆的后续环节。这家的男主人，一位中年汉子，把一束稻穗放在一个竹篦子中，用铲刀将颗粒剥落，倒进一口架在灶台上的铁锅里，将稻秆塞进灶膛里点燃，再用一只长把木耙在锅里反复搅动。在稻谷脱粒早已机械化的今天，这一幕现场演示，让人得以了解历史与传统，知晓劳作曾经的形态。

新米炒熟了，被倒在一个盘子里。主人簸去上面的稻壳碎屑，举到每个人面前。我捏起几粒放进嘴里，慢慢咀嚼，有一点儿黏糯，味蕾间是一股清淡的香味。

新米的香气，勾起了我对苹果甘甜味道的回忆，仿佛一股电流的传递。如果说昨天的苹果节上，看到的是丰收的果实，那么在今天的所见中，既有劳作的收获，又有劳作的过程，而它们一并体现了劳动之美。劳动和收获无法分离，就像一场深刻的爱情总是有着具体的对象。

从院子里出来，遇见两个小姑娘正迎面走来。她们十五六岁的模样，戴着绣花头帕，胸前佩挂着好看的银饰，看来是参加完这个活动回家了。两个姑娘很漂亮，那种美朴质而清新，让人想到清澈的山泉水，想到在微风中摇曳的田埂上的花朵。大家赞叹不已，纷纷与两位姑娘合影，她们微笑着，大方中又带了几分羞怯。同行的一位激情洋溢的女记者高声地说："这是今天我看到的最美的表情！"没有人认为她矫情夸张。

一个问题忽然跳入我的脑海：万事万物都有表情，什么样的画面和形象，最能寄托和表达这一方土地的特质，让我将来回忆起这次行旅时，能够再次深切感受到它那令人情感摇荡的氛围？

它们应该是鲜灵甜脆的硕大苹果，是起伏涌动的金色稻浪，是这个季节格外晴朗清澈的天空与大气所构成的澄明之境。它尤其应该是生活在这里的人们脸上的笑容，是采摘稻谷的农妇开心的笑，是炒制新米的男人质朴的笑，是参加节庆仪式的少女腼腆的笑。

这里是大凉山的深处，是莽莽横断山脉的东北麓，遥远而偏僻。在漫长的岁月中，贫穷和苦难像魔鬼的符咒，像大山浓重的阴影，笼罩在一代代人的头上。新中国成立后，民主改革运动让这里从奴隶社会直接进入社会主义社会，"一步跨千年"。进入新时代，全面奔小康的国家战略，民族地区乡村振兴的有力措施，让这里的人们摆脱了贫困，生活展现出崭新的面貌。变化的速度和幅度，都超出了他们的想象。一种发自内心的欢悦，催生出这样的笑容。

这是丰收的表情，被时代的霞光照亮。

（原载《光明日报》2023年10月20日）

探访“文昌故里”

侯　军

“举步常看虫蚁，禁火莫烧山林。”这是我收藏的一方印章的印文。我在2013年前后，曾醉心于“集印为诗”，把家里各个时期收存箧中的新旧印章，统统翻腾出来，打出印蜕，排序释文，以备作诗之用——印文乃是创作集印诗的“原材料”，就好像盖房子准备砂石砖瓦一样。而这方印章就是其中之一。在考证这个印文的渊源时，我发现这两句话出自大名鼎鼎的《阴骘文》。《阴骘文》的全称应该是《文昌帝君阴骘文》。那么，“文昌帝君”又是何方神圣呢？正所谓不查不知道，一查吓一跳，原来这位文昌帝君是中国民间流传甚广的一位大神，主司天下文运利禄，千百年来，都是读书人的偶像和保护神。而祭祀文昌帝君的文昌宫，更成了历代学子们祈盼学业有成、谋取功名的神圣殿堂。对文昌帝君的崇拜，折射出中华文化中崇文心理的深层基因；而对文昌帝君原型人物的探源，则是众说纷纭，扑朔迷离，很多传说充满了神异色彩，亦真亦幻，云山雾罩。不过，在这些传说中比较一致的说法是：文昌帝君本名张亚子，生于晋太康八年（287年）二月初三，出生地就在今四川凉山州越西县中所镇金马山。传说中，他为避母仇，举家迁来七曲山，一生行善治病，深受百姓爱戴，死后被梓潼百姓奉为梓潼神，供奉在七曲山大庙。由此看来，张亚子本是一个靠行善行医而被民众供奉的地方小神。然而，在道教和历代文人的大力推崇下，唐宋元明清，先后有九个帝王给他加封各种名爵，致使本属地方的梓潼神，逐渐与主管文运的星宿文昌星重合，梓潼帝君逐渐演变成了文昌帝君，张亚子也从一个蜀地民间神祇，一跃成为天下共祀的专司功名、文运、利禄的文昌大帝。

七曲山大庙位于四川省绵阳市梓潼县，乃是道教主流全真派“圣地”，也是文昌帝君的祖庭，故而被称为“帝乡”，可谓声名显赫，世人皆知。梓潼大庙现已被国家定为4A级景区，自然是香火旺盛，游人如织。相形之下，作为张亚子出生地的大凉山越西县，反倒显得门庭冷落，鲜为人知——譬如，身为文人的我，在来到越西之前，对这个“文昌故里”就一无所知。这也难怪，大凉山实在太偏远了，蜀道艰难，山高路险，千百年来几乎与世隔绝。若不是2022年修通了新成昆铁路，开通了动车，我们这些外乡人想要进入这个彝族核心聚居区，真是“难于上青天”。张亚子的出生地隐于崇山峻岭深处，虽贵为“文昌故里”，却其名不彰，亦良有以也。不过，张亚子的家乡人却一直把这位文昌帝君引为骄傲，在地方文献中多有提及。如在《越嶲厅全志》中就明确记载：“张亚子晋太康八年二月初三，七十一化降生在中所芦林沟张老夫妇家中。字霶夫，后勤学苦练，羽化成神。”在《文昌本传》中，记载着在越西金马山上，曾留有“上马石”“下马石”“紫府飞霞洞”等“文昌胜迹”。在越西民间更流传着诸多文昌帝君的传奇故事。这些都使我对金秋时节的四川越西之行，充满了好奇和期待。此次到越西，是来参加全国报纸副刊理论研讨会暨越西采访调研活动的。抵达越西之后，我立即在“文昌故里　水韵越西”的《行程指南》中，读到了有关“文昌故里”的简单介绍和行程安排，不禁心中暗喜。依照行程安排，9月25日下午，我跟随着五十多名来自全国各地的文化记者和副刊编辑，驱车前往中所镇的“文昌故里”，探访这位降生于一千七百多年前的“文曲星君”。入金马山下的林径，首先令人惊艳的是此地河水之清澈，湛蓝中泛着青绿，哗啦啦奔流不息，仿若大自然奏响的山水清音。通往山中的道路显然经过精心的修整，宽敞、平缓而洁净。道路左侧是奔流的河，右侧则是静穆的山。山坡上长满了高耸入云的杉树，笔直排列，密密匝匝，几乎把所有光线都“屏蔽”了，显得深不可测。我们问当地陪同的彝族姑娘：“你进过这片树林吗？”她摇摇头说：“没有，林子里太黑了，我害怕！”望着那深林幽暗处，我心中暗忖：这样的景致，不正是人们心目中的神仙居所么？

行进间，发现前面矗立着一面浮雕高墙，近前观看，原来金黄色的浮雕墙上，镌刻着文昌帝君的一生行迹和功德，而且全文镌刻着《文昌帝君阴骘文》。这使我顿时体味到一种遥远的亲近，我立即逐字逐句地重读这篇“劝善名文”——对这篇《阴骘文》，我因一枚印章而初识其句；进而寻得全文，吟诵再三；此后，又购得一幅清代士子手录的小楷横幅，定制镜框，悬挂于壁，朝夕欣赏，韵味无穷——如今，在文昌帝君的诞生之地，蓦然与这篇名文重逢，那感觉确实非同一般，或许可以说，一种神圣感不由得充溢心中。哦，我又读到了那段熟悉的文字：“举步常看虫蚁，禁火莫烧山林。勿登山而网禽鸟，勿临水而毒鱼虾。勿宰耕牛，勿弃字纸。勿谋人之财产，勿妒人之技能。勿淫人之妻女，勿唆人之争讼。勿坏人之名利，勿破人之婚姻。勿因私仇，使人兄弟不和。勿因小利，使人父子不睦。勿倚权势而辱善良，勿恃富豪而欺穷困。依本分而致谦恭，守规矩而遵法度。……”细细品味，句句皆是实理；慢慢咀嚼，字字浸入世情。倘若人人都能依照文中的规范，尊重自然，行事待人，则整个社会岂不是早就达致讲信修睦、友善亲和、风清气正、协和万邦的理想境界了？遐思至此，我情不自禁地放声诵读起来，引得周围的同行者也纷纷聚拢过来，细观这碑上的文字。有人也小声念了起来："举步常看虫蚁，禁火莫烧山林。勿登山而网禽鸟，勿临水而毒鱼虾……"随之，人群中传来啧啧赞叹之声："这不就是倡导保护自然么？""是呀，一千年前的中国人，就有了这种环保意识，了不起呀！""难怪越西这边的青山绿水保护得这么好，原来是有传统的。"……

我缓缓地向坡度渐高的山中走去，标识牌上分明指着"文昌大庙"的方向。走过了"上马石"，又走过了"下马石"，来到了新修的高大的"文昌故里"牌坊。再往上走，就是一眼望不见尽头的石阶了。当有些朋友闻知，这上面的"文昌大庙"是新修的，并非原建的古迹，遂决定放弃，不再去费力攀登了；也有同行者听说前路甚远，要攀爬数百级台阶，也望而却步了。但我决心要爬到顶端，向文昌帝君献上我的崇敬和顶礼——其实，我对文昌帝君并无任何功利性的祈求，我来拜望这位神祇，只因他曾谆谆告诫后人："举步常看虫蚁，禁火莫烧山林……"此时此刻，尽管我的身体很不给力，尽管我已汗流浃背、气喘吁吁，但我依旧一步步拾级而上。抬头望，云岚飘逸处，渐次露出琉璃瓦的金色光影，我知道，我离"文昌大庙"已越来越近了……

（原载《大众日报》2023年10月15日）

流水高山赋零关

陈桥生

乍见目的地“越西”，不由得想到了谢超宗这个人。

知道谢超宗的人不多，但他有个闻名遐迩的祖父，就是中国山水诗的鼻祖、刘宋诗人谢灵运。谢灵运最后被贬于广州，死于广州，留下一大家子，包括当时年仅两三岁的谢超宗在广州生活了近二十年，其家人才得允回到都城建康。

初回建康的谢超宗，因其文采风流，一时被誉为“灵运复出”。然而，事实上，比起文采风流来，谢超宗在为人处世上，更可见隔代的遗传，以致史书上对这祖孙俩的评语用词雷同，一样的“恃才放逸，多所陵忽”。谢超宗的结局是“诏徙越州”，也就是流徙今天四川越西一带。只是，他没有机会到达越州，走到江西南昌便被赐自尽。

辗转之下，当我来到越西，伫立越西博物馆前，蓦然发现，十几年前那位一夜闻名的“春运母亲”，竟然也是越西县人，名叫巴木玉布木。在春节返乡路经南昌火车站被记者发现时，她背着一个巨大的包袱，沉重压弯了她的腰。她左手拎着一个提包，右手抱着一个看上去只有几个月大的孩子。重负下有生活的希望，令人动容。

出名后，很多记者都想联络采访这位母亲，据说多被她谢绝了。她只想过自己的平淡生活，不想被外界过多打扰。不再外出打工后，她在家种植烤烟，在多方的政策支持下，已经如期脱贫。

我们下榻的酒店，坐落在越西河畔，从窗户望出去，是连绵成片的坝子，围着坝子是高耸陡峭的山峦，山峦上白云缭绕，给这片土地蒙上了一层薄纱。

就在去年，成昆铁路复线开通，横贯越西县城，将这座县城带进了高铁时代，也使得我们有更多的机会来到这片土地，一睹其面纱笼罩下的芳容。

正是一年一度的丰收节，当地举办了隆重而丰富的农特产品展示会，锣鼓喧天，载歌载舞，乐享这天地自然最丰盛的恩赐。我们被安排品尝四十多种不同颜色和口味的当地苹果，并现场评分。从1号到45号，红色的富士，黄色的维纳斯……哪里还分得出什么高下。一位同伴说，苹果，以后就吃越西的了！

越西的苹果，饱含着阳光雨露的滋味，一口下去，脆生生，香满腮。阳光般热烈而丰富，雨露般浓郁而清甜。不禁感叹造物主的神奇——养在深山，天生丽质。

越西在大山深处。从成都转越西高铁，需要两个半小时的路程。一路上，穿隧过桥，非隧即桥，窗外所见是高可蔽日的连绵大山。以为天色已黑，到达越西县城下车后才发现天还亮得很，有《桃花源记》中豁然开朗之感。

几天后离开，我特意选择从西昌机场转机。从越西到西昌，高铁仅半小时，我们自驾车大概也就是两小时的车程。车辆在群山中盘旋，不期然窥见新旧两条成昆铁路线的交织穿插，“正入万山圈子里，一山放出一山拦”，如两条练带在高山大河之间飘舞回旋。成昆线限于当时的施工条件，大体是缘群山的边沿前行，以最大限度减少爆破工程量。新的成昆复线，得益于大国重器，逢山钻隧，遇水架桥，以一往无前的气势，直抵目的地。两者一雄劲，一婉转，时而缠绵交颈，时而又引吭高歌而去，期待着下一次的遇合相拥，在莽莽群山之间，奏唱着一曲《高山流水》。或峨峨兮若泰山，或洋洋兮若江河，令人心驰神往。

蜀道难，难于上青天。不是靠现代化的交通，要来到这片土地，走出这片大山，谈何容易！因其如此，对于路桥的开通，身处边陲深山里的有识之士，会有更加切身的感受，并付之以自觉的行动。岭南的张九龄，因而开通了大庾岭路；身为成都人的司马相如，由是打通了零关古道。

对于司马相如，我们更熟悉的是他与卓文君当垆沽酒的爱情故事。在越西，我们却走在他两千多年前打通的零关古道上，寻找着南方丝绸之路的点点记忆。

在越西县城的南面，“零关”二字依然深深地镌刻在路旁的石崖之上。据考，此二字是清代官员梁正麟来到越西，在听闻零关古道的历史，得知司马相如曾在此书写过“零关”真迹后，欣然所题。

石刻旁边，是日夜奔流不息的水观音河。河水湍急而丰沛，仿佛依然在叙说着古丝绸之路的昔日繁华。河上有一座古石桥，桥面由两块石梁铺成，故称“双石桥”，它是零关古道上最负盛名的古迹。水绕山而流，桥因山得名，故又称“丁山桥”；溪流顺古道而下，石刻应古道而出，古桥因溪水而建，也称“零关桥”。

双石桥建于明代嘉靖年间，距今有五百多年的历史，依然静静地屹立在溪河之上，承载着流水的冲刷与光阴的流逝。行走在石桥上，水声激激，逝者如斯，正适合发思古之幽情。因为有河有水，可供饮马歇脚，自然而然便成为商贾马帮的歇息之地，成为古道上的一处地标。文人墨客过此，思接千载，逸兴遄飞，挥毫泼墨，遂有摩崖石刻在。如今，在“零关”石刻旁，书写着斗大的一行字，便是《史记·司马相如列传》中的那句描述：“通零关道，桥孙水，以通邛都。”笺注着石刻背后的历史内涵。

司马相如之通西南夷，缘起于汉武帝朝的一位将领唐蒙，与武帝一统岭南直接相关。这让来自广州的我，感到莫名的兴奋。

唐蒙原为鄱阳令，后来被派遣出使南越。南越人在招待他时，让他品尝到了一种蜀地出产的枸酱。唐蒙觉得味道不错，打听是从哪儿来的，南越人说是夜郎人从牂牁江运来的。说者无心，听者有意。了解到夜郎沿牂牁江水道可直通南越统治中心番禺，又听说夜郎有“精兵十万”，于是唐蒙回长安向武帝提出通使夜郎，利用夜郎兵力，“浮船牂牁江”，出其不意，直取番禺。武帝果真采纳了这一“制越”计划，任命唐蒙为中郎将，让他率兵联络夜郎。

唐蒙急于打通道路，大肆征用民力，惹得越西一带民怨沸腾。为安抚民众，武帝便使相如去告诫唐蒙。相如身为钦差大臣，一边谕告安抚巴蜀父老，如此征用并非皇上旨意，一边却晓之以大义，劝谕接通西南夷乃大势所趋。他恩威并施，接受西南夷诸部归附，调发巴蜀兵卒数万人，最终打通零关古道，开辟通江达海的南方丝绸之路。

零关古道将散落在高山峡谷间的一个个古老城镇串珠成链，连缀成南北文化交融之道。两千多年后的今天，无论是成昆铁路、西昆高速，还是雅西高速，依然紧紧地贴合着这条千年古道，承续着先民们一步一步走出的文明之路。

今天的越西大地，古道、水路、公路、铁路、高速路通达，纵横交错，书写着一篇宏阔的叙事诗，绵密而绚丽。

（原载《羊城晚报》2023年11月14日）

错过了20℃的夏天
——初访越西之我见

瞿冬生

题记:“取山水之灵秀,揽江河之开阔”的越西,好在气候,美在环境,贵在风情,富在特色。遥心萌动,我会想念你的,直到重逢的那一刻。

我第一次到越西,错过了“20℃的夏天”,幸好没有错过避暑。

立秋过去一个多月了,温州仍有37℃高温。9月22日清晨五点半,我去往机场路上偶尔打开车窗,一股热气乘势而入。傍晚,我拖着行李箱走出越西站,迎面便吻着凉爽的柔风,点开手机一查:“越西县16℃”!

说实话,刚接到中国报纸副刊研究会在“文昌故里　水韵越西”召开理论研讨会暨采访调研活动通知,我尚有疑虑。9月14日,王琴珍秘书长微信留言:“瞿总好!越西的活动您能参加吧。上周我去了一趟越西,感觉非常好!没有工业,没有污染,空气超级好!是2020年才脱贫的彝族县。敬请拨冗出席!”“好的,我一定不掉队。”于是,依据凉山日报社原副总编辑何万敏的建议,安排了行程。

遥远陌生的越西，一见如故

“苍苍越山数百里，滔滔嶲水万千年。”越西，对我来说是遥远陌生的。然而，越是遥远越是渴望，越是陌生越是好奇。

了解越西，从“嶲”开始。“嶲州印象”解说员解释：“‘嶲’字是古人根据越西的地形地貌量身打造的，上为山，恰如高山大岭，中为隹，形似鸟类，下为凹，寓指两山之间的坝子。”

越西，古称越嶲，汉武帝元鼎六年（前111年）因越过嶲水设郡而得名，位于四川省西南部、凉山彝族自治州北部，面积2257.61平方千米，人口38.6万，有彝、汉、藏、回等十多个民族，是彝族人口占81.1%的多民族聚居县。境内海拔高度在1170米至4791米之间，被誉为“20℃避暑胜地”。

寄托彝族同胞感恩情怀的“车史则”（彝语，尝新米节），历史悠久。云岚秀润的普雄镇且拖村，坝子上一片金黄，沉甸甸的稻穗微微摇动着曼妙的舞姿，好似欢迎远客的舞娘。仪式开始，撑着黄伞的彝族同胞列队穿过田间小路，徐徐走向基地中央的圆形高台。随着音乐响起，盛装的彝族同胞手牵手围成圈，跳起了欢快的“达体舞”。

彝族同胞的服饰勾起了我的回忆——20世纪六七十年代，“三寸金莲”的奶奶穿的也是靛青蓝布衣服，铺盖的都是蓝夹缬织物……青蓝基调曾是那样的熟悉，我仿佛回到老家的田野，竟忘了自己的伤腿，主动加入舞蹈的行列，尽管脚步时有错乱，但这并不影响我们开心。

一曲舞罢，稻田中央，越西融媒中心主任林建江邀我访谈。同行之请，不好谢绝。年轻记者田匡犁问我：“贵姓？”“免贵，姓瞿。”“瞿秋白的瞿？”经常被喊成“翟先生”的我不免有些诧异：“咦，很多年轻人都不知道瞿秋白的，你……”小田接过话茬：“我妈妈姓瞿。”“哦。”我恍然大悟。瞿姓人少，不想在越西也有本家。“遗憾的是这段时间爸妈不在家，该邀请您来家里坐坐或者来拜访您。”听了这话，我感觉在越西寻到亲戚。

随车民俗老师阿苏越尔，是彝族著名诗人，曾任越西县旅游局局长，讲起越西人文地理，生动风趣。听到他讲“我们越西人被称为大凉山的温州人”，我这个地道的温州人当然要打破砂锅问到底。阿苏老师告诉我：“大概二十年前《四川日报》有过这样的报道。”“因为越西人在凉山总共17个县市里做生意是最多的。有的地方只要越西人回家过年，街上的店铺都得关门。”“越西人跟温州人一样很勤劳。”

“越西人什么时候开始喜欢做生意的？”我问。

“因为有南方丝绸之路零关古道，外来商旅文化很早就进来了。那些肩挑背扛做生意的人，觉得越西有坝子是个好地方，就留下来了，同时把做生意的意识灌输给当地人，使他们扎下了做生意的根子。”

明白了，我和越西一见如故，因为有个共同称谓：“温州人”！

瓜果飘香的越西，一见倾心

9月23日上午，正值第六个中国农民丰收节，“果香嶲州　乐享丰收”——越西县2023年秋季旅游主题活动在现代农业（苹果）产业园开幕。活动现场，苹果、葡萄、菜籽油、豆腐乳等独具越西特色的农产品琳琅满目。青苹果、红苹果、黄苹果，一个比一个大，一个比一个漂亮，看得我口水直转。在苹果品鉴会现场，种植大户余德贵自豪地说：“今年都被预订光了，你们要得明年了。”买不到他的苹果，但还是品尝到热情。他切了大块苹果递给我，接过来一咬，嘎嘣脆。“啥品种？”“维纳斯。”“真甜哪！”同行们纷纷颔首称赞。这是我平生见过最集中、最丰富的苹果盛宴了。

长期在西安日报社工作的温州老乡章学锋看出门道：“越西苹果与我

们陕西当地的苹果相比，高海拔带来的温差和日照，让越西苹果果香更加浓郁、口感脆爽、脆甜多汁。”王秘书长说：“买一箱苹果也是一种支持。”果香诱人，个个心动，纷纷下单，寄给各自亲友品尝。

沃野田畴，雨露润泽。越西是凉山较早引种苹果的种植大县，因农户分散、技术跟不上等原因，一度失去“凉山苹果”代言地位。在东西部扶贫协作工作组帮助下，占地5600亩的现代农业（苹果）产业园区应运而生，并引进“5G+物联网”先进技术，种植面积扩大到10万亩。得益于品质优化提升，越西苹果重振雄风。任何农产品，唯有好品质，才能有市场，才能有未来，相信越西一定会“咬定”品质不放松。

除了苹果，越西其他果类也不逊色。葡萄饱满圆润，口感香甜，甜美中夹杂着玫瑰的香气，被称为果中“新贵”……我想，在这样的自然环境中，什么果不香，什么果不甜?

错过20℃的夏天，遇见丰收的秋天，我没有遗憾。

人文胜境的越西，一见了然

也许是受刘伯承元帅长征途中与小叶丹歃血为盟故事影响，在我心中，大凉山是一幅崇山峻岭刀耕火种的图景，来到越西才知道这里还深藏着许多人文胜境——

嶲水滋养了“主文运，司科举”的文昌帝君张亚子，留下了历史悠久的文昌文化；

南方丝绸之路“零关古道”纵贯南北，国保“零关古道摩崖石刻”见证了丝路沧桑；

诸葛亮南征小相岭，左权、刘亚楼带两千红军过小相岭，演绎着不同时期的悲欢；

……

走村串户，方知风情。在“彝绣第一村”普雄镇呷古村彝绣非遗工坊，一群彝族妇女围坐一起，专注地忙着手工活。精美的绣品吸引了前来采风的女同胞。见人就熟的琴珍秘书长干脆坐了下来，拿起针线一边绣一边讨教。这种体验我只能当看客了。

来到越西县非遗扶贫就业创业孵化园，县妇联金慧女士提着沙哑的嗓子介绍，让我颇为感动。鳞次栉比的店铺，各具特色的工艺品，吸引了大家的目光，购物队伍迅速壮大。我看中陈列柜里彝族漆器小酒杯，可惜只剩一个。热情的潘鸿小妹妹从货柜下面翻找半天，终于凑成双让我带回家。

陪同参观的彝族小伙杨康，特地向一家制衣店借了套衣帽，让我感受一下穿着彝族服装的独特风采。我摸了摸头上盘有英雄结的彝族帽子，拽了拽衣襟，高兴地喊道：“小杨，难得穿一次彝族服装，请你给我拍张照吧！”

“天上文曲星，人间水观音。”“胜境清绝”的水观音位于越西城南五公里处金马山麓。羊城晚报陈桥生直呼：“水观音真的是太漂亮了，像一个蓝色的宝石。”站在清澈透亮的潭边，泉水或从潭底滚滚上涌，或从岩缝汩汩而出。见此，真想掬几口解馋。徜徉此间，耳畔回响着潭水越过青石堤坝奔泻而下的轰鸣声，犹如一去不复还的壮士发出的呐喊。

百里不同风，千里不同俗。在越西，我品尝到了越西最古老最传统最具特色的美食——象征五谷丰登四季平安的“越西九大碗”。饱览人文胜境，又有美味佳肴，乐哉快哉！

（原载《温州日报》2023年10月18日）

仰望红军洞

何　亮（申菏亮）

一

来越西第四天了，今天的行程，是前往南箐镇瞻仰红军洞，再回县城附近参观红军长征纪念馆。

前面三天，要么是晴空丽日，片片如羽的白云把天衬得更蓝，把山映得更绿，也让这座川南古城更显雄姿英发；要么云脚虽低却并无雨意，如纱的薄雾让嶲水河格外柔美，让大凉山更加静谧。我们便得以完整地观摩了县城近郊的苹果节和普雄镇的尝新米节，和盛装的彝族同胞一起跳达体舞，也聆听他们发自肺腑的“共产党瓦吉瓦（好得很）”“习总书记卡沙沙（感谢）”的心声。

可是今天一早，天幕变得铅灰，继而细雨霏霏。

就有记者同行感叹：或许天亦有情，在为英魂落泪啊。

二

说来有些惭愧，做了这么多年军队记者，直到来越西之前，我竟然不知红军长征到过此地。只知红一方面军曾穿越大凉山，在会理召开过重要会议，在冕宁有刘伯承与小叶丹的彝海结盟，使红军得以顺利进军川西，在安顺场强渡大渡河。

这次才知道，为刘伯承率领的红军先遣队打掩护的另一支部队，正是故意暴露在右翼的交通要道，剑指越西，以吸引国民党和地方军阀围追堵截红军的兵力。这支部队在左权、刘亚楼、张爱萍率领下，虽属佯动，却以迅雷不及掩耳之势拿下天险小相岭，攻占越西城，并保证了更多后续部队沿此通道北上。

那覆盖了大半个中国的“地球的红飘带”，在大凉山深处的这个偏远小县，也曾留下过一抹红呢。

三

红军洞，就是这抹红中一个醒目的红点，也是一个悲壮的痛点。

红军过越西，始于1935年5月21日，终于5月29日。时间虽短，却通过打土豪、分浮财、解救“质彝”（为防止彝族人民反抗，国民党反动政权从各村各族抓人囚于监狱，族人生事，则处死人质），深得民心，9天之内竟有一千余名越西儿女踊跃参加红军。许多人牺牲于长征途中和抗日战争、解放战争的战场，幸存者则有的成为我军将领，有的转业回到地方，成为凉山州乃至四川省的各级领导。越西是当之无愧的中国彝族红军之乡。

那么，这红军洞又有怎样的故事呢？

县委宣传部的李虹霏干事向我们作了详尽的讲解。她说，听这名儿，人们会以为洞里曾住过红军，或是红军在这里打过仗，其实都不是，而是当年一位红军战士被反动派残害后抛尸的地方！

这位战士腿部负伤且严重化脓，未能跟上攻占越西后又继续北上的队伍，一个人拄根树枝一瘸一拐地来到小相岭下的小哨村，被村民周五幺救回家中，用草药精心医治。几天后，因害怕红军而逃跑的奴隶主和“民团”的恶霸回来了，他们得知有红军伤员在本地养伤，威逼村民交人，不然就挨家搜查。红军伤员为了不连累群众，拄着拐杖挺身而出，被狗腿子们绑起来带往半山腰的溶洞旁。为了发泄对红军的刻骨仇恨——过红军这些天，恶霸地痞们四处逃窜没少吃苦头——他们先是砍下红军战士的一条右臂，咒骂着“看你还当不当红军”，红军伤员忍痛喊道：“老子不但今世当红军，下辈子还当红军！”并奋力高呼：“中华苏维埃万岁！红军万岁！”狗腿子们再不敢正视，七手八脚地把这位红军战士推下深不见底的溶洞，还搬来大石把洞口封死，不准任何人进入。

奴隶主还借此威胁群众：“看哪个再敢调皮，就把他和红军一样丢进洞里。”

乌云又笼罩越西，这山洞和红军的故事，渐渐地入雾蒙尘。直至1971年，越西县整党建党工作队进驻南箐乡，已改名为河坎村的原小哨村老村长尔古依布向工作队报告说：“我们的红军战士在山洞里睡了几十年，你们应该想法弄出来。”这才揭开历史尘雾，在溶洞深处搜索到那具失去右臂的遗骨，为烈士举行了隆重庄严的公祭和安葬仪式。

一车人听得入迷，一个个都神情抑郁，有如车窗外的雾雨。

“那，这位红军战士叫什么名字，是哪里人呢？”我问李干事。

“不知道。后来有关部门曾找周五幺了解，他说红军倒是跟他说过部队的番号，说伤好了就去追赶队伍，可惜被他搞忘了。他还说那个红军已不年轻，有三十几岁。”

三十几岁，应该是已成家立业的年纪了，仍义无反顾地参加红军，拖着伤腿追寻队伍，手臂被砍断，仍傲对群魔喊出“下辈子还要当红军”！这位不知名的红军前辈，怎不让人由衷缅怀，含泪景仰！

四

红军洞周边现已辟为景区，是越西县红色教育基地。广场上有一尊高逾五米的中国工农红军第一方面军的军旗雕塑，广场边有萦回曲折的栈道通往陡峭的山巅，那危岩壁立的断崖下，便是红军战士牺牲的溶洞了。此时雨虽稍歇，但栈道湿滑，宣传部的同志建议我们不要上山了，接下来还要去参观红军长征纪念馆。

我们便在那硕大的军旗雕塑前伫立，向烈士牺牲的方向仰望，向军旗下烈士的铜像敬礼，默哀。

铜像两侧，各有一方石板墙，呈电影胶片式样，左侧石板上刻绘了红军攻克越西、民众夹道相迎的场景，右侧是红军战士在村民家中养伤、不幸落入敌手和英勇就义等画面。

漫漫长征路，英勇牺牲的红军先辈无以计数。少年时看《星火燎原》《红旗飘飘》，那些被写进书里的先烈英名和光辉事迹常令我泪湿衣衫；如今来到越西，仰望红军洞，仍让我思绪万千，眼含热泪，心灵震颤。

感慨高贵的人性能达如此境界。

赞叹坚定的信仰竟有这般力量。

回到车上，还忍不住遐想：这位红军烈士，真的就无法查出姓名和籍贯吗？现代的DNA检测手段，据说能从一缕毛发追溯到家族谱系，能不能从其在世的亲族那里找到有价值的线索呢？

就有记者同行提醒说，怕是太难。且不说启坟取样会扰动英灵，更须知道，红一方面军是从赣南出发，瑞金那一带，红军家乡整村整族都已在国民党反动派“石头要过刀，茅草要过火，人要换种”的暴行下几乎灭绝了呀。

一声叹息。

或许，我也不必太为此难过。

那漫山遍野的索玛花儿，谁能叫得出每一株的名字，谁能知道每一丛来自哪里呢？只见每到春天，它们便红满山野，给大地带来最美的春色。而这位红军烈士，不论他姓甚名谁，不论他来自何方，不也是用他的热血浇沃了越西大地，用他的精神激励着凉山各族儿女吗？

（原载《火箭兵报》2023年10月14日）

一等奖

越西的云朵

何万敏

蓝天之上，白云移动。

高山退隐到远方，一片开阔的土地拓展视野。丰收的时节，饱满的稻穗已经沉甸甸压低了弯弯的曲线，品尝过新米的农户，脸上的笑容消解了镰刀飞舞的劳累；还是这片土地，春天则有另一番景象，油菜花的黄色几乎覆盖了植株的绿叶，山风知趣地将油菜花摇曳出花海的波浪。

近处的山体其实是远山的延展部分，浓郁的树木塑造出森林的模样。陶家营村依偎在山脚边，又有清溪缠绕，这适宜人居之地是先人们机智的选择。把目光定焦在这里，在久远以前……

一条南丝路

无论北上还是南下，一条延伸出去的道路，都把我们带向另一个远方。

南方丝绸之路，当然是很久以后那些研究历史的学人怀抱崇敬之情为一条路的命名。

线索埋藏于古人的史书。司马迁的《史记·司马相如列传》记载：

天子问相如，相如曰："邛、筰、冉、駹者近蜀，道亦易通，秦时尝通为郡县，至汉兴而罢。今诚复通，为置郡县，愈于南夷。”天子以为然，乃拜相如为中郎将，建节往使。……司马长卿便略定西夷，邛、筰、冉、駹、斯榆之君皆请为内臣。除边关，关益斥，西至沫、若水，南至牂牁为徼，通零关道，桥孙水以通邛都。

后来，司马相如出使西南夷，汉武帝在邛都设置了越嶲郡，辖十五县，属益州。

如今在越西县中所镇公路边的石崖上，“零关”两个大字涂了红漆。石刻题记讲述的是，民国三年（1914年）建昌道尹梁正麟到越西，听闻当地历史传说后，欣然提笔书字，再由后人刻于石崖。

道路蜿蜒，我的文字思路如云一般也顺着这条道路稍作延伸。

凉山所处的地理位置特殊，偏居西南边，却是内陆联结边地的一个交汇点。这个点其实也是一条线，牵连起许多重要的地名。从古至今这里是许多条驿道、马道、公路、铁路的要地。越西、中所、陶家营，行政级别分别是县、镇、村，前一个地域包含了后一个地域。像是在地图上不断放大，我们看到的地方越来越清晰。

道路的伸展，便于人们的行走、商品的流通。选择一地居住，则是理性选择、刻意营造、接续繁衍的过程。

“陶家营得名明洪武年间人陶亨。但本地没有姓陶的人，本地的大姓是陈、程、袁，还有李、王、耿。祖辈流传这里是一个老村落，早先屯兵，最多时屯兵上千人。陶亨率兵驻守，是都指挥使，负责官道商贾安全，保一方平安有功，后升任都督并调任应天府。”陈磊是中所镇政府干部，作为旅游人才引进，熟悉陶家营。他的爷爷陈明福70多岁，他从小在爷爷讲述的故事中长大。

我翻书求证，没有遇见陶亨。到迄今一百多年的光绪版《越嶲厅全志》看到营、堡的关隘名多，证实天高地远、道路崎岖，匮乏的物资获取与商品的交易，委实不易。一条在漫长岁月中逐渐形成的道路，混杂着各种方言口音、装束风俗、饮食习惯，像天空的云朵聚散漂流。

矗立的碉楼

还没有走近的时候，粉红的桃花和米白的梨花在前面遮挡了碉楼的半截。土碉墙体逆光的一面处于阴影，颜色饱和，恰好衬托花的艳丽。

碉楼是陶家营村最为显眼的建筑。特别是把碉楼附近以往乱搭滥建的房屋清理以后，成为一个小广场或者一个小场坝，平平整整，碉楼直接从地上升起来，挺起腰，昂起头，那非凡气派就是威武的象征。

碉楼不孤独。民居四散，多矮平房，如是陪衬，连接成街巷。

碉楼用泥土夯实为墩厚的墙体，而且愈是基础部分墙体愈是厚实；依次向上堆砌再逐步收束，正好减轻重量使建筑结构更牢固，牢固的目标是巍然坚挺。经历了上百年的风雨侵蚀，特别是人口迁徙之后的遗弃，有的土碉倾塌成为废墟，但有的尽管墙体斑痕累累，整个碉楼仍然保持建造之初的神态。

最高的碉楼有五层，18米，碉楼内部以木梯搭建援引攀登，每一层设小窗户方便观察。所谓站得高看得远，当初兴建碉楼主要用于防御，周围动静大致俯瞰。旧时代的动荡不安，有了如此易守难攻的碉楼，成为南方丝绸之路上保护驿站和村落的有力武器。

有更替，有传承。基本形状还良好保存着的碉楼，由新的时间来为陶家营呈现风范。

作为乡村振兴示范项目，越西县拨出专项资金，宁波市江北区资助东西部协作资金同时出力，从基础设施着手，将154间房屋的外立面，统一刷土黄色的夯土漆，屋顶全部改成斜坡小瓦，周边的房屋和矗立的碉楼高低呼应；在石龙山下用透水混凝土新建骑行道，与原有村道衔接形成游览环线。但是，要让农民改变观念，把碉楼改造成民宿，阻力相当大。县领导到动员会上讲愿景：旅游人多了，民宿产生收益，你们坐在家门口都能挣到钱。

电视上羡慕过别人的富裕生活，内心不敢想，心花却悄悄地开放。

“每个碉楼花15万元到30万元，腐烂的木板全部换成杉木楼板，老化的电线电路也全部换。”中所镇镇长谭元东清楚记得施工动作，“把偏房拆除，把土碉亮出来”。

陶家营全村尚有50余座碉楼，重点打造的18座，旧貌换了新颜。

“逍遥”年代最长，有200多年历史。“逅院”期待邂逅，承包人叶升新来自宁波市江北区，做旅行社多年的丰富经验让他看好这里的清爽气候和清新空气。

天上有云朵，民宿盼人来。

想念的味道

石龙山庄，其实是一家典型的农家乐。木质栅栏将包间外的小院隔开，房间的屋檐处吊挂塑料仿真的绿色藤蔓，如此装饰风格到底是装修工人的审美趣味，还是农家乐老板的风雅思维，不得而知。无论俗或者雅，混合着人们复杂的认识与情感。相比较而言，来到石龙山庄的吃客应该爽快，直奔美食而来，大快朵颐地满足口福才是主题，摆上餐桌的各式菜肴色香味俱全才是要素，至于环境包括陈设，做到卫生也就放心了。

“是的，你们放心地吃。有啥子需要，只管喊我一声。”老板张崇兴是本地人，敦实的身材，满面的笑容。十几年前在西昌开小餐馆，练就了烹调手艺，摸清了经营门道。2018年回到中所镇，“在这里开办农家乐”，他伸出手比画着位置。

农家乐就在游客中心一侧，位置占有优势，招牌很容易被来往的游客看见，据说是陶家营村生意很好的店铺之一。招牌重要，招牌菜更重要。打开了味蕾，也就打开了钱包。

越西的招牌菜，当属“九大碗”：红烧肉（当地人称墩墩，形容小块肉的外形），甜烧白，咸烧白，蛋皮包肉（当地人称马脚杆，形容马蹄式的外形，也叫香碗），粉蒸肉，红烧排骨，红烧笋子，凉拌三丝（要有海带丝哟），三鲜汤。

“九大碗”在安宁河谷一带的冕宁、西昌、德昌比较盛行，算不得张崇兴的独门绝技，做法也有一些差异。但食客追捧地方菜，老味道唤醒了对过往岁月的记忆，日常生活的记忆，还有人情世故的记忆。人与食物的紧密联系，不是一日三餐简单数字的叠加。每天琢磨怎样吸引食客垂涎的张崇兴摸得准餐饮的脉搏跳动，“民族菜”原汁原味保留了彝族餐的坨坨肉、荞馍馍、酸菜汤，后来时兴的烤全猪、烤全羊则提升了传统饮食的档次。

各种不同的生活因为美食得到了兼容。风情各异的习俗得益于情感的交流而相互欣赏。

转身看到你

陶家营村转型，从农业转到文化旅游农业相加。未来发展，重点在旅游。

游客中心成为陶家营的会客厅。高大的落地玻璃，映射着蓝天与白云、树木与花草；午间强烈的紫外线被隔离在外，洁白的云朵仿佛透过玻璃飘来。

耿婷身着浅色长裙去前台咨询办事，又来茶歇圆桌边与村干部商量。四川师范大学毕业，汉语言文学专业本科，应聘在成都金苹果幼儿园，被父亲喊回来。父亲是越西县最早做食品批发的老板之一，现在年龄大了，耿婷明白父亲要她回来“女承父业”。回到越西，她磨砺自己，独当一面。2016年注册，成为越西县一家商务公司的总经理。

从小耳濡目染，仍然缺乏经验。“就从一只鸡卖起走。”轻描淡写的语感，勾勒的是风生水起的干练。电子商务属于年轻商人的便捷工具与增值平台，和多个村集体合作，农民养鸡，公司销售农特产。有鸡不稀奇，越西这地的鸡却是“暴走鸡”，不喂饲料敞开放养，肉质饱满细腻嫩滑。“鸡卖得最好的地方是广州，因为他们喜欢煲汤啊。仅此单品一年的销售超过800万元。”耿婷跟进组建了越西最大的冷链运输公司，开张了生鲜连锁超市“菜满满”。与陶家营村合作，建立了农产品检测中心。“把控好质量，回头客越来越多。必须实行农特产品的内检，我们放心才能让消费者安心。”

耿婷拿出一张打印的陶家营村卫星地形图，她看好这里的一大片土地，计划做基地，种植蔬菜和水果。她脸上露出笑容：“我来落实土地。”表情朴实而真诚。

身边的几位村民，同样报以微笑。一位据说当过多年村支书的老人站起来插话：“纯朴的老百姓听话得很，做事情都会提前完成的。”

四川省凉山彝族自治州越西县，2020年完成脱贫攻坚以前是国家级贫困县。一份统计数据显示，越西县2022年农民人均可支配收入1.4万元。如果单算陶家营村，数据中从农业转型到旅游的部分，已经占较大比例。熟悉的劳作，有趣的旅游。村庄被打开了，车辆上走下来身穿五颜六色衣服的人，他们嘻嘻哈哈玩耍拍照、坐着聊天喝茶吃饭，然后车辆又把他们拉走。原先一辈子只顾忙碌农活的农民，现在每天热情周到地为游客服务，心安理得地通过服务增加收入。

光线的变化是云朵飘动带来的，光线显示着时间的刻度。坐在明亮的游客中心大厅，我们都能感受到这里所发生的变化，有些变化可以让陶家营村的人讲述出来，可能还有许多变化只能是他们自己意会得到的。我试图从云朵去寻找越西变化的线索，仿佛知道时光会公开大山、树木、田垄、庄稼、房屋的密语，知道这些大地上的元素与人们的生命和情感变化息息相关。

（原载《中国艺术报》2023年12月8日）

越西纪行

吴　勇

从成都出发，复兴号穿行于川西平原，转向西南，沿途农田、村舍、工厂连绵分布于平坦的绿色沃野之中，从车窗往外眺望，远方渐渐有了青山的轮廓。经过峨眉站之后，列车很快就以一种猝不及防的方式，钻进大山深处，密集而漫长的隧道扑面而至，将黑暗灌满车厢，间或从山谷探出头，高耸的大山又瞬间压过来，光亮一闪即逝，列车再次被黑暗吞噬……路过峨边站时，能看到站牌上多了彝文的标识。这一切都意味着，此刻我们正亲历着从四川盆地到横断山脉拔地而起的地理奇观，一种独具特色的地域风情也将在大山另一边等待着我们。

大山里的小城

全国报纸副刊理论研讨会的一行人就是通过这样的方式，到达了越西——大凉山腹地的一座秀美小城。得益于一年前成昆铁路复线的通车，成都到越西从六七个小时缩短至两个半小时。事实上，两个时间勾画出的正是越西的历史与未来，前者阻碍着这里与外界的沟通，相应也使彝族文化得以较完整地传承，而后者则让彝族文化能以开放便捷的方式走出大山，传播至更远的地方。

大凉山以清凉得名，是南北走向的横断山重要支脉，也是中国最大的彝族聚居区。大凉山的山，体态雄浑，植被茂密，越西城建在被大山包夹的一片狭长坝子之中。这座始建于汉代的小城，古称越嶲（音同西），长久以来一直是南方丝绸之路的重要一站。汉代名臣司马相如，在越西境内开辟“零关古道”。沿这条连接云南的古道，千百年来马帮翻山越岭将成都平原的丝绸、茶叶、蜀布等，源源不断输送到南亚、东南亚。越西河流经城区，虽不宽阔，但水流清澈而湍急。当地人说，这条河从来没有干涸过。想象一下，2000多年前司马相如途经此地，与我们看到的也是一样的山一样的水，这种穿越感是不是颇有一番世事沧桑的况味？

到达越西时，刚下过小雨，周围的大山云雾缭绕，云彩仿佛从天上掉落下来，正好挂在了半山腰浓密的树梢间，壮观如仙境。行于越西街头，空气中沁着淡淡的桂花香。越西县委宣传部常务副部长沙马尔基说，越西气候得天独厚，尤其夏天，当成渝被桑拿天笼罩时，这里只有20多摄氏度。如今，拜成昆线复线所赐，越来越多的人发现了这一宝藏小城。这个彝族汉子让人印象深刻。沙马尔基话不多，但行事稳重细致，为协助远道而来的客人，总是不离左右，如果愿意跟他聊聊当地风俗风物，他会露出健谈的一面。秋足木乃是同车的另一位彝族汉子，汉名田玉华。他解释道，到了上学年龄就取了汉名，姓田是因为西南彝族地区很多人取田姓。他笑着说：“可能是因为田字笔画简单吧。”大凉山很多学校都同时教授汉彝两种文字。因为南方丝绸之路的缘故，这里不仅是彝族聚居区，也是汉彝文化交流与互动的重要场所。

多彩的彝族风情

离越西县城半个多小时车程的普雄镇，是大凉山典型的彝族村镇。我们来到时，正赶上尝新米节，村里男女老少盛装出席。每人撑把金黄色的伞，伞在空中连成片，与成熟的稻谷相映成趣。绵延至山脚下的稻田阡陌纵横，山谷里一片丰收的色彩。尝新米节舞台在稻田中央，村民载歌载舞迎接丰收季，并象征性地进行了收割比赛。参赛女子们也不怯场，面对别人的镜头，会摆出好看的姿势和笑容，村里一些年轻人则聚在一旁，边刷抖音边说笑。这样的场景并不陌生，显然这里已不再是闭塞之地，甚至在田间地头，你都能看到分类的垃圾桶，跟城里别无二致。普雄稻米颗粒饱满，新稻收割后会马上脱壳，按彝族老乡建议，放一把在嘴里咀嚼，有股淡淡的甜味，呼吸着稻田里麦穗和泥土的芬芳，别有一番田园韵味。传说500多年前，一位猎手到普雄打猎，无意中漏下谷粒于沼泽中，来年长出了很好的水稻，从此土司带着他的百姓移居普雄。如今稻米文化已然成为当地彝族同胞生活的一部分，并被他们因地制宜发扬光大，尝新米节已成为四川省非物质文化遗产。

在越西被发扬光大的还有另一项非遗文化——彝绣。普雄镇呷古村号称成昆铁路上彝绣第一村。呷古村女子上至七八十岁的老人，下至六七岁的小孩，基本都会刺绣，“不会绣花的女子不算彝家女”是村里古训。呷古村最显眼的建筑就是彝绣展示中心，绣女围坐在门口刺绣，即便你上前攀谈，她们抬头回话时，也不会耽搁手中的活计。如今呷古村绣娘与时尚品牌合作，上线了多款彝绣。村里最受追捧的绣娘叫为色阿比莫，今年42岁，经验与见识都有，她缝制的一件彝绣衣服价格近万元。因为纯手工制作，费时费力，彝绣价格不菲也在情理之中。

走出呷古村，一位当地人指着村后大山说，翻过这座山就是申果庄大熊猫自然保护区。我这才意识到，我们离大熊猫栖息地已近在咫尺。

历史风云中的古道

作为南方丝绸之路上的重要一站，越西零关古道崖刻及一旁的丁山桥，是全国重点文物保护单位。从汉代开通伊始至近代，零关古道到底运送了多少物资已难考证，但有一点确定无疑，这是一条延续了2000多年的时间栈道。

联想到头一天在小相岭山头看到的情景——光滑的青石上踏出的串串马蹄印，仿佛时光的页码，沧桑而悲壮。更多时候，历史是以勋章的方式呈现的，大人物留名史册，普通人又靠什么来标注和证明呢？站在零关古道崖刻旁，感慨于时间的一骑绝尘，抹去了一代代人周而复始的来来往往、步履蹒跚。想来每个蹄印都曾是一户户人家的生计和希望，每个马蹄印里也曾有过一户户人家的欣喜或悲伤。

丁山桥建于明嘉靖年间，是古道上桥面最长、保存最完好的古桥，历经500年风雨，今天仍在使用，岁月的留痕依稀可见。事实上，零关古道从诞生的那天起就不只是一条贸易之路，越西作为南接西昌、北通成都的重要交通节点，注定无法从历史风云中抽身世外。

蜀汉建兴三年（225年），诸葛亮亲率蜀汉大军深入南中（今云南、贵州、四川西南部）平定叛乱，先是打败了越嶲郡高定的叛军，之后转战益州郡生擒孟获，最终南中夷汉归心。如今小相岭有雕塑纪念诸葛亮南中平乱往事，并刻有据称诸葛亮手书的“今日山头”四个大字。越西也是红军长征北上途经之地。1935年5月，中央红军一军团、三军团所部在左权、刘亚楼、张爱萍率领下奇袭越西，越西1000多人踊跃参军，其中几百名彝族青年被编成彝族红军连。15年后，人民解放军进军大凉山，在越西歼灭了国民党最后一任四川省主席唐式遵和他的残军，川西国民党统治史就此终结。

人与山的融合

如果说零关古道崖刻是越西最著名的历史地标，那么文昌君张亚子就是越西最著名的历史人物。汉族民间有一种说法，天下贤者，北有孔子，南有文昌。主管文运的文昌君张亚子晋时生于越西，后逐渐神化为主管文运的神仙。越西在零关古道崖刻边修筑文昌故里景区，景区依水观音河而建，这条小河发源地就在景区内，山脚下几个泉眼昼夜不停喷涌，竟有几分磅礴之势，多数越西人都是喝着这里的泉水长大的。文昌君为天下读书人所膜拜，在景区小道上，边走边听当地学者、彝文研究专家阿苏越尔说彝文演化以及如何与汉字互译，话题与景致相得益彰。

紧挨着文昌故里的陶家营村是个汉族村。明洪武年，一位叫陶亨的将军带领士兵到此驻防，守卫零关古道，从江南、中原等地来的兵士及后代就此扎根于这片大山中。陶家营村较为完好地保留着20余座土碉楼。土碉楼为多层建筑，高矮不一，但基本功能一致。为了防盗和防土匪抢劫，土碉楼四周开小窗，既可通风瞭望，又便于防守。

鸣琴碉、紫微碉、逍遥碉、龙碉、虎碉、青鸟碉、龚家碉、跃进碉、杨柳青碉、团正碉、土匠碉、红军碉……名字或雅或俗，残留着时代变迁的痕迹。其中逍遥碉历史最久，已有300多年，旧时这里曾开过烟馆，为瘾君子们逍遥之所而得名，如今这里成了一家文创商店。团正碉门框两边刻有“蓄道德文章，大富贵寿考”的楹联，主人曾经是一位文化人。小小的村中，近在咫尺的碉楼各有其不同功用与气质，可以反观旧时川西传统村落的生活样式。村子中心广场上，一些村民正热情地跳舞，服饰舞姿与彝族风格迥异，一打听才知，他们是旁边一个汉族村的村民，闲时过来表演。村里一位负责人说，越西是民族和谐示范区，民风很好，不仅汉族村落之间常有互动，跟彝族村落间也非常友好，虽然各有各的风俗与习惯，但都会彼此尊重。

在越西层层叠叠的大山里，世居的不只有彝族与汉族，还有藏族、回族、蒙古族等少数民族。越西苹果闻名四川，当地苹果种植大户余德贵是成吉思汗后裔，家族几百年间几经迁徙，从孝感迁到内江，清末避祸又逃进川西大山，从此隐姓埋名。历史沧桑巨变，所幸他家一直珍藏着明代成化年间修的家谱。前些年，他到鄂尔多斯寻根，跟成吉思汗后裔把家谱对上了，族人兴奋地带他去拜谒了成吉思汗陵。

在沟壑纵横的大凉山，类似余家的故事应该不会少。战乱年代，川西大山给了走投无路的人以喘息之机，人们得以停下脚步。大山庇护了他们，反过来他们也唤醒了大山，在历史长河中人与山相互滋养，渐渐融合在一起，在越西演化出一种别具特色的地域风情。

（原载《北京晚报》2023年10月11日）

当一株苹果树越过嶲水

许 彤

看到这个标题，您一定会说，这个“嶲”字，有点难认，也不会念。的确是的，直到去年秋，当我从江南一路坐飞机、搭地铁，再乘坐成昆铁路复线动车，越过嶲水，来到两千公里之遥的四川省凉山彝族自治州越西县，参加“文昌故里 水韵越西”采访调研活动，才得以认识、会读这个字。

雪山不远，嶲水正近。嶲水，又名越西河。它源自小相岭、水观音，绕城而过，向东流经甘洛，汇入大渡河，最终归于江海。亘古至今，嶲水哺育着沿岸万千百姓。

据《元和郡县图志》卷32邛部县：“嶲水出嶲山下，州郡得名，因此水也。”越西县因古越嶲郡得名，西汉元鼎六年（前111年）设郡置，《后汉书》言其越嶲水以置郡，故名；1959年6月16日经国务院批准，越嶲县因“嶲”字生僻而改现名，后普雄、越西两县合并。

嶲有3个读音：guī、xī、juàn。guī，鸟名，即“子规”。在越西，这个字读xī，地名，越嶲。还可读juàn，古同“巂”，越巂，古郡名，与“嶲”同义不同音。越嶲是彝汉结合词，“嶲”是彝语“嶲则洛依莫”即汉语“嶲水”一词的词头；“越”即越过，就是越过嶲水建立郡县之意。

古典文献专业出身的我，是多么钟情于这个有意思有典故的地名啊！你瞧，行走在越西，嶲州宴、嶲州宾馆、嶲水大酒店、嶲州印象展览、人文杂志《文昌阅嶲》……满目皆是这个好看又难认的“嶲”字，默默地据守着光阴与偏远。

美丽的嶲水河像一条玉带系在城市腰间，逶迤而去。越山苍苍，嶲水泱泱，我眼前的越西，一座山水交融的自然之城，充满着水的灵动、山的厚重。

（一）

行走越西皆是景，一城山水满城诗。

古嶲州，今越西。山林耸立，嶲水奔腾，越西大地如此灵秀又壮美。这座闪耀于“南方丝绸之路”上的小城，夹杂着古老与年轻，山风与水韵，既像一幅秀美的山水画，更像一部厚重的历史书。品读越西，有着道不尽的岁月沧桑，也有着太多令人骄傲之处：两千多年前，马蹄声疾，骁勇的汉朝将士越过嶲水，平定西南夷，在此设郡。晋太康八年（287年），“主文运，司科举”的文昌帝君张亚子诞生于此，“南张北孔”传承一千多年，文昌故里孕育了博大精深的文昌文化。“零关古道”纵贯南北，铭记着源远流长的南丝路文化。诸葛武侯南征跃马越西，留存着值得后世抒写的古蜀文化。红军长征途经越西北上，留下永不褪色的红色文化……历史的印记，文化的瑰宝，让越西成为一座独具人文禀赋又令人心驰神往的城市。

此番越西行，正值时序入秋，格桑花开，风吹稻浪，果实摇曳枝头。我们行走在越西河谷，步入“成昆线上最美梯田”——五彩梯田，在《彝家幸福谣》的乐声里，观摩稻田云裳民族服装秀、彝族尝新米节；到呷古村亲身体验碾新米，近距离端详村妇彝绣技艺，还去听了一场非遗项目——彝族克智大赛；在亘古不变的文化坐标零关古道，遥想南丝古道“一线通南北”的雄伟与沧桑；登上云海深处的小相岭，虽未见到日出，却幸得与诸葛亮率军雕塑群合影；我们还到了文星小学，其校训是崇文厚德、勇毅创新；越嶲宴上的省级非遗“九大碗”，由碗面子、炸酥肉、粉蒸排骨、咸烧白、红烧墩子、红糯米饭、烧笋子、肉丝黄花汤、烧粉条等五荤四素组成，这场寓意五谷丰登、四季平安的味蕾盛宴，是越西人记忆深处的家乡味道，酒店里高大上的宴席不如农村一桌“九大碗”更具吸引力；人间烟火，至味清欢，都隐匿在岁月之神偷不走的老街古巷里；一砖一瓦都铭刻着时光的痕迹，淡定，沉静，寻常，是古城越西阅尽千载后该有的模样……任何言语都赞不尽的越西啊！实在是个与众不同的民族文化特别繁盛的地方。令无数文人墨客一眼千年，不由自主地爱上这片隽美山水。

出乎意料，行走数日，在这片芬芳文化浸润的厚土之上，印象最深刻的却是曾经最熟悉的苹果给予我的全新感受。好山好水出好果，越西苹果最难忘。

（二）

2023年9月22日深夜近11点，一路舟车劳顿后，终于入住酒店，房间里就有几个大小不等的红色、黄色苹果等候着我。从小至今，我品尝过不少中外好苹果，新疆阿克苏的冰糖心，山东的栖霞苹果，山西的野生丑苹果，陕西的红富士，美国的红蛇果、霍德尔青苹果，澳洲的青苹果，新西兰的嘎啦苹果，日本的富士、陆奥……以为是普通的苹果，当时并未在意，我倒头便睡了。

次日是秋分，昼夜平分。春种秋收，春华秋实，又是一年丰收季。上午，我们一行前往越西县现代农业（苹果）产业园区（简称苹果小镇）。

一路上，我看到公路大转盘有硕大的红苹果造型，着实耳目一新，苹果无疑是越西的形象代言。放眼望去，红色、黄色苹果造型的路灯点缀着一望无际的绿色果园，还有苹果主题公园、休闲农庄和采摘体验园，让人仿佛置身于童话世界。从业多年，我参加过无数次文化活动和各种赛事，但走进“火热”的大凉山，一头扎进以“果香嶲州　乐享丰收”为主题的越西苹果节和苹果比赛，一时间仍感震撼。

我也终于明白主办方执意将活动安排在这天的缘由了。当天，第6个中国农民丰收节暨2023年四川花卉（果类）生态旅游越西苹果节在园区开幕。这是一场歌颂丰收、礼赞家乡的盛会，苹果、花椒、精品新米、有机蔬菜等优质农产品琳琅满目，集全县20个乡镇的丰收硕果之大成，庆丰收、晒丰收、享丰收，展现出何等美好的画卷。我和同人们一边饱眼福，一边饱口福，一边忙不迭地扫码付款、填写快递单。

万众瞩目的苹果王评选品鉴活动开始了！1号、2号、3号、35号、45号，青的、黄的、红的，各式苹果，各种口味，超过我大半辈子所吃的苹果。秦脆、瑞雪、巨森、鲁丽、红露、信浓黄、早熟富士、维纳斯黄金、烟富系列，个大、果形正、色泽鲜艳，主打一个“高颜值、高品质”。口味酸甜适口，风味浓郁，甜脆多汁。越西苹果的甜，是一种清爽甘洌的甜，带着微微的酸和层次丰富的香，久吃不腻。无论哪种颜色，都自带一层仿佛抛过光的果蜡，漂亮得令人舍不得入口。比赛现场只是个简易的棚屋，但弥漫着苹果的浓香。一众苹果散发出不可抗拒的诱惑力，就这样毫无征兆、猝不及防地征服了我的味蕾。

作为一枚资深吃货，我自信味觉的灵敏判断力：35号蜜脆最好吃，最具苹果的味道。果然，35号夺得了第二名的佳绩。唯恐落后，我马上请会务组工作人员找到了35号的主人、越西东方公司总经理陈秀红，第一时间加了微信，想下单买她的苹果。不久，我不期逛到了陈秀红的展位，漂亮的她不由分说递过来几个超大的红苹果，更意外的是，她竟是我们浙江老乡、来自西施故里诸暨。他乡遇老乡，我激动地说：“不用这么多，我只拿一个，我会下单买的。你怎么会跑到这么远的大凉山来种苹果啊？”但当时周边人声鼎沸，她忙得不亦乐乎。直到几个月后，我才采访到她，这是后话了。

秋分的夜晚，我首次见识“苹果音乐节”。现代摇滚热闹过后，代表人文底蕴深厚的“南丝重镇”，70多岁的省级非遗传承人、彝族老艺人达足石布上场了。他为大家演奏了月琴、芦笙和口弦，扫弦节奏的粗犷豪迈，分解和弦的款款深情，在深邃的星空下，浓郁的果香中，透过指尖缓缓流淌出来。

（三）

采风间隙，好奇的我开始关注越西的苹果产业。我们的采风车经常经过多个苹果园，我意外地发现，此地的苹果树与别处的不同：一般的苹果树冠都像一把伞，而越西的苹果树又矮又小，上窄下宽，但果子却长得密密匝匝，争先恐后。原来，四川省农业科学院在越西建有苹果博士工作站。在国家苹果产业技术体系专家的科学指导下，园区推广矮砧苹果标准化栽培技术，每亩栽植80—168株，那些新品种得以迅速推广，标准化栽培技术不仅大幅提高了产量，而且让所有果子都晒足阳光、着色漂亮。

那天，与越西县委宣传部常务副部长沙马尔基闲聊，我再次问他：“为什么越西的苹果特别好吃？”他相告：“世界上苹果生态适宜指标有7项，我们越西苹果就占了6项，你说，越西的苹果能不好吃吗？具体是哪些指标，你可去采访县农业农村局果树站站长张伟。”

我马上联系张伟，不巧他身体有恙住院了。一段时间后，他依据我的采访提纲传来一堆资料。我着手探寻越西苹果的历史文化渊源，厘清纷繁复杂的思路。从小果、小果园，到名果、大产业、现代农业大果园，越西苹果走过了一条曲折的发展之路。深究那段起落奔涌的历程，我不由得心潮澎湃。

据《越嶲厅全志·方物》记载，清光绪年间（1875—1908年），不知何人携带着林檎（花红）树苗，越过嶲水，来到宁远府越嶲厅，自此扎根于越西河谷地带。这是越西地方志中关于苹果种植最早的记载。

谁能想到，100多年前的一个举动，让越西成为中国优秀苹果产地，更让越西百姓因苹果而富起来。

谁又能想到，此后的100多年，越西人始终专注于一只果子，苹果产业走过了一条既坎坷又荣光的发展之路。

时光的齿轮转到了1958年，这一年，县建设科林技员陶荣仁从西昌取回金冠苹果枝条，在大瑞公社余正清的林树上嫁接成活一株。从此，越西有了第一株优良品种的苹果树，同年还引进了“红苹”。

自20世纪70年代以来，苹果逐渐成为越西县的主要支柱产业之一。1976年，全县苹果产量达到420吨。这年8月，越西苹果销往香港地区，“红苹”系列每吨销价700美元，高过美国“蛇果”的售价，越西苹果首次打入了国际市场。这年12月，全国苹果幼树丰产会在越西召开，越西苹果在国内外终获较高的声誉，进入高光巅峰时刻。

到了20世纪90年代末，由于种植时间长，品种退化，市场竞争力趋弱，经济效益降低，越西苹果渐渐淡出消费者视线，产业跌入了低潮期。

越西人自然不会服输。从1997年开始，他们推广种植市场竞争力强、具有“红、大、甜”特点的优质苹果品种红津轻、红富士等，改造老品种金冠、元帅系列。经过10多年的不懈努力，苹果产业东山再起。

2018年，四川省农业科学院园艺所所长、果树专家谢红江研究员应邀前来考察，发现了越西适合种植苹果的几大优势：除了口感好、品相佳，得天独厚的地理和气候条件，赋予了越西苹果“最早上市”的强大市场竞争力。

2018年10月30日，一个现代化、高标准的现代农业（苹果）产业园区在越西县大瑞镇破土动工。随着一期、二期、三期工程相继结束，2022年，该园区已建成为一个占地5600亩、投资2.42亿元、农文旅融合发展的现代农业发展样板，集规模化、标准化、商品化、品牌化、产业化为一体，5G+物联网技术也进入园区。

越西苹果产业正在华丽回归。2020年7月9日，越西县委、县政府两办出台了《越西县脱贫攻坚苹果产业园建设项目奖补实施方案》，篇幅长达23页，足见他们的决心和力度之大。全县现有苹果种植面积10万亩，2023年苹果产量达3.4万吨、年产值2.01亿元。苹果已成为农民脱贫增收的支柱产业。

万万没有想到，越西人用一个苹果，做出了一篇农文旅融合的大文章。

我念念不忘的那几个苹果生态适宜指标，现在也可以解密了：年均温、年降雨、1月中旬均温、年极端最低温、夏季均温、大于35℃天数、夏季平均最低气温。这7项指标中，除了年降雨量偏多，这里土地平整、光热充足，特别重要的是拥有丰富而优质的水资源，种出的苹果个大汁多、香味浓郁、口感松脆、酸甜适口，备受消费者青睐。得天独厚的自然条件，让越西成为全国露地栽培苹果最早熟的地区、西南高海拔特早熟苹果栽培区，先后获得农业农村部农产品地理标志证书和国家地理标志商标、国家绿色食品A级认证等殊荣。

（四）

2014年，浙江商人陈秀红随同丈夫何勇春驱车八九个小时，越过嶲水，第一次从成都来到越西，结缘樱桃园和苹果园。

今春那个夜晚，我好不容易逮到机会采访陈秀红。她的一句感慨："有位朋友说，你原来美得像一道风景线，10年来怎么越来越憔悴了？"形象地道出了她越西10年的艰辛。做农业最辛苦了，在苹果丰收季，每天早晨四五点去果园摘果子，招不到员工时需要自己一趟趟开车送货，常年奔波和忙碌于果园，曾经白皙的皮肤早就被紫外线晒黑了。

电话的那头，陈秀红讲起了自己和四川的渊源。"四川是我的第二故乡。1996年开始，27岁的我和丈夫到成都做汽配，当时女儿只有一两岁。"日子过得风平浪静。

直到2013年，何勇春听说有个朋友因为年龄大了，想转让越西的一个千亩露天樱桃园，他多次前往考察后，就决定"入坑"农业了。2014年，这对在四川创业近20年的浙江商人夫妇买下了樱桃园，建立越西东方农业发展有限公司。2018年，他们开始养牛羊、种苹果。2020年，他们把成都的汽配公司处理掉，全身心投身农业。

农业投入大、风险高、回报周期长，这个共性在陈秀红夫妇面前也不意外地出现了，创业路上充满了风险和挑战。从2014年到2023年，他们的投入从最初的几百万元累积到4000万元，几乎把从汽配产业中赚的钱全投进去了，产业发展到现在的千亩樱桃园 +340亩苹果园 +2000多头牛羊，开启了种养循环的生态农业之路。

与陈秀红约了多次采访，她都失约了。我只好看她的朋友圈，发现她总是在忙碌，不是在果园，就是在去往果园的路上；不是在赶集参展，就是在赶集参展的路上；一年四季，日日夜夜，朝朝暮暮，从早忙到晚，加班加点是常态，每天累到回家倒头就睡。

陈秀红最开心的事，是2020年11月，种苹果的第3年，自己种的苹果获评第21届中国绿色食品博览会金奖；最感动的事，是2023年9月德阳市旌阳区总工会一次下单4350件、2万公斤、价值36万元的“旌越红”苹果，一解燃眉之急；最伤心难过的事，当数2022年11月6日晚，老天突下冰雹，把位于保安镇300多亩苹果园里的几万斤苹果全部砸烂，一年的辛苦白费。陈秀红告诉我：“为防止保安苹果园再度受损，我们花费300万元，布下了防鸟、防冰雹的网。”

在“入坑”农业以前，陈秀红其实对农业的了解非常有限。但作为一名管理者，她直言：专业的事，要找专业的人来做。果树栽培，她请来山东烟台的技术人员；园区管理，她请来当地的师傅；养牛羊，她请来湖北的技师。无论是种樱桃、苹果，还是养牛养羊，陈秀红的果园和圈舍都是标准化的、现代化农业的模样。她的樱桃园和苹果园，一排排果树整齐划一，行间距足有4米宽，都是为了方便机械化操作。果园里始终坚持不用除草剂。

从采摘、洗果、分级、预贮、包装、运输、冷链处理再到联系客户，采购化肥、果园管理、驾车送货到深夜，每道流程从陌生到熟悉，陈秀红总是亲力亲为。浙商“走遍千山万水，历尽千辛万苦，不怕千难万险，敢讲千言万语”的奋斗精神，在其身上得以完美体现。

有意思的是，陈秀红一家四口，分四个产业、在四处创业。丈夫目前在凉山州的会东县创业。儿子服完兵役，到宁波创业，秋冬季会帮母亲卖苹果。四川长大的女儿何柳青，自四川大学锦城学院建筑设计专业毕业后做了一年汽配外贸，就到越西帮母亲打理果园，体验农业和果农的不易。2022年，她被母亲“赶”回杭州，尝试做农产品的销售，不多时就将网络销售和直播带货做得风生水起，销售量最大的一场直播超过10万元。成功的秘诀就是她把凉山州的人文、自然风光，与农产品结合起来。除了销售自家的农产品外，何柳青还帮助凉山州其他的农业公司销售草莓、蓝莓、野生菌和蜂蜜等农产品。

越西、会东、杭州、宁波，来自浙江的两代人，一对“60后”，两个“90后”，跨越2000公里的距离，布局农产品从种养到加工再到销售的完整链条，接力乡村振兴、探索共富之路。

4月的越西，春雨、春雷、春江、春水、春光、春花、春树、春山，一样都不少。春天的一切美好，都是风用了心，雨用了意，阳光用了情。越西东方农业公司的两个农业园区正在孕育成熟和甜蜜的味道，要不了多久，甜樱桃开始陆续成熟上市；苹果园里的苹果已有拇指大小，将在7月陆续收获。陈秀红最大的心愿，是要让家乡浙江以及更多城市的人们吃到她种的苹果。

前不久，四川法治报周润秋出差去攀枝花，车过凉山，远眺越西，勾起美好回忆。当他在返回成都的列车上，看到行李箱架子上都是旅客购买的一箱箱蓝莓、樱桃……高兴得在“水韵越西”采风群里欢呼，这份深情也感动了我。

从去年9月下旬至今，每天清晨7点半之前，采风群里，越西县融媒体中心主任林建江都会上传一幅“视觉越嶲”的美图。4月11日，我看到的是一群盛装的彝族女子漫步在油菜花海中。这份对美好的坚守，令我心生无边的感动和对越西之春的向往。

曾经，我在越西的一个“岁月邮局”里看到一句话：走过的时光在这里留下。我想：岂止是时光，我把心都留下了。最近，我收到了陈秀红寄来的樱桃蜂蜜，又开始止不住地思念遥远的越西了。耳畔响起的，是凉山籍歌手海来阿木的歌声：“不如见一面，哪怕是一眼……”

（原载《衢州日报》2024年4月21日）

二等奖

嶲行漫记

周润秋

一

“嶲”，这是个什么字！

金秋九月，全国报纸副刊理论研讨会在越西县举办，大家赴约而来。一个“嶲”字，让我惊诧不已。

动车从海拔约500米的成都东站飞驰南下，驶过平原，穿过大山，越过河谷，两个半小时后抵达海拔1667米的越西车站。只见白云天上飘，云雾山头横，河水城边绕，秋意田野漫，顿觉心旷神怡。

车站外就是笔直的嶲州大道，跨过架在越西河上的嶲水大桥即入县城。“走路进城只要5分钟。”越西人对动车站的选址那是相当满意的。

入城即是嶲州大道与文昌大道交叉的十字路口，“嶲州”两个红色大字夺目而来。

不懂就问。原来，“越西”源自“越嶲（xī）”。公元前111年，汉武帝设置越嶲郡，郡治在邛都县（今四川西昌市东南）。越嶲郡辖十五县（道），其中有阑县（县治在今越西新民镇）和灵关道，后来灵关道并入阑县。1950年3月31日，越嶲县人民政府成立。1959年6月16日，越嶲改为越西，1960年1月7日普雄县撤销并入越嶲。

越嶲，因越过嶲水（现名越西河）设郡县而得名，不知由来的人不免会问："这里是越西，那越东又在哪里呢？"

为何古人要造"嶲"这个字作为地名、河名呢？有人认为，"嶲"来源于越西县城西边的阳糯雪山；有人认为，"嶲"指这里有山有美女，有凹地。站在嶲州大道上，我眼睛一亮，"嶲"字是多么形象啊，完美表现了古人仰望雪山时眼中的"巍峨"和当时的生产力水平。"山"为峰，"隹"为鸟，最下面的符号可能是横着的弓，也许是群山之间的河谷。给阳糯雪山取名嶲山，流淌在雪山下面的大河，自然就叫嶲水了。

二

越西县城南7公里处，崖上刻着"零关"两个红色大字。

大汉王朝的历史车轮，曾在这里滚滚向前；司马相如的辉煌成就，就在此处铭刻千秋。

相如36岁时仍家徒四壁，在好友邛崃县令王吉的精心策划下，赢取17岁寡妇卓文君的芳心后，命运的齿轮才开始转动。两人私奔成都，活不下去了，又回邛崃卖酒。家有仆人上千的岳父卓王孙，本来就为女儿私奔一事大怒，现在女婿跑回来在闹市卖酒，丢人现眼的。老卓深感耻辱，闭门不出，后在亲友一再劝说下才转变态度，赠予相如百万巨款和一百仆人。司马相如43岁时，20岁的汉武帝对其《子虚赋》大加赞赏，召他入朝。辞别成都，他在升仙桥的柱子上写道："不乘赤车驷马，不过汝下也。"

这个擅长作赋的文人，即将走上施展政治才华的巨大舞台。

出使西域的张骞回来向汉武帝报告，在大夏（今阿富汗）发现蜀布、邛竹杖，而大夏人说是从身（yuān）毒（今印度）买来的，这说明从汉地西南至身毒，可能存在一条交通路线。并建议，通过蜀地去阿富汗，避开了沙漠和匈奴人，距离上还缩短了不少。武帝“欣然，以骞言为然”，令张骞主持“开拓西南”大局，四支队伍分别从成都和宜宾出发，“皆各行一二千里”。然而西南夷“以道不通故，各自以为一州主，不知汉广大”，成语“夜郎自大”即来源于此。

这次大规模外交行动不得不以失败而告终，汉武帝一直耿耿于怀。多年后，他的目光关切地望了望西域征途上的张骞，然后越过秦岭，直视遥远的西南。

他想到了一个人，一个来自成都的人。

这个人就是熟悉西南风土人情的司马相如，时年49岁，两鬓染霜。

相如被任命为中郎将（当时武官最高职位，相当于今天的省部级），持节出使西南，“至蜀，蜀太守以下郊迎，县令负弩矢先驱，蜀人以为宠。”6年前他在成都升仙桥的誓言，真的兑现了。

老卓为衣锦还乡的女婿深感骄傲，与其他富商和官员带上酒肉，满脸堆笑拜见相如，把酒言欢。此时竟遗憾女儿嫁给相如的时间太迟了，决定按照与儿子相同的份额把财产分给文君。

相如依靠大汉天威和岳父的财富、人脉资源，恩威并施，兵不血刃，贯通成都经邛崃、名山、雅安、荥经、汉源、甘洛、越西、喜德、冕宁、西昌的“西夷道（零关道）”。《史记》：“司马长卿便略定西夷……通零关道，桥孙水，以通邛都（今西昌东南）。还报天子，天子大说。”

“西夷道”从成都通往越嶲郡的零关县，所以叫零关道。今人如果为它取名，应该叫“成零道”吧。零关道全长500多公里，后来逐渐延伸，过金沙江至云南大理，与“东夷道（五尺道）”会合，再走“南夷道（博南道）”通往南亚、东南亚诸国。

零关道穿过越西南北，在境内长约150公里，越西因此成为南方丝绸之路的重镇。青杠关（今板桥乡青松村）的花椒北宋即为贡品，因此获得“贡椒”称号。为了保存花椒的色泽和香气，马帮在用篾条编织的竹桶上刷上“洋油”，竹桶因此密不透气。当地村民至今不知道“洋油”是什么，其实就是能防水防腐、耐热耐酸的桐油。凉山海拔高，不适合油桐树生长，他们自然不识此物。现在，得益于“互联网+”和先进的加工、包装技术，越西花椒再也不与“洋油”为伴了。

今天，马帮不在，但“零关”石刻不远处的双石桥上，近两千年来南来北往的马匹留下的足迹，依然清晰可见。漫步悠悠古道，马帮“丁零零”的铃声仿佛在耳边清脆响起，相如慷慨激昂的文字在心中激荡——“盖世必有非常之人，然后有非常之事；有非常之事，然后有非常之功。非常者，固常人之所异也！”

三

越西，以前是多么闭塞，与外界的距离是多么遥远啊。

1970年7月1日，成昆铁路通车那天，轨道两边漫山遍野的越西人在看稀奇。望着轰隆而过的火车，有人不禁发出疑问：“这东西吃不吃草哟？”

火车虽然来了，由于人口多，车次少，车站远，越西的咽喉还是被“出行难”紧紧勒住。

吉一阿布先生是我们采访团的顾问之一，现在退而不休，痴迷于彝族民俗文化研究，对于年轻时在成都求学的奔波之苦，至今记忆犹新。坐火车，要去离县城20多公里远的乃托站，或者30多公里远的普雄站。人口多，车次少，火车过道上的人前胸贴后背，挤得肋骨青疼。“金江的太阳马道的风，普雄下雨如过冬，越西赶车百米冲，燕岗打雷当炮轰。”这首流传甚广的打油诗，形象地记录了越西人的出行之难。不跑不行啊，火车一来，必须快速冲刺，如果挤不上去，要么在车站住一晚，要么回二三十公里外甚至更远的家里，次日再来“百米冲刺”。一旦塌方导致成昆铁路中断，那就只有坐汽车翻山越岭了。到西昌，要颠簸六七个小时；到成都时间更长，“朝发夕至”。

当嶲州印象档案陈列馆墙上一张熟悉的照片映入眼帘时，我心中立即给它取名《母亲》，因为我此时想起了罗中立的著名油画《父亲》。此刻我才知道，这个感动中国的“春运母亲”巴木玉布木，是越西一名彝族妇女，2010年春运期间被新华社记者周科的镜头捕捉时，时年21岁。我无法想象，她如何千里迢迢挤回越西过年的。她背负高过头的行囊，绳带深陷肩膀，左手提着背包，右手紧搂幼儿，双眼坚定地注视着回家的路。罗中立的《父亲》里的父亲是虚构的，而这是真真实实的母亲，背负生活，怀抱希望，坚韧前行。

路啊路……一代又一代越西人眺望远方。

小相岭，一直是越西千万年来的“拦路虎”，位于县城西南40多公里处。半个世纪前，她是老成昆铁路设计师和30多万筑路大军的“心头之恨”——由于隧道建设技术条件有限，6公里长度已是当时隧道建设极限，穿过小相岭则是20多公里啊，只得在图纸上“空留余恨”。筑路大军不得不绕道小相岭东南侧约30公里处，用血肉之躯和钢钎大锤，打通老成昆铁路第一长隧——沙马拉达隧道。越西人眼巴巴地看着火车站远去，只有“赶车百米冲”了。

越西人太需要铁路了！

一听说要修成昆复线，村民马上就把土地腾退了出来。那时候还没有明确补偿标准，但大家不讲条件。

筑路大军带着父辈50多年前留下的宏图，集结越西挑战“世界地质博物馆”小相岭，誓将当年的图纸变为现实。

小相岭隧道从山腹中穿过，全长21.775公里，穿过2条褶曲、10条断层，最大涌水量可达52万方/天，为Ⅰ级高风险隧道，是新成昆铁路上最长、地质结构最复杂、施工难度最高的控制性工程。

2022年12月26日10时05分，一列绿色动车到达越西站，越西翘首以盼的“动车公交化时代”迎面而来。

越西，从此驶上发展“快车道”。

四

动车让越西融入世界，越西让世人为之惊叹。

这里热情似火——

一年一度的火把节，“点燃双眼、点燃心灵”。越西是彝乡，80%以上的人口都是彝族，他们把每年农历六月二十四日视为夏季的开始。此时田里已结出谷穗，但容易遭虫害侵袭。人们相约这天，点燃火把走进田地，一边欢呼一边驱虫。久而久之，这个集体活动就发展成为“点燃火把预祝丰收，以歌舞和摔跤调节身心”的节日。火把是用干竹子、干蒿草等易燃材料扎成的，高度1米左右，外面用白布或彩纸包裹，并在上面洒上一些油，以便点燃。

火把节当天晚上7点左右，每个村子、每个乡镇的天空都被火把点亮。人们穿着民族服饰，围着熊熊篝火，汇成欢乐的海洋。

这里生态怡人——

山是越西的脊梁。县城群山环绕，抬头西望，可见终年积雪的阳糯雪山，绵延约120公里，犹如一条圣洁的白纱笼罩山脉。主峰铧头尖为凉山北部最高峰，旭日东升时，铧尖闪耀金黄光芒。其海拔高度4791米，应该位列中国山峰百强之一吧。

水是越西的灵魂。水观音河是“水韵越西”的最佳体现，你看不见它从何而来，但千年来源源不断。它源自金马山山腹，从山脚汩汩冒出，形成水面达万余平方米的潭水后，轰鸣作响越过青石板堤坝，4.7公里后汇入越西河。水观音的水有三绝：一是清澈透亮，即使夏季涨水也不浑浊；二是水质上乘，泡茶味道佳，酿酒更香郁；三是预报天气，出水口隆隆声响，不日晴天出现。

“20℃”是越西的名片。在四川省气象局、重庆市气象局主办的2023年川渝气候生态品牌产业发展大会上，越西县与大邑县、德格县被授予“避暑旅游目的地”称号，这是四川首批获此称号的地区，因为这里夏季平均气温20.5℃，适宜温度日数87天，人体舒适以上日数92天，气候旅游舒适以上日数69天。越西的年空气优良天数达到99%以上，森林覆盖率高达41.5%，全域负氧离子含量极高，被列入国家重点生态功能区。

这里无酒不欢——

酒是彝家特色饮品，“有酒便是宴”，“酒足”为敬。走亲访友带酒，探望病人也要送酒。如果发生打架斗殴等纠纷，理亏者要用酒来赔礼道歉，一起喝掉纠纷或怨恨，一杯两杯不行，再喝就是嘛。

彝家无沏茶敬客之礼，却有倒酒敬客之俗。我们到“成昆线彝绣第一村”普雄镇呷古村探访绣娘，路口彝族女孩盛装端酒迎候。我接酒抿了一口，苞谷酒，很好喝。

这里美味繁多——

来越西，“九大碗”不可不吃。“越西九大碗”是当地坝坝宴的灵魂，已有上千年历史，2023年4月入了“省级非物质文化遗产名录”的。

当某家办“九大碗”时，亲朋好友、街坊邻居都来帮忙。“九大碗”有五个荤菜（寓意“五谷丰登”）和四个素菜（寓意“四季平安”），五个荤菜：碗面子、酥肉、粉蒸排骨、红烧墩子和咸烧白；四个素菜：红糯米饭、烧笋子、肉丝黄花汤、烧粉条或凉拌粉条。“九大碗”的制作方法非常复杂，需要经过多道工序。分割猪肉，要根据制作烧白、墩子、排骨、酥肉、碗面子的要求进行，物尽其用。从碗面子开始，按荤素顺序依次制作。每道菜都有其独特的制作方法和技巧，比如碗面子，需要将肉用刀剁成泥，加鸡蛋、淀粉、姜米、盐、葱花揉成团，用豆筋皮或蛋皮裹成长圆条形，上蒸笼蒸熟，切成马蹄形肉片。“九大碗”须用陶土碗装菜，上菜很讲究：第一碗碗面子放正中，第二碗酥肉放在第一碗的上面，第三碗粉蒸排骨放第一碗下面，第四碗烧白放第一碗的左面，第五碗墩子放第一碗的右面，四素放在四个角。三碗一排，形成一个正方形。办一个“九大碗”可不容易——以前交通不便，要提前半年筹备，因为有些干货要在比较远的地方才能买到；即使现在，也要提前几天准备。

再上“硬菜”——坨坨肉、坛子肉、全羊汤、洋芋鸡、香肚鸡、辣子鸡、南瓜焖饭、石烙仔鸡、全排牛宴、糯米血肠、青椒香肠、洋芋猪血肠……无不让人垂涎欲滴；还有小吃——干糕、卷粉、回锅蛋、炒凉粉、荞凉粉、豆渣饼、石磨豆花、锅边洋芋、火烧洋芋、燕麦炒面、苦荞粑粑、荞麦煮粑、斗笠荞烙饼……莫不令人唇齿难忘。

越西烧烤与众不同。县城河边，各种档次的烧烤店都有，虽无所不烤，但小猪肉是首选。流水潺潺，满目滴翠，把酒临风，焦香满口，此刻只有“人间幸福，莫过于此”的感觉。

五

金西（金口河—西昌）高速开工在即，越西将结束没有高速公路的历史。

物流一畅通，越西将一越千年。

越西的山水笑了，越西的彝绣、烤烟、花椒、苹果、樱桃、葡萄、猕猴桃、豆腐乳也笑了……

回成都不久，忽闻中国气象局专家组到越西核查“中国天然氧吧”创建工作。“中国天然氧吧”这顶桂冠，相信很快就会戴在越西头上的。

深闺中神秘、美丽的“嶲”，将会无人不知，无人不晓。

（原载《四川法治报》2023年11月9日）

大美越西记忆深

赵宗彪

一

越西归来已两月有余，但采风的文章一直没有动笔。不是内容少，而是所见所闻太丰富，如乞丐跌入藏宝之洞，眼见财宝满地，样样欢喜，反而无从下手。何况，在看了1993年的《越西县志》和清光绪三十二年（1906年）的《越巂厅全志》后，觉得不管从人物、历史、风俗、物产、民族交往诸方面，可写的东西太多，不知从何说起。

说来惭愧，对这座位于大凉山深处历史悠久、特产丰富的越西县，在接到会议通知之后，我还是第一次知道地名。赶紧从孔夫子旧书网上买来志书恶补，方知与台州早有一段渊源：在88年前的1935年5月，有个台州人率领一支红军队伍走进越西，组建了数百人的彝族红军连，共同北上抗日。他就是革命家王观澜。就我所知，台州的红色记载中，从未见过此段历史。加以两地相距2300多公里，交流缺乏，这段插曲竟然只在发生地才得以传播。

这次全国报纸副刊理论研讨会暨越西采访调研活动下榻的酒店，即在越溪侧畔，酒店楼下，有一个民族团结广场。我到达的第二天上午，将去老城，顺道即来到这里，刚好与王观澜等红军、彝族同胞的群雕石像会合，这真是巧合。

二

越西的山水很美。

如果不告诉别人地点，我们随手拍一张当地的风景照，很难使人相信，这里是川西的大凉山区。天蓝、云白、山青、水绿、花红、鸟飞，同江南无异。我们下榻的酒店楼下，即是奔腾不息的越溪，清澈见底，游鱼可数，常见钓客在边上甩竿垂钓。窗眺远山，全是绿色植被覆盖，上面有着星星点点的房屋点缀。山腰上，时常飘着大块的白云，山脚是一条长长的铁路，从远处沿大山蜿蜒而来，直到钻进隧道，淹没于绿色之中。有时会看到白色的列车如一根轻盈的羊毛绒线，在山脚移动，与山腰的白云相呼应，安详又生动。在喧哗的溪边看此景，我想起一副古联：青山不墨千秋画，绿水无弦万古琴。

此次采风活动我们到过许多地方，无不青山绿水、植被茂密、生机盎然，空气也是清新而凉爽，让人赏心悦目。

三

越西是少数民族县，全县38万多人，其中彝族有30万人，随处可见彝族特色的服饰、建筑和风俗。彝族的男子披一件黑色的斗篷，头上缠着黑布巾，伟岸而硬朗，女性则婀娜多姿，妩媚生动。彝族的男女服饰，色彩美，细节更美。这些服饰以黑作底，配以红、黄、绿等颜色的线条、图案，再加上图案复杂的银饰，其审美风格，直追秦汉的精美漆器，抵达商周的青铜。黑色，是颜色中的皇后。这种高古的审美风格，给人以庄严、厚重的感觉，而彝族的服饰以此为底，更加衬托出男性的雄强、肃穆与女性的柔美、多彩。

那一天，我去老城区画画，走到一个彝族服装店，这位店主是位彝族美女，店里的服饰琳琅满目、美不胜收。我一一询问服饰的异同代表什么意义，她都不厌其烦地解答。她还特地给我看手机中的视频，里面有她妹妹参加模特大赛的记录，还是金奖获得者。尤其是头饰，带有各种环状的银制品挂件，真正是千姿百态、美不胜收，姑娘、已婚、母亲、祖母、丧偶，都有不同的标志。许多带状、三角形的刺绣饰品，可以直接系于男女的腰间，更增添了别样的风姿。

在后面几天的采风中，我不断地见到生活中、舞台视频中的彝族民族服装，非常着迷。这种服饰，让我想到一轮红日从东方升起、银盘一样的皓月当空普照大地，所有的美都是阳刚的、光明的、朝气蓬勃的，让人感受到青春的无限美好。

采风期间，有一位同行的美女记者买了一对银制的耳饰，精致而灵动，转头之间，还有耳饰碰撞所产生的美妙之声，让人想起《诗经》中“佩玉将将”之句，为她锦上添花。

撇开服饰的历史传承、文化价值、记忆功能不论，彝族服饰之美是高品位的。它的美，在于继承了先人的审美传统，保持独特的风格，颜色和谐、刺绣巧妙、银饰多姿多彩。可能是个人的偏好，在我所见过的少数民族服饰中，彝族服饰是最美的，没有之一。如果我是服装设计师，肯定就选择在越西定居，哪里也不用去，这里就是服饰资源的宝库。

四

当代人，好像都是一个个的陀螺，被无形的生活之鞭抽打着，都在快速地旋转，不肯停下来，只怕万一停下来，即是倒下。在许多商业的环境里，对陌生人，即使礼数周到、动作礼貌，依然是心怀警惕。而在越西的几天里，我感受到别样的生活情景，就是慢节奏，是悠闲，对陌生人的表情是和善与友好。

我去越西老城两次，一去半天。老城不大，几条大街，更多的小巷、店铺，大街上熙熙攘攘，车来人往，一如中国各地的县城。最大的不同，不是这里有许多穿彝族服装的人，而是他们脸上表情的安详与恬静。即使他们穿行于红绿灯的环境之下，也无匆忙急迫之状，让人艳羡不已。

人是世间最美的风景。

陌生的环境，会让我好奇，也更愿意将它们画下来。我看到一个彝族盛装的老太太在安静地晒太阳，上前询问，能否允许画她。她的脸笑成一朵花，就坐着不动。我在街边画画，经过的人，也是友好的表情。在画一个腊肉铺的时候，女店主非常热情，向我介绍腊肉的制作办法，如何烧制，还推荐一种当地的柴根，树皮与腊肉同烧，不但肉易烂，而且有大补之用。当我表示无法购买时，店主说，没关系的，你画下来，就会让更多的人知道，我们越西有多么好。

在越西彩虹桥边，我看到一个骑着三轮车卖水果的妇女，同她说，能否在此停留几分钟，让我画一下。她非常愉快地答应。画完后，我过意不去，去买了她的一些水果。她说，自己是山上来的彝族移民，现在已住到山下，丈夫开出租车，她照顾两个孩子，有空时卖水果以补贴家用，对未来的生活，充满希望。

在另一家饮食店的门口，我靠在树上画对面的景物，店主特地从店里搬出一把竹椅请我坐下。我表示不会在这里吃饭。女店主笑道，你画我们越西，我很高兴，很美吧？

越西确实很美，不但山水美，服饰美，物品美，人更美。对陌生人态度是否友好，可以作为一个地方文明程度高低的标志。在越西，我常常见到的，是充满善意的笑脸，让人感受到人与人之间的温情。

五

在越西的时候，我突然想起多年前看到的一则新闻，主人公的姓名忘记了，大意是，一个香港的女探险家，走遍了全球的高山大川，来到青藏高原，到一位藏族女同胞家里做客，十分投契。探险家与藏女同龄，只小几个月，藏女从未走出过脚下的土地，生活安详而满足。探险家兴致勃勃地向藏女介绍她征服各大山峰的种种惊险，藏女听后，搂着探险家流下了同情的眼泪：妹妹太可怜了，为生活要如此奔波受苦，你就住下来吧？

有时候，不同的生活状态之间，还真无法评判其高下好坏，只是是否适应而已。

无论如何，大美越西，善意越西，都给我留下了深刻的印象，以后有机会，还会重访这片好山水。

（原载《台州日报》2023年11月28日）

越西，那些值得怀念的

薛颖旦

记住一个地方，你可能是因为那里如画的风景、璀璨的人文，但最终沉淀于你内心的，却或许是那些与你擦肩而过的人与事。很多事情就是这样，当时并未在意，却不经意间在你心中播下种子，兀自生根开花结果，葳蕤成一片风景。大凉山深处的宝藏城市越西就是这样一处所在。如果说越西的重峦叠嶂是大自然馈赠的一份厚爱，那么越西人身上所蕴含的那种柔韧与刚劲，则是这方水土的特别赐予，有一种令人肃然起敬的美。

9月底，去四川越西参加中国报纸副刊研究会举办的全国报纸副刊理论研讨会暨采访调研活动。去之前，对这座古称“嶲”的小县城，我真的一无所知，请教了下百度，知道它位于四川省凉山彝族自治州北部，是南方丝绸之路“零关古道”要塞，文昌文化的发源地，一个盛产上百种苹果的城市。据说在这个不到39万人口的小县城里，彝族人口占到八成。当地打出的广告语是“中国避暑胜地·20℃的夏天”，我们去越西时正好是9月底，目光所及是层层叠叠的山、触手可及的云，穿行在越西的大街小巷，一种清清凉凉的感觉让你仿佛提前抵达了深秋。

人人都夸江南好，但江南之美，美在精致，越西则完全是大自然的鬼斧神工。围如穹隆的连绵青山，仿佛一幅360度山水长卷，温柔地将这座小城拥入怀中。你无须取景构图，随便按下快门，就是一幅美到极致的青绿山水。这座平均海拔1800米的小县城，就这样静卧在大山深处，不急不躁，温润如玉，只有那条奔涌向北的越西河，喧哗着，一浪追着一浪，仿佛在追赶着什么，让你感受到这座城市平静外表下蕴含着的一种力量与生命。

这种力量，我在越西县委常委、大瑞镇党委书记宋尚智匆匆的脚步声中感受到了，在淳朴憨厚的越西县委宣传部常务副部长沙马尔基脸上看到了，在民俗老师吉于阿布对彝族历史侃侃而谈的那份自信里领略到了，在幸福幼儿园里老师和孩子们幸福的眼神里悟到了。

而这里，我想记下另外几个人——

未到越西，便在从成都到越西的动车上认识了邻座的两位越西妈妈。

一位40岁左右的彝族妈妈的孩子不幸得了白血病，这次，妈妈独自去成都的华西医院为儿子取抗排异的药回来。

“孩子算是幸运的，骨髓移植手术很成功。不管怎么样，全家人都要一起努力，一起往好的方面想。”这位妈妈说。

与她说话的是一位汉族妈妈，带着个五六岁的女孩，孩子刚在成都做完眼睛斜视矫正手术。小女孩的眼球里还布满血丝，但不妨碍她在走道里欢快地跑来跑去。

两位素不相识的妈妈，就这样在车上有一搭没一搭地交流着孩子的病情，表情平静又安详。她们心底都有很深的担忧吧，但在她们脸上却看不到绝望，平静的面庞上是为人母的坚韧和担当。她们只知道全力以赴，剩下的交给命运。

这让我想到我周围的很多家长，常常焦虑着，为孩子的学业，为职场的竞争，为这样那样的得失，但这两位越西妈妈，她们是那样坚韧、勇敢、坦然，让我对人生有了另一种领悟：生命中不管遇到什么，都不必太过惊慌，尽心尽力，坦然面对，永远怀着好的希望去努力，剩下的交给命运，生命的尊严就在于此吧。

在普雄镇呷古村采访，我们认识了村里的副书记阿候热曲，一个脸色黝黑、浑身充满干劲的彝族汉子。

阿候热曲是本村人，在呷古村，他算得上是个见过世面的人。2003年，他去北京打工，就为了要亲自看看天安门长啥样。在北京一干就是14年，鸟巢、北京6号线和10号线地铁站的工地上，他都出过力流过汗。他说自己都没想到，他一个彝族穷小子，后来竟然带出了一支四五百人的劳务队伍，在北京成了小老板，“光景最好的时候，一个月能挣上四五万元呢！”他眼神中流露出骄傲。

“2017年，村里打电话让我回去竞选村长。我妹说，吃力不讨好的事，净得罪人，可别回来。我爸倒是很支持，说‘政府想到你，说明你人品好，得回来！’当时电视台老是在讲跨界，我寻思着，我这里带着几百号人，回村里就是带上两千号人，要是把村里的这两千老乡都带上致富路了，你说我家老祖宗该多有面子啊！”热曲就这样抱着一颗建功立业的心，回到了呷古村。

但回村后，他才明白，当一名乡村基层干部，有多难啊！“尤其是村里的叔伯长辈都是看着我长大的，他们根本听不进我这个毛头小伙子的话。”他叹了口气。

就这样，热曲天天赔着笑脸，挨家挨户拜访，一件件实事干着。他先为村集体开设了微信公众号、抖音、快手、视频号，呷古村一下子在网上红了；他做的第二件事是建民宿，做旅游。流转村里人的闲置房屋，办起了6间民宿、2间农家乐，吸引山外的人来体验彝族的生活方式。

热曲干得最轰轰烈烈的一件事，就是建彝绣坊。彝绣属于国家级非遗，色彩浓烈，技法粗犷，刺绣内容多表现彝族人的图腾崇拜和民俗风情。他把村里176个绣娘动员起来，对她们进行培训，与唯品会等平台合作，藏在大山深处的彝绣一下子成了香饽饽。如今呷古村的彝绣年产值已达到七八百万元，一个项目就赚了179万元，技艺高的绣娘年收入可以拿到10万元。彝绣成了村里的支柱产业。我们去的那天，绣娘们穿着彝族的民族服装，三五成群地围坐在村头，嘻嘻哈哈地聊着天，手里飞针走线一刻也不耽搁——她们也成了乡村的一道风景。

村里人开始夸他：热曲这小子到底在北京待过，就是有本事，能办成事……

从越西回来已快两个月了，还有一个人的容貌一直在我眼前晃动，她就是金慧吉皮。一个快人快语、清秀能干的彝族女干部，越西县妇联副主任。

在越西县非遗工坊、越西城北感恩社区采访时，她一路如数家珍般给我们介绍。她的嗓子全哑了，但她的热情把我们所有人都感染了。她抱歉说前两年脱贫攻坚和成昆铁路扩建，为拆迁她和村干部一家家去村民家做工作，磨破了嘴皮，感觉一睡醒就是在说话，后来嗓子哑得发不出声了，到医院检查，才知道声带坏了，必须做手术。如今高铁通了，两个多小时的火车就能到成都，连当年最抗拒拆迁的村民都不好意思了，说金干部，你们真是做了一件大好事！

金慧是土生土长的干部，她说小时候在这片土地上受到了太多恩惠，她唯一能做的就是涌泉相报。

金慧是她的汉族名字，她说，你知道我小时候叫什么名字吗？她自己先笑了：“叫吉皮要饭！小时候父母离异，我被托付给了山上一个同族的奶奶，我是吃百家饭长大的。那时，村上哪家有婚丧嫁娶，我就在那家住下，吃上几天，所以村里人都开玩笑叫我吉皮要饭。”

后来，金慧被父亲接下山读书，老师说吉皮要饭这名字多难听啊，给她改了个汉族名字叫金慧。当坐在课桌前，捧起书本，她觉得读书真是一件美好的事。后来她读了中专，回到家乡工作，又结婚生子，她的人生越来越丰满，也越来越自信了，但她始终忘不了当年山上那个叫吉皮要饭的女孩子。

她说自己的人生为报恩而来。是家乡的乳汁喂养了她，是彝族乡亲的爱让她感受到人间温暖，所以这十多年里，她拼命工作，无怨无悔地奉献，甚至无暇顾及自己的孩子。“有次，我给本家一位侄子捎衣服到学校，看到学校门口围着很多接孩子的家长，那一刻我心里突然一痛，觉得这些年里，太对不起自己的孩子了，没接送过一次，没给孩子送过一餐饭。”金慧的眼圈突然红了。作为一个没有陪伴孩子成长的母亲，夜深人静时，她常常陷入自责：“孩子高考只上了专科，我这个妈妈有很大责任 。”但工作的陀螺一旦疯狂地旋转起来，金慧没有选择。

而站在感恩社区，她的脸上瞬间又恢复了平静，还有一种自豪：你看，这个社区，政府花了4.2亿元把山上6600名彝民迁移下来，这是一个多么了不起的工程啊！山上的村民每家只要出1万元，就能住上政府提供的新房。幸福幼儿园237个孩子，只有2个是汉族，其余都是彝族，以前孩子们上学来回要走三四个小时的山路，到了学校就累得呼呼睡着了，如今出家门就能进学校，你说有多美啊！

在幸福幼儿园，看着彝族孩子们追逐嬉闹的样子，那一刻，金慧笑了，她一定想起了当年山上那个叫吉皮要饭的女孩，想起了她正在资助的另外两个彝族孩子，想到了她那个虽然没考上大学却当上了兵、表现优秀的儿子。在越西这片土地上，有一种爱的力量、生命的力量在生长，它就是越西的未来，也是中国的未来。

（原载《新华日报》2023年11月30日）

飞驰的城市

千秋雪（席秦岭）

离开9个月后，赴越西县参加第十一届全国报纸副刊理论研讨会，是我重返凉山的第一站。

9月22日下午，我从成都市火车南站出发，坐着动车一路向南。车窗内，有十几位来自天南海北的同行者，他们揣着对脱贫后大凉山的想象与好奇。车窗外，掠过初秋的平原、拱形隧道、高山峡谷、湍急的河流……

01

坐动车回凉山，才会让我有仪式感。

因为车速快，窗外的景象有时一片模糊。那块小小的、方形的、不断幻移的玻璃窗，像电影胶片一样回放起2022年12月26日的场景。

那天，是我回到成都工作的日子，也是成都到凉山通动车的日子。此前，我在攀西经济区工作了22个月。决定归期时，特意选择了这具有历史意义的一天。

凉山州，地处川西南横断山系东北缘，地壳的碰撞与运动，形成西北高东南低的地势，有大小凉山、小相岭、螺髻山、锦屏山等山脉。

山高路远，山川阻隔。

交通的不便，曾让这块边地在政治、经济、文化和地理上“被边缘化”。西汉时期，这一带被纳入中央王朝统一管理前，分布着大小不等的部落和王国，他们或耕或牧，文明进程相对滞后。

当北匈奴的进攻被平息后，经略西南的国策纳入大汉王朝的议事日程，蜀人司马相如是汉武帝刘彻“扩大版图、一统中国”国策坚定的支持者。公元前135年，司马相如以中郎将头衔回到蜀地修筑零关道，打通西南夷交通大动脉。

沿着先秦以来断续存在的野径走向，司马相如规划并修筑了一条从成都出发，途经邛崃、名山、雅安、荥经、汉源、甘洛、越西、喜德、冕宁泸沽、西昌、德昌、会理，抵达攀枝花的零关古道（又称灵关古道），为史书留下“通零关道，桥孙水，以通邛都”浓墨重彩的一笔。零关古道是南下出川路，也是“南方丝绸之路”的西线，与“南方丝绸之路”东线（古称“五尺道”）交会，成为可通达缅甸、印度、阿富汗，甚至欧洲的商贸文化交流通道，“蜀布”“邛杖”“茶叶”等正是通过这条道路，经马帮运向南亚。

打通零关古道后，公元前111年，郭昌、卫广平定西南夷，在西夷置越嶲郡，领十五县（道），辖境相当于今天云南丽江及绥江两地间金沙江以北，祥云、大姚以北和四川木里、石棉、甘洛、雷波以南地区。其时越西县境为阑县，为越嶲郡所领十五县（道）之一。蜀汉建兴年间，诸葛亮为便于行军和粮秣运输，对零关古道进行了整治和修缮，又名“孔明鸟道”。唐朝称此路为清溪关道，是商旅往来、使节进贡的主要通道，也是唐朝与南诏、吐蕃征战的重要通道。

自古以来，对路的开拓，也是人类对世界的探索。一条窄窄的古道，为执政者拓宽了统治疆域，也让这片土地有了不一样的发展之路。

我们探访零关古道那天，烟雨迷蒙。从“今日山头”雕塑出发，沿着栈道曲折向上。人工栈道的尽头，是一条现代人工痕迹明显的石头路，约两米宽，深处的茅草亭时隐时现。我猜测，距离真正的零关古道不远了。果然，前行一小段，大大小小的石头散落蜀地的荒草间，历经上千年时光打磨，失去了棱角变得圆润起来，有的甚至还留有马蹄印迹，凹陷下去的石窝里积满了雨水。越往上走，越人迹罕至，时而能看见几头黄牛在山坡啃食青草。

零关古道，贯通千年，它的身上留下无数英雄豪杰的脚印，有人豪情万丈，有人愁绪满怀，有人湮没于历史的烟尘，也有人被永远记住。或许明朝状元杨慎（杨升庵）正是那个愁绪满怀之人——因卷入“大礼议”事件，触怒世宗，他被杖责罢官，谪戍云南永昌卫。他前往云南和7次返蜀探亲，就走的这条路。不知道曲折往返间，这条路是否给他写下“滚滚长江东逝水，浪花淘尽英雄”些许灵感。

这碎石铺成的道路，让我的步履沉重起来。

02

司马相如不会想到，千年以后，他曾征服过的山野会响起不同于马的嘶鸣声，那是火车的鸣笛声。

新中国成立时，凉山州仅有7公里左右的公路能勉强维持通行，运输主要靠人背马驮，过河仰仗羊皮筏、藤桥和溜索等，凉山人对好路的渴望与日俱增。因为地质原因，这一带被外国专家称为“建铁路的禁区”。中国人不信邪，1952年2月，西南铁路工程局西南设计分局草测线路，设计了一条时速80公里的成昆铁路。随后，30万筑路大军挥师南下，将外国专家眼中的不可能变成了现实。1970年7月1日，成昆铁路通车，为越西县留下了9个车站。

火车一响，黄金万两。搭上成昆铁路，越西县的经济搭上了三线建设的时代列车，呼啸向前，第一个起飞的产业是苹果产业。

越西县栽种苹果历史悠久，在清光绪年间就种有花红（蔷薇科苹果属植物）。1958年，林业技术员陶荣仁从西昌取回金冠苹果枝条，在大瑞公社余正清家树上嫁接成活一株，让越西有了第一株优良品质的苹果树。两年后，当地从成都凤凰山园艺场引进了16株金冠苹果苗，再陆续从全国各地引进优良品种。1976年8月，越西产苹果首次打入国际市场，以每吨700美元的价格远销中国香港。如今，越西运用了5G技术，建成西南地区规模化、现代化、标准化程度较高的单体苹果产业园区，投产面积4.7万亩，产值1.8亿元。

时值采摘节。走进苹果小镇，苹果清香扑鼻而来。果园里，不高的苹果树，依着水泥柱笔直向上仰望蓝天，树上挂满了红彤彤的果子。握一个在手上，掂一掂，差不多有半斤重。路边，小贩倒扣着背篼，在盘子里摆满了各色品种苹果供人挑选。我看中一款金黄色、长得像梨儿的苹果。老板强哥大方地递给我一个，邀请我品尝。咬一口下去，汁水饱满，味道香甜，我对它一见钟情，一口气买了几十箱快递出去。几天后，我收到朋友的反馈：“很脆很甜，我家不吃苹果的小朋友都说好吃。”当我把这个消息转给强哥并想追加购买时，强哥却告诉我：“今年，我们家的这个品种已经卖完了。”那一刻，我为强哥感到开心，也为越西苹果大受欢迎而开心。

2022年1月10日，复兴号动车组从西昌西站驶向彩云之南，标志着凉山驶进“动车时代”。当年12月26日，动车从成都出发驶进大凉山，实现了南北贯通。

夜色中，倚着越西河的栏杆，望着对岸灯火下的越西西站，让我有种这座城市起飞了的感觉。

03

次日，我们去了陶家营村。陶家营村坐落在中所镇西南角龙盘山下，与和平彝家山寨、水观音及文昌帝君大庙成掎角之势，零关古道从陶家营村的青石板路经过。陶家营村的住户并不姓陶，明朝洪武年间，明将陶亨在此设兵营驻守，被百姓称为陶家营并沿袭至今。村庄现存完好的土碉楼20余座，每年秋冬季形成“柿红果熟映古碉”的景观，2020年被列入四川省传统村落。

在古碉楼集中的那条街，我们闪进一座融合了碉楼与苏州园林风格的民宿，见到了它的主理人——浙江省宁波市江北区人叶升。碰巧，同行的有浙江人瞿总。老乡见老乡，没有两眼泪汪汪，只有喝茶吃苹果的热情。

从浙江宁波江北区到四川越西，相距几千里，我很好奇这个新凉山人的故事。叶升告诉我，脱贫攻坚期间，他的堂妹因为给越西供应苹果苗与这座城市结缘。偶尔，他过来帮忙，兄妹俩共为越西带来了上百万株苹果苗。2020年，凉山告别绝对贫困，进入巩固拓展脱贫攻坚成果同乡村振兴有效衔接的新阶段。2021年，新一轮的东西部协作中，浙江宁波10个区县（市）从广东省佛山市手里接过“接力棒”，对口支援凉山11个县。陶家营村乡村振兴示范村建设项目总投资5080万元，其中浙江宁波江北区就安排了2000多万元。

在汹涌的新“山海情”下，叶升被这片土地卷入得越来越深。他不仅承包了越西县最大的易地扶贫搬迁集中安置小区城北感恩社区的超市，还在陶家营村开起了民宿，把苗圃生意延伸到了达州市。在越西，活跃着上百名浙江人的身影。他细数着，现在越西县乡镇有90%以上的超市由他的同乡经营。

越来越多的浙江人进驻，在大凉山寻求新机遇、共谋大发展，令我想起了被誉为凉山的“温州人”的越西人。马蹄铃铛作响的零关古道，让越西人走向诗和远方，也为他们注入走南闯北做生意的基因。而今，这一东一西，这一进一出，这一融一合，不正在奏响一曲雄壮的新时代发展乐章吗?

很快，调研活动就结束了。离别时，有人坐动车，有人转道西昌坐飞机。更多的选择，更快的速度，更好的体验，是一条路的变革给旅客带来的红利。推及越西县，从零关古道的马帮到成昆铁路的绿皮车，再到飞驰的复兴号动车，曾经的西南一隅，从历史的深处走来，从大山的深处走出，飞驰于广阔的天地间。

（原载《空港双流》2023年11月17日）

走进彝乡

刘　扬

动车在崇山峻岭中疾驰，穿过一个又一个长长的隧道。隧道与隧道之间的间隙很短，窗外的美景一闪而过，有群峰嵯峨，有高山流水，有五彩梯田，就是这样惊鸿一瞥，已不禁让人产生无尽遐思。此行的目的地，是大凉山深处的彝乡越西。

深山稻田美如画

彭伙土司移居普雄有20代了，按每代25年计算，普雄种植水稻已有500多年。

越西古称越嶲、嶲州，因越过嶲水设郡县而得名。从“嶲”的字形可以看出，这里山凹凹处有人家。新中国成立后，因“嶲”字过于古奥，改越嶲为越西。

越西县，隶属四川省凉山彝族自治州，位于四川省西南部、凉山彝族自治州北部，总面积2257.61平方公里，县内有彝、汉、藏、回等十多个民族，其中彝族人口比例最高。

在越西，春可赏花，夏可纳凉，秋可品果，冬可玩雪。春天，漫山遍野的索玛花、连天成片的油菜花，恍如陶渊明笔下的桃花源；夏天，在越西的街道上会见到这样的广告语——20℃尽享夏天，好一个清凉的避暑胜地；秋天，著名的越西苹果就上市了；冬天，铧头尖山白雪覆顶，原始森林层峦叠嶂，宛若仙境。

不过，越西还有一道独特的风景。

越西县普雄镇的且拖村，是高山水稻的种植地，种植的是楚粳28号，这个品种抗稻瘟病性强，可以减少农药的使用，既降低了种植成本，同时食品安全也可以得到保障，每亩产量达900斤到1000斤。楚粳28号除了谷种价格便宜外，对农民栽培技术没有更高的要求，一般栽培也能获得高产，所以很受欢迎。每年稻谷开始成熟的季节，这里都会吸引很多摄影爱好者前来打卡。花20元坐上一辆大鼻子中巴，就可以从越西县城直接到“且拖村招呼站”。

这个时候，彝族会举办“尝新米节”，也称“尝新节”“吃新节”，彝语为“车史则”，是传统民俗节庆。妇女们穿戴一新来到田间，歌舞祈福，采摘新谷，舂出香喷喷的新米。各家各户蒸好新米饭、煮好肉，祭祀祖先，然后全家聚餐，享用辛勤耕作换来的劳动果实。我们抵达越西的时候，正逢尝新米节举办之时。彝族尝新米节属于非物质文化遗产的民俗类，已被列入四川第六批省级非物质文化遗产代表性项目名录。越西县普雄镇的且拖村，是尝新米节文化活动的代表区域，被确定为四川省第一批非物质文化遗产项目彝族尝新米节体验基地，是越西县“农＋文＋旅”的重点项目。

越西彝族尝新米节源远流长，从开始种植水稻起就有了。传说越西普雄地区原来无人居住，居住在云南的彭伙土司在普雄地区打猎时无意中漏下谷粒在沼泽地中，来年这些谷粒长成水稻，而且长势良好，彭伙土司于是决定率众移居到越西普雄。彭伙土司移居普雄有20代了，按每代25年计算，普雄种植水稻已有500多年。

在越西，凡平坝河谷出产水稻的地方，都要过尝新米节，全县9个片区30多个乡镇都过尝新米节，特别是普雄地区的尝新米节历史悠久，流行范围广，影响大。

当稻谷开始成熟的时候，寨子里的人们就开始集体讨论尝新米节的安排了。尝新米节到来时，村寨里的舂米声犹如一曲曲田园乐章。

汽车在山路间盘旋而上，越西海拔在一千多米到四千多米之间，因此那些在北京看来远在天边、高在山巅的云彩，到了越西再看，竟然就随意地在山腰飘动。那些建在浅山的农居，黛瓦粉墙，仿佛一幅“白云生处有人家”的水墨画。

海拔两千米了，轻盈的云朵此刻已围绕在身边。又转了几道弯，眼前豁然开朗，好大一片稻田！青色的秸秆修长笔直，金色的稻穗饱满低垂，每一枝都精致得恰到好处。山风吹过，稻浪翻滚，衬着大山青绿的底色，美不胜收。甚至比起梵高笔下的《丰收》，色彩更加丰富，画面更加绚丽。这就是大自然和人类共同创作的艺术品啊！

阡陌纵横间，一队彝族女子从远处走来，每人都是盛装在身，手中打着黄色的小伞，脚下不疾不徐。

尝新米节就要开始啦！

音乐响起来，是从未听过的彝族歌曲，仿佛来自远古的天籁之音，旋律婉转悠长，音色质朴空灵，飘荡在稻田上空，神秘而动听。

盛装的队伍集中在稻田中央的木亭中，旋转成里外四层，这时音乐欢快起来，大家手拉手，一起边唱边跳，感谢上天眷顾，风调雨顺，能有好收成。

接下来是采摘稻穗比赛。报名的妇女下到稻田中。“预备，开始！”一声令下，每个人都争先恐后。几轮下来，欢声笑语中，名次尘埃落定。采摘下来的稻穗，被围观的“吃瓜群众”纷纷别在衣襟上，成了这一刻最别致的胸针。

“苹果教授”的执着

谢教授关切地问他今年销量如何，果农凑过头来，一脸喜色悄悄地说：“今年已经卖了35万元了！”

两年前电视剧《山海情》火遍大江南北，其中一段剧情既趣味横生又温暖感人，就是凌一农教授带领乡亲们种蘑菇、卖蘑菇。黄觉饰演的这位“蘑菇教授”深受观众喜爱。此番随中国报纸副刊研究会赴越西采风，就遇到一位和“蘑菇教授”一样执着的“苹果教授”。

金秋到越西，一定不会错过苹果，说不定还会遇上苹果节。巧了，此行正赶上“越西农民丰收节——暨2023年四川花卉（果类）生态旅游越西苹果节”，重头戏是评选苹果王。

或红扑扑，或黄灿灿，或绿莹莹，越西出产的各个品种的苹果都赶来参加评选会。或许是表现出了一枚吃货的特质，笔者有幸被推荐为评委，给苹果打分。

大小整齐度、果形、颜色、口感……看着评分表上的评选标准，再看看一字排开的40多个果摊，一时有点儿懵。这些参赛苹果都是果农们一个个精心挑选的，每一个都光鲜漂亮，吃起来都是又甜又脆，这可咋评啊？面露难色之际，一位果农放下手里的水果刀，指着前面一人说：“那位是（四川）省农科院的谢教授，带着我们种苹果的，我们都认识，你要是不懂可以去问问他。”

此言有理，赶忙上前请教，于是得以结识这位“苹果教授”谢红江。

国家科技特派团四川越西团、盐源团团长，科技下乡万里行水果产业技术服务团首席专家，四川省农业科学院园艺研究所所长……谢红江有不少头衔，不过，他最喜欢的还是“苹果教授”这个昵称。

越西有5个地理标志产品，分别是凉山清甜香烤烟、越西贡椒、越西苹果、凉山马铃薯、越西甜樱桃。1976年8月，越西“红苹”第一次销往香港，每吨售价700美元，超过了当时美国“蛇果”的售价；同月，全国苹果鉴评会在越西召开，越西苹果从此声名鹊起。20世纪80年代，越西苹果畅销全国各地，成为越西县的知名品牌。1999年，越西苹果被评为“四川省名优果”。2002年，越西苹果获得“四川·中国”西部博览会优质农产品奖。2004年，越西苹果取得农业部颁发的无公害农产品认证证书。2010年12月，农业部批准对“越西苹果”实施农产品地理标志登记保护。

“维纳斯黄金”香甜可口，“秦脆”脆爽多汁，“福布拉斯”甜中带酸，“水蜜桃”真的有桃子的味道……越西的苹果为什么品质这么好呢？适于苹果经济栽培的温度，是在年平均8—14℃的范围内；对年降水量的要求，约在450—1000毫米之间；年日照时数，一般要多于1500小时。越西县气温年较差小、日较差大，立体气候特征明显，年平均气温为11.3—13.3℃，年平均降水量1017—1113毫米，年日照时数在1612.9—1860小时，无霜期多达225—248天，春季气温回升快，花期和幼果期基本没有霜冻，很适合苹果生长。

越西苹果种植主要分布在海拔1600—2100米的高原，这里森林覆盖率高，空气清新，无工业污染，农业用药量少。同时，光照充足，年平均气温日较差在12—15℃，白天气温高，有利于光合产物的积累，夜间温度低，消耗少，因此形成了越西苹果香甜带点微酸的独特风味，被称为“好果出深山，香甜带点酸”。

听了谢教授的介绍，再回到果王评选现场，细品一圈，似乎也体会出了越西苹果不同品种风味的不同，虽然都很可口，却也各有千秋。

正在给苹果打分的时候，一位果农过来和谢红江打招呼，谢教授关切地问他今年销量如何，果农凑过头来，一脸喜色悄悄地说：“今年已经卖了35万元了！”听说苹果丰收，谢红江也十分高兴，连声说：“好好好！”

从2007年开始，谢红江就开始了高原苹果栽培研究，四川、云南、西藏，都有谢红江的联系点，每个月谢红江都要在各个联系点跑上一圈。“讲给百姓听，做给百姓看，带领百姓干。”谢红江说，十几年前刚来的时候，越西苹果只有1.3万亩，现在已经有近10万亩了，苹果正在成为果农们的致富果、开心果。

2022年，一位果农想把果园卖给谢红江。一问原因，原来是种了七八年的高原苹果，但产量一直不高，于是没了信心，加上急需用钱，便想把果园卖了。谢红江来果园看了之后安慰果农说：“别着急，今年产量一定会翻番。”接下来的时间，苹果开花、坐果、膨大、着色等每一个关键时期，谢红江都亲自指导，有时候是实地教学，有时候是线上指导。为了帮助果农树立信心，谢红江一年专程去了7次，电话、微信交流就更多了。到了收获的季节，这位果农的苹果亩产量由上一年的3000斤增长到7000斤，收入从上一年的7万元增长到24万元。

现在谢红江俨然成了高原苹果的代言人，有果农专门录制了手机铃声——“本基地是省农科院谢红江教授指定苹果种植技术培训点，欢迎加盟合作，携手共赢”。

“我出生在四川省的一个边远小乡村，对农业、农村、农民有着天然的情怀和厚重的情感，深知缺技术、缺门路、缺产业是限制农民增收致富的关键因素。”谢红江团队平均每年有150天以上奔走在高原地区产业一线，“把技术、科技带回农村，让农民腰包鼓起来，是我想做、应该做的事。”

生机勃勃的“活化石”

“尔比尔吉”是人们处理问题的依据、教育人的警句，被彝族人民称为“语言中的盐巴，民间文学中的花朵”。

来到越西的第三天，热情的主人安排了一场彝族传统演出——克智大赛。

“克智”彝语意为“言语比赛”，是彝族民间脍炙人口、广为传诵的一种诗体口传文学，是彝族人民在长期的生产生活中形成的文化积淀，具有十分悠久的历史。它叙述的内容包罗万象，彝族社会在婚丧嫁娶、逢节聚会之际，主客双方在一起经常进行这项文化比赛。诗体语言通俗易懂，艺术性强，诵之朗朗上口，易于铭记。2008年，彝族克智经国务院批准列入第二批国家级非物质文化遗产名录。

此番举行克智大赛的地点是越西县普雄镇火把广场的非遗展厅。非遗中有不少表演类的项目，因此这里有一个不小的舞台，可以容纳近百名观众。身着彝族传统服饰的表演者轮番登场，个个从容自如，有的边诵边走，有的配合肢体语言，大段台词一气呵成，舞台下时而哄堂大笑，时而掌声雷动。虽然听不懂彝语表达的内容，但完全可以感觉到现场热烈的气氛。

越西县总人口38.6万人，其中彝族人口占到81.1%。同行的工作人员中，彝族占到半数以上，几天下来我们也学会了几句彝语，随时可以听到有人在说“卡沙沙（谢谢）”。在越西的大街小巷，经常可以看到汉字和彝族文字共同书写的牌匾。彝文和甲骨文颇有几分相似，古朴而神秘。

彝文又称“爨文”“韪书”，和汉字一样，是活着的古老文字，是世界范围内仅有的几种自源文字之一，而且有数量不少的彝文书籍存世。经国务院批准的《彝文规范方案》，确定常用的彝族文字为819个，加上表示次高调音节的文字，常用的彝文字共有1165个，都是彝文工作者从近万个古老彝文字中总结规范出来的，而没有收入《彝文规范方案》的古老彝文字现在还大量留存于“毕摩（彝族祭师）”典籍里。

在越西普雄体验过尝新米节后，采风组一行来到普雄镇呷古村用餐。呷古村是一个美丽的彝苑村庄，干净整洁，村舍的粉墙上有一些用彝汉双语写就的彝族谚语，称为“尔比尔吉”。“尔比尔吉”是彝族人民非常喜爱的一种口头文学，词句精练，想象丰富，比如“失掉钱财难过一时，失掉祖国痛苦一生”“一人引来火种，温暖众人心胸”“穷者吃彩礼，彩礼不解穷”“养女为姻缘，养女非为钱”“首次猎物分不均，二次打猎无人跟”“屋后有杉林，牛羊来相聚；屋前有溪水，鱼儿来相聚”……

“尔比尔吉”被形容为“彝族的教科书”，不仅易于上口、便于诵记，而且极富哲理，有着普遍而深厚的群众基础，是人们处理问题的依据、教育人的警句，起着道德规范的作用，指导着人们的言行，被彝族人民称为“语言中的盐巴，民间文学中的花朵”。

彝文字历史悠久，彝文书法已被列入第七批四川省凉山彝族自治州非物质文化遗产。这“活化石”究竟起源于何时，众说纷纭：有学者认为彝文字历史在九千年上下，主要依据是湖南澧县彭头山、河南舞阳贾湖等地出土的一批刻划符号也可以用古彝文释读；也有学者认为最兴盛的时期是从明代以后才开始。无论彝文字起源于何时，这种神秘的古老文字为世人所知，和中国地质事业奠基人丁文江先生密不可分。

丁文江（1887—1936年），地质学家，中国地质事业奠基人，曾任中国地质调查所所长、北京大学地质学教授，为中国地质学会创立会员、中国地质学会第二届会长。除地质学以外，丁文江在地理学、人种学、优生学、历史学、考古学、少数民族语言学等领域也有独特贡献。

20世纪初，丁文江多次到西南地区进行地质调查，正是在这一过程中注意到了神秘的彝族文字。关于研究彝族文献的缘起，丁文江在《爨文丛刻》自序中说：“我第一次看见倮倮文（彝文）是在民国三年。那时我从云南到四川，经过武定县的环州。李士舍的夫人送了我一本《占吉凶书》。书是先用朱墨写在草纸上的，以后朱字上又盖了一层黑墨，我屡次请教倮倮（彝族）的‘师傅’，他们都说是占吉凶用的，但是他们只会读，不会讲。”

收集、整理、翻译这部彝文经典的经过，丁文江在自序中说得很详细：“民国十九年冬天，我从四川到了贵州的大定，因为得到了赵亚曾先生在云南被害的消息，没有心绪再做地质的工作，同时又因为约好了黄汲清先生在大定会齐，不能不在那里等他……于是我再着手研究倮倮。一面测量他们的体格，一面搜集他们的书籍。第一部搜集到的是《玄通大书》，是内地会教士斯密特小姐替我用八元钱买来的……其后有人介绍一位罗文笔先生，他已经七十岁，少年时曾经应过县考……他带了一本《帝王世纪》来给我看，我请他逐字讲解，才知道大部分是水西安家的历史。大定原是水西土司的地方——所谓水西是指乌江之西，是明朝最有权力的土司，最后为吴三桂所灭。书从宇宙开辟讲起，到吴三桂攻灭水西为止。”

丁文江和罗文笔约定，采用注音字母译音、汉文直译、汉文意译的方式对彝文古籍进行翻译。1936年，凝聚多方心血的《爨文丛刻》出版，这是新中国成立之前中国人唯一正式公开出版的一部彝文典籍，开了国人研究彝文的先河。遗憾的是，1936年1月丁文江先生英年早逝，没有能够亲眼见到《爨文丛刻》出版。幸运的是，这部珍贵的彝文典籍几经磨难得以流传，我们至今可以看到。

让世界看见彝乡，让彝乡更加美好，在各方力量中，就有像丁文江、谢红江这样的一大批知识分子，一代代接力，栉风沐雨，砥砺前行，担负起那个时代所赋予的文化传承之责任与使命。

华夏民族非一族所成，每一个民族都有她独特的文化，闪耀着特有的光芒，彼此关照，交相辉映，各美其美，美美与共，共同组成群星璀璨的华夏星空。

（原载《北京日报》2023年11月21日）

事事是好事

章学锋

由于总预约不上回程车票，我甚至动过放弃参加全国报纸副刊理论研讨会的念头。后经群友指点，终于艰难地订到票。于是，便有了大凉山越西之行，有了与吉乃相识的机缘。

我清晰地记得初见吉乃的情景：那天快发车时，健硕洒脱的他快步跨上车，抱拳说过“欢迎”之类的客套话后，就微笑着自我介绍说他叫吉乃，全名吉乃阿木尔布，汉名蒋志聪，是小学老师给起的。作为此行全程陪伴的文化向导，他将倾尽所知地为大家介绍家乡风光和彝族文化。接着，他用彝语教了我们两个祝福语：谢谢是“卡沙沙”，吉祥如意是“子莫格尼”。问候和祝福声，一时此起彼伏，车内温暖如春。

窗外，群山蜂拥，层峦叠嶂，如浪似涛，起伏涌动。中巴车向蜿蜒的大凉山深处攀爬，逶迤绵延的山峦间有大片的田野，山野间散落着一些村庄和农舍，山岩下秋色中移民村新颜尽展。目睹眼前美景，吉乃激情四射地说：金秋是大凉山一年中最美的时节，处处洋溢着甜蜜的色彩——火红的贡椒在南方丝绸之路的道旁迎风起舞，阳光玫瑰在太阳下发出宝石般黄绿的光泽，满山金黄的稻谷火一样点燃了丰收的喜悦……

相比他磁性的男中音，他的肢体语言堪称丰富，眉毛刚抖动罢了，明亮的眼珠开转起来，面部肌肉忽松忽紧，兴致高时还辅以手势。他那不是演员胜似演员的演说天赋，浑然天成地倾泻出内心的陶醉。那身姿让人看后共情，倏地进入他建构的世界。

我私下问吉乃，能这般滚瓜烂熟口出锦绣，一定文科出身吧？没承想，他学的是气象学，如今是气象高级工程师！他用三十多年如一日的坚持，不仅读完目力所及的彝族文献资料，还经常背起大炮筒相机翻山越岭走村过寨。让他自豪的是，彝族人把寻常日子过出了庄重，苹果红了就评选苹果王，稻谷熟了要办尝新米节，等等。在这些富有仪式感的节日中，尤以火把节和彝历年为重，连越西的孩子都晓得，火把节是眼睛的节日，彝历年是嘴巴的节日。

得益于读万卷书行万里路的积淀，他给讲解注入很多新鲜的佐料和个性的思考，让人听后获得感满满。前排一位老记者竖起大拇指点赞他："你简直是越西通！"见状，引导员彝族姑娘卡沙伍支木爆料说：吉乃老师是越西摄影家协会主席，是县作协、民协、彝学会、自媒体学会的副主席，还是非遗评选、克智大赛等的专家评委。掌声雷动中，一车的文化记者称赞他是"当之无愧的越西通"。吉乃"卡沙沙"地谢过后，自语道："不论做啥子，始终都是在围着越西文化转。"

越西零关古道是南方丝绸之路的重要组成，是旧时背脚、挑夫、驮马者从川入滇的必经之处，也是丝绸、茶叶、白蜡等蜀地物资远销南亚、东南亚的重要通道。《史记》中，有"通零关道，桥孙水，以通邛都"的记载。近年，县上在勘察恢复中还发现了当年驮马留下的蹄痕。

我问吉乃，有丝路这条贸易通道穿境，为什么大凉山还会贫困那么久呢？思索片刻，他叹息说，大凉山地处川滇交界，自古就是兵家必争之地。普通的彝家儿女根本没能因丝路而受益，他们白日受够了愚昧落后贫穷这个"鬼"的捉弄，连黑夜里做梦都在想摔碎穷碗！

走在裹满山岚的零关古道，吉乃笑着说：多亏了脱贫攻坚的政策，越西甩掉贫困的帽子已三年了，如今彝家人日日是好日子、事事是好事，过上了世代渴盼的美好生活。以前连县城的西街都是坑洼不平的补丁路，如今走遍全县农村都找不到这样的路了；海拔2000多米的申果庄乡，以前没一个人会说汉语，乡村振兴后打工的当地人哗啦啦全回来了，现在普通话响彻整条街；正议论千亩贡椒园区呢，占地3000多亩的苹果示范园建好了；听说S71高速公路年底将动工并在越西设三个口子嘞……

越西之行，我幸运地结识了稳重细致的沙马尔基、帅俊温雅的贡嘎山仙、名闻天下的诗人阿苏越尔、彝文书法非遗传承人秋足木乃等一大批传承彝族文化的才俊，衷心感谢他们全程的陪伴和耐心的讲解。离开那天，望着他们远去的背影，心头涌出莫名的留恋，也许是几天相处建立的友情开始发酵，也许是对他们自发传承文化的钦佩？

离开大凉山20多天了，还不时地想起他们，想他们扎根古老秀美的越西小城，延续丰富着彝族的千年文脉，让世界感受到自己民族独特的美。我固执地认为，他们在做着天底下最好的事情。

（原载《西安晚报》2023年10月25日）

三等奖

大凉山深处，越西版“月亮女儿”下乡

汪　蕾

“月光摇着山岗花，泉水在说话。女儿坐在月光下，口弦不说话。莲花般云朵，轻轻捧出月亮。问她有没有在想，山那边阿达……月光摇过山岗树，泉水在说话。阿达走在月光下，背影是幅画。清泉般月光，静静跟随着他。问他有没有在想，山那边牵挂……”

在彝族的传说里，姑娘孜莫妮扎因为能在羊毛披毡上织出一个逼真的世界，而被月亮仙女接到月宫，成为月亮的女儿。她的美名流传于大凉山间，彝族人把火把节上最美的彝族姑娘称作“月亮女儿”，会带来幸福与吉祥。

9月末的凉风里，越西秋意已浓。我们跟随全国报纸副刊理论研讨会暨“文昌故里　水韵越西”采访调研活动的脚步，行走在这片土地。在这里，我遇见了三位月亮的女儿，她们中有彝族女儿，也有汉族女儿。她们的故事里，有彝乡的变与不变，也有共富路上的爱与被爱——

来了，就不舍离开

秋天的越西，是苹果的季节。你很难分清这里的苹果到底有几种滋味，只觉得连空气都是甜的。唯一肯定的是，这里的人很淳朴，就像没有过多修饰、质朴酸甜的苹果。

26岁的西昌女孩李虹霏就是这样的苹果。她是越西县委宣传部的工作人员，也是抵达越西时，我见到的第一个“月亮女儿”。

虹霏是西昌人，2019年考到越西。那一年，是越西县脱贫攻坚的关键年。刚入职的虹霏面临的第一个挑战就是到村帮扶脱贫。她所在的部门10多个人一起下沉到依洛地坝镇依洛村，一个距离县城50多分钟车程的彝族山村。23岁的虹霏任依洛村挂职副书记，分到了5户贫困户。

初到越西的头三个月，虹霏没回过家，每天不是在下乡，就是在下乡的路上。她听不懂彝语，彝族老乡不会说汉语，连交流都成问题。

有没有想过放弃？“说没有是假的，但日子久了，内心会有一种力量拉扯你。”这种力量是牵挂，更是责任。“这是我工作的地方，怎么可能轻易把它抛掉？”

日复一日，她渐渐习惯、熟悉、喜欢上这个村、这群人，一个人提着袋子到老乡家就像走亲戚……“彼此都在很努力地靠近，我努力听懂彝语，村里人也很努力地学讲汉语。”这一刻，彼此不只是读懂语言，更是心与心在拉近。

2020年春节的一通电话，把虹霏的心牢牢绑在越西。那是大年初七的早上，刚结束假期的她接到了村里幼儿园老师的微信。视频里，是她帮扶的贫困户家的3岁娃娃，孩子奶声奶气地说：“你怎么这么久不来看我？”

那一刻，虹霏知道，自己已经成了越西的一分子，“我们成了彼此的亲人”。

她忘不了，80多岁的爷爷抱着家里的公鸡要送给她；她忘不了，自己随口夸了一句柿子好吃，奶奶就去山上摘了满满一背篓；她更忘不了，劝了很久才肯到县城看病的老人，从衣服里掏出几千元钱，对她说，“我今天不是来看病的，就想请你吃顿最好的饭”。这些她都没收，却深深震撼心灵……

虹霏说，只有真正贴近群众，才能懂得他们的苦与甜，感受他们的善良淳朴。

这是一场真心与真心的双向奔赴。在广袤的土地上，脱贫攻坚的成功正是因为有这样一群前仆后继的好干部，用真情付出换来老百姓的真心托付；也是因为老百姓用最质朴的方式，不仅把人留下，更把心也留下。

绣出春天、绣出风，一针一线绣出新生活

在距离太阳很近的凉山，金色光辉洒满每一寸山河，但它同样拥有银色的夜晚，和星星一道闪着遐想。

29岁的巴足阿吉木就是在月光下长大的彝族姑娘，是阿达阿莫心里最美的“月亮女儿”。巴足阿吉木是板桥镇人，家里姐弟四人，她是大姐。小时候，开明的父亲是一家人的天，为了让孩子们接受更好的教育，卖掉了老家的房子和地，搬到县城求学。

变故发生在巴足阿吉木13岁那年，父亲因车祸突然去世，身为长女的她在读完初中后辍学，跟着母亲到成都打工，担起家庭的重担。

“改变我命运的是我的中学老师。17岁那年，她找到我，鼓励我重新自学自考。她告诉我要改变命运一定要读书，甚至愿意自掏腰包供我读书。”深受感动的巴足阿吉木在一年后重拾书本，一边打工一边自考拿下了大专学历。

26岁那年，是改变巴足阿吉木人生轨迹的又一年。这一年，已经结婚生子的她回到家乡，重拾彝绣技艺。

“回家，不仅是为了照顾孩子，更是因为每年回家探亲时，都会发现家乡‘一年一光景’，越变越好。”巴足阿吉木说，如果能在家门口致富，

谁愿意背井离乡？“和小时候相比，越西的城市风貌已经发生了翻天覆地的巨变。”

回老家做什么？她很快找到了方向——有1700多年历史的彝绣。

“我当时就想，什么东西是传承千年不灭的——越是民族的，就越有生命力。”在当地，有那么一句话形容彝家姑娘：“一学剪，二学裁，三学绣花缝布鞋。”彝家少女从很小的时候就跟着长辈们学习刺绣技艺，尤其是出嫁时穿的新娘装一般都是一针一线自己亲手缝制。

巴足阿吉木在县城开了一家彝绣传统服饰店，同时开始走访山村，跟着老艺人学传统手艺、还原老花色，并尝试结合现代审美设计创新一些新的式样。渐渐地，她在店里加入了彝族银饰、漆器等彝族民族产品，把小店打造成彝族民族产品综合站，成为展现彝族文化的一扇窗。

“我通过彝绣等文创产品销售每年能赚4万元左右，同时还帮助更多村里的手艺人致富。”如今，巴足阿吉木已成为越西县最年轻的非遗传承人，也是当地非遗保护中心的临聘工作人员。

她成了名副其实的“月亮女儿”，能绣出春天、绣出风，带着彝族刺绣走出大山、走向市场，也带着绣娘们通过彝绣致富，用一针一线绣出新生活。

月亮照着女儿，画出共富梦想

4月的瓦曲村，山岗上开满了槐花，一个外乡女孩带着相机行走在乡间。彝族妇女们在编银丝，放学回家的孩子嬉笑着奔跑。

女孩停下脚步拍摄，却又不自觉加快步子跟上时任瓦曲驻村第一书记卢雯靖，去到此行的目的地——彝族银饰制作技艺非遗传承人曲木阿且的家。

女孩名叫郑淯霖，“00后”，是四川农业大学品牌设计专业的研二学生。

来瓦曲村，郑淯霖是慕名已久。作为一名以彝族银饰为毕业设计与发展方向的大学生，她查阅了很多资料，最终把目的地定在这个小山村。

瓦曲村是越西贡莫镇的一个彝族村落，村里大部分人世代从事彝族银饰品加工，越西县约80%的银饰出于此。在越西流传着这样一句话：“只要有彝族的地方，就能看到瓦曲村加工出来的银饰。”

曲木阿且不会说汉语，郑淯霖也不懂彝语，渴望拜师学艺的她只能请卢雯靖翻译。曲木阿且听明来意，从另一个房间拿出满满一背篓手工银饰作品，又搬出所有打银工具，用彝语一一介绍，给郑淯霖拍照。

告别前，曲木阿且请村书记转达一句话：“谢谢你这么远来看我的银饰。”

那一刻，郑淯霖落泪了。“明明是我来麻烦他的，他却反过来感谢我。”她也在此刻懂得，彝乡人是多么希望自己民族的美能被更多人看见。

“第一次来，只是抱着学习调研的心态，但来了以后却觉得，我应该为他们做点事。”这之后，她先后五次来到越西，创立了原创彝族银饰品牌“孜莫妮扎”。她希望月亮的女儿能带来幸运，也带给彝乡吉祥。如今，她设计的第一款花帽戒指已经在彝族工匠的打造下推向市场。

“若是你来了瓦曲村，早上叫醒你的一定不是闹钟，而是叮叮当当的银饰敲打声。”郑淯霖说，她希望用自己的绵薄之力，让彝族银饰走向更远的地方并成为彝族匠人致富的新路子。

她觉得，自己也成了“月亮女儿”，彝乡明亮的月光照着，画出小小的梦想。追梦人是她，也是身后那群朴实善良的彝乡人；梦里是一幅共富图景。

山的那边是什么？凉山不是一座山，山的那边还是山。但如今，这个问题在当地人脑海中有了新的答案。因为一个个年轻的“月亮女儿”，山的那边不仅有山，还有海，有蓝天，更有世界。

（原载《金华晚报》2023年10月16日）

文昌故里苹果香

聂 晶

越西的秋天，是苹果的季节。

徜徉于盛产苹果的这座小城，我和弥漫在空气里的苹果香撞了个满怀。

从重庆出发，坐上去年年底才开通的复兴号动车，五个小时后，我们便来到了四川凉山彝族自治州越西县。越西古称越巂，因“越过巂水”而得名。“北有孔子，南有文昌。”传说中“主文运，司科举”的文昌帝君张亚子就诞生于越西县。

在文昌故里、水韵越西，外揽山水之幽，内得人文之胜，既承古蜀文化的深刻烙印，又得文昌文化的源远流长。这里海拔高度在1170米至4791米之间，夏季平均气温20.5℃，得天独厚的气候条件，特别适宜苹果种植。

到了越西，倘若不去尝尝当地苹果的滋味，那真像到重庆，没赶上吃一顿重庆火锅一样，亏大了！

据史料记载，早在清光绪年间，越西县境内就已有花红（蔷薇科苹果属植物）栽种。因土地平整、光热充足，且拥有丰富又优质的水资源，越西苹果不仅个大汁多，还香味浓郁、口感松脆，广受喜爱。1976年，越西销往香港的“红苹”吨价达700美元，甚至超过了美国的“蛇果”售价。

我们来到越西，正值丰收的9月，漫山遍野的苹果熟了，连微风中都裹挟着清甜的果香。

放眼望去，果园里硕大的苹果挂满了枝头，红彤彤的外表，鲜艳的光泽，处处散发着诱人的芳香，也映红了果农们喜悦的笑脸。越西苹果不仅汁水丰腴、口感巴适，品种也相当丰富——维纳斯黄金、玉华早富、信浓黄、秦脆、爱妃、鲁丽、红露……听听这些品名，得有多么热爱生活的人儿才会取出这么可人的名字啊。“咔嚓”一口下去，细腻的果肉萦绕在舌尖，清甜的汁水沁人心脾。

有幸赶上越西农民丰收节暨2023年四川花卉（果类）生态旅游越西苹果节开幕，于是，我们便慕名去赶了个苹果大集。在越西县现代农业（苹果）产业园里，当地农民带着自家种植与制作的蔬菜和苹果、葡萄、菜籽油、豆腐乳等独具特色的农产品进行现场展销，和四方游客一起分享丰收的喜悦。

一家家摊位上的苹果都摆放得整齐又好看，红彤彤的苹果还印上了寓意美好的“寿”“喜”“福”等字样，而在一个彝族小伙的摊位上，几个品种的苹果随意地散放在簸箕里，没有说明也没有招牌。让他切两块来尝一下，他却慌慌张张地四处寻不见水果刀。小伙子皮肤黝黑，大眼睛长睫毛，他用不太顺溜的汉语不停地道歉：“不好意思，出来太匆忙，工具没带齐活，你们随便拿去吃就是，不用切了。”边说边掏出纸巾使劲擦了擦一个大“秦脆”，塞到了我手里。试着咬了一口，好脆啊！丝毫不费牙，口味酸甜适中，香脆多汁，一下子让本不爱吃苹果的我欲罢不能。

但我心存疑虑：他卖苹果这么“不走心”，能行吗？

这个淳朴憨厚的彝族小伙引起了我的注意。交谈中得知，他叫马海衣哈，32岁，几年前在成都打工，因为汉语不太好，工作不适应，养家成了问题。这些年，越西立足自身资源，大力发展苹果等特色产业，越西苹果良好的品质逐渐被外界认可。这，让马海衣哈看到了发展苹果产业的美好前景。于是，他回到家乡，跟随在越西农业产业园区里工作的大舅哥尔主五良尝试着种植苹果。

几年前，尔主五良从园区的果树养护工做起，经过种植专家培养“出师”后，自己租了20亩地种苹果，如今已成了苹果种植大户。现在，大舅哥尔主五良负责种植，小舅子马海衣哈负责销售。作为销售新手，马海衣哈还在学习拍短视频、抖音带货等技能。“你快把你家果园的苹果树拍点视频给我，我帮你宣传一下。”我对他说。小伙子腼腆地笑着点头回应。我从他的眼里，看到了信心，也看到了希望。

在越西，苹果就是致富果啊！

从几年前每月三四千元的打工收入，到现在年收入10多万元，尔主五良和马海衣哈这对彝族兄弟尝到了种苹果的甜头，苹果种植成了他们“甜蜜的事业”。他们还把村里需要帮助的人都叫到果园里务工，让邻居们也分享了自家的苹果“香”。目前，已有10万亩苹果产值的越西县，让更多的同胞走上了增收致富的康庄大道。

离开越西时，我收到了马海衣哈发来的自家果园的两段视频。顺着镜头望去，红彤彤的苹果在绿叶的映衬下缀满枝头，那景致宛如一幅色泽艳丽的油画。更让我高兴的是，他说，今年果园里的1.5万斤“秦脆”已经卖完了。

一颗苹果“玩”出了农旅融合新范式，一颗苹果改变了山区人民的生活和面貌。越西苹果不仅在家乡“香”，还“香”到了全国各地。

（原载《重庆日报》2023年10月14日）

越西：出山云满衣

谢雪梅

之前没有听说过越西。地图上找，这个点在我曾经到过的康定、雅安之南，属四川省西南。

最早听封面新闻、华西都市报总编助理谢梦说到凉山日报原副总编何万敏的凉山情怀，听何总说到彝族，都不过三言两语，心中忽就蓄满向往和感动。何总并非彝胞，但他发愿要把全国报纸副刊同人请去，识得家乡这位深闺佳人。用心筹划数年，越西县发出了邀约：承办2023年全国报纸副刊理论研讨会。“她是古代南方丝绸之路上的重要节点，现在凉山州北三县（另两个为甘洛县、喜德县）当中发展得最好。越西县汉属越巂郡，郡治在现西昌市。越西县以彝族为主，民族风情浓郁，你们会感受到的。”对于自己的精神高地，何总介绍得平实克制，我们则好奇心爆棚。

2022年底，越西迈入动车时代。由于车次较少，一票难求，再加上要跟航班衔接，数次买退改签之后，终于在秋日的一天，我们用了17个小时方始抵达——真可谓新时代的“蜀道难”。越西滋味最早来自美丽川航，飞机餐后空姐笑盈盈地夹着一枚中不溜秋、黑不溜秋、热乎乎的土豆加赠——这一季的新香绵韧好味道，超越我日常所食，在之后越西的行程中，每天都有它，每一次都让味蕾喜悦。

越嶲：请先记住她的名字

嶲，这个生僻字，开启了越西的文化之旅。这个古朴的LOGO被印上了我们的胸牌。

越西又名越嶲，嶲州印象档案陈列馆，有“嶲”的详尽解释：乃越西山水形胜之写意。“嶲”上为“山”，恰如高山大岭；中部为“隹”，形似鸟类，喻此地森林广茂，飞鸟翔集；“嶲”下是“凹”，不封口，可比城邑平坝、鱼米之乡，观音水好，嶲水东流。

街面上随处可见汉语彝文双语招牌。“字若蝌蚪”的彝文恍若天书。彝文又称“爨文”“韪书”，是活着的古老文字，是世界范围内仅有的几种自源文字之一，而且有数量不少的彝文书籍存世。经国务院批准的《彝文规范方案》，确定常用的彝族文字为819个，加上表示次高调音节的文字，常用的彝文字共有1165个，没有收入《彝文规范方案》的古老彝文字还大量留存于“毕摩（彝族祭师）”的典籍里。

夜间11点，润如酥的小雨中，中国报纸副刊研究会的领导和越西县委宣传部常务副部长沙马尔基亲自前来接站。温暖中好奇，部长姓名有何奥义？沙马部长介绍说，他是彝族，沙马相当于复姓，意思是我虽然并不富裕但仍然欢迎朋友到来，尔与基是天上的“龙”与“星星”之意。

第二天一早，语音机器人打开窗帘，我惊讶于那么一大排玻璃窗的青山白云！如此窗景，着实奢侈！“每遇青山想异书”，匆匆跳读几页何总新鲜出炉的《凉山纪》，初初感受彝族文化的神秘厚重。在住处附近的商业街上，我们见到了彝族银器制作优秀传承人曲木克底。曲木是彝族的大祭司出席或祭祀时的随从，后来演变成了姓氏。克底是方位名词，指西北方，跟他母亲相关。曲木老师一边制作银器，一边慢慢悠悠回答我们的提问，面容黝黑的他真诚淳朴，全程没有一句产品推销。

彝族诗人、文化学者阿苏越尔出生于越西一个叫鹿鹿觉巴的村庄，出版诗集多部，获得多种少数民族文学奖项。美国俄亥俄州立大学的马克·本德尔教授译介到美国的彝族诗人诗作中就包括他的《听一位老人谈雪》等。阿苏是姓，越尔是名，彝语“牧羊人”的汉语音译。

随车的漂亮姑娘名叫马尔呷莫，她其实叫马海尔呷莫，上学读书时，老师大概为了好叫给简化了。因为这个简化，还产生过误会——有一次，父亲去学校找她，说了名字，却查无此人。在彝语中，马是竹，海是心，结合起来可能是与和竹子打交道的工作有关，后来职业演化成了姓氏。尔的意思是动，呷的意思是富有，莫是指代女性，结合起来大概意思是人挪活，穷则变，变则通，通则达。

民俗老师吉玉阿布高大健朗，阅历丰富。吉是枪，就是赵子龙使用的兵器之类，玉是化，就是使用枪这种兵器出神入化，技能演变成了姓氏。阿是挂在姓名前面表示亲昵，布是繁盛，寓意子孙后代兴旺昌盛。

去到一个陌生的地方，有同人老师每天晨跑，并将此视为驻留某地的“深呼吸”；我则会找家亲民小店洗个头，“新沐头轻感发稀”的同时期待丁点儿灵感来袭。曲慕造型的发型师即合伙人也是彝族姑娘，她穿着现代时尚，腕上戴着银镯，洗头时不时碰到陶瓷台盆，声音清脆悦耳。女发型师平素极少碰到，我夸她特别，夸她的创业精神，她很开心，说是在福州学的手艺，这个店新开不久。

酒店前台、售楼小姐、环卫工人、货车司机、路上行人……在这里，我遇见的绝大多数人都是彝族同胞；在这里，彝族人口占比超过80%；在这里，我才是不折不扣的“少数民族”。

11月20日，彝族新年开始，27日，我跟越西县幼儿园园长苏丹道一声“库史木萨（新年好）”，她回复的是“库诗穆萨”，汉字博大精深，用来音译彝语，真是辽阔无垠。她是彝族，取了汉族名字。这位州三八红旗手正在西昌出席妇代会。“身体扛不住的时候，那就让意志帮你杀出重围”——这是她的日常——忙碌到飞的日子。

副刊大伽：乐为越西代言

1956年，在中国共产党领导下，凉山彝族地区彻底废除奴隶制，进入崭新的社会主义，千百年来贫穷落后的越西，“一步跨千年”，实现了社会制度的历史跨越；2013年11月习近平总书记首次提出“精准扶贫”后，经多年接续奋斗，2020年11月，越西退出贫困县序列，越西“脱贫奔小康”，实现了社会文明的时代跨越。

行走在文昌故里，寻幽在零关古道，在普雄的稻田果园里，从绣娘的灵心巧手中，副刊人记录劳动的艰辛，拍摄丰收的豪情，体察彝族歌舞的奇妙魅力。大家兴致勃勃，争相为越西代言。

我抓拍到一批同人满意的照片，一是因了老师们腹有诗书气自华，二是由于国产华为手机的美颜镜头恰到好处，最大的原因还在于越西山水与彝族风情的陶冶促发。彼时彼刻，大家忘却了伏案码字的辛劳，没有了制作爆款的压力，《彝家幸福谣》唱起来，达体舞跳起来，怎么能不心花怒放？副刊一家亲，肩负共同使命的副刊人，怀着一致的人文理想，惺惺相惜，笑由心生，也就容易拍出“松弛感”来。

当加入大群的越西县领导亲自推荐特色农产品，同人们争相下单。苹果、苦荞、花椒、菜油……飞向五湖四海的每一份订单都是激赏，都是支持。

短短数十天，副刊人成了口碑推荐人，越来越多的游客经由大气磅礴的副刊美文推介而选择越西。

寻访节点：传统彝族节日

每每在办公室面对屏幕老眼昏花之际，我就脑补越西酒店那么一大排玻璃窗的无比奢侈的青山白云。惜乎在越西短短数日，多为阴雨天气，我们未及看到她艳阳下的旖旎。没去之前，觉得越西神秘；这次行程云遮雾绕，“出山云满衣”，归来越觉神秘。

拜读何总的《凉山纪》，心生敬佩：这是要写《凉山传》的节奏。由他导读，林耀华先生的《凉山彝家的巨变》、林茨先生的《百褶裙》已购，在读。关于越西，越学习越是心生欢喜。

阿苏老师十分享受两个民族的节日一起来过。彝族对火有着特殊的感情，有彝谚云，“生在火堆旁，死在火堆上”，在对火图腾的敬畏与崇拜中孕育出独具特色的彝族火文化。2006年5月，四川省凉山彝族自治州、云南省楚雄彝族自治州申报的火把节经国务院批准列入第一批国家级非物质文化遗产名录。每年农历六月廿四是火把节，人们要火把、斗牛、摔跤、赛歌、赛马、跳舞，到处是“火的旋律、歌的海洋、力的角逐、爱的升华”。阿苏老师的诗歌《火把节》脍炙人口：一月里最好的日子/跳下我们的手指/一生中最美的火光/照亮我们的村庄/盛开的百褶裙如花似玉/成长中的玉米撒下花雨/一束束火把，一年年相遇/烧死地上的虫、心中的苦/这一天，亲爱的朋友啊你还有多少喜悦/要对神灵诉说？

日前，凉山官宣，明年多休16天！这个民族自治州的特色福利，引发诸多网友歆羡热议：火把节、彝族年、州庆、民族团结进步节，如此盛大的彝族节日着实令人神往！云山万重，寸心千里，下一趟越西文化之旅，我计划安排在这些节日。再做一回“少数民族”，我要遇见越西艳阳高照，我想掀起她的美丽面纱，我会一遍一遍说“卡沙沙”（谢谢），我将时时默诵“孜莫格尼”（吉祥如意）。

（原载《常州日报》2023年12月11日）

越西人文：多元多姿底蕴深

瀚　唐（王耀杰）

四川越西，一座历史悠久、文化灿烂的千年古城，也是一座山水绮丽、彝族风情浓郁的现代新城。

金秋时节，笔者随全国报纸副刊理论研讨会暨“文昌故里　水韵越西”中国文化记者越西采访调研活动走进四川省越西县。

古嶲州，今越西，外揽山水之幽，内得人文之胜。在这里，我们一路采访调研，一路观察思考：多彩的越西，是多民族休戚与共、心手相连的见证；深厚的越西，是沧桑岁月的陈酿、多元文化的积淀。

多彩彝绣：生产孕育文化滋养的一朵奇葩

越西，一个彝族人口占81.1%的多民族聚居县，十多个民族在长期的生产、生活交融中，取长补短、兼容并蓄，孕育、积淀、形成了独特的人文风情。彝绣是彝族人孕育滋养的一朵手工艺奇葩。

在彝族居住地区，自古沿袭着“不会绣花的女子不算彝家女”的说法。作为第六批凉山州级非物质文化遗产，彝族刺绣以红、黄、黑为三大原色，作品种类繁多、丰富多姿、制作精美，是彝族生活中不可缺少的一部分，也是彝族传统文化的一种体现。在漫长的历史演变过程中，彝族人结合现实生活与自然环境，通过材质、图纹、工艺等要素，创造出许多极具色彩与特殊含义的纹饰，不但丰富、美化了服饰，还将彝族文化赋予其中，承载了当地人的思想感情，表达了对美好生活的期许。

普雄镇呷古村，素有“成昆线上彝绣第一村”美誉。9月24日，我来到这里，见成昆铁路穿村而过，也遇到扎根乡村振兴的张英豪。他大学毕业后，经选拔成为一名选调生，现任普雄镇副镇长。他说：“乡村振兴要因地制宜，发挥特色优势。因为彝绣，呷古村人富了口袋，也富了脑袋——司空见惯的刺绣这么值钱、惹人欢喜，呷古村也因此名扬五湖四海。”

近年，呷古村被确定为“非遗＋扶贫”国家试点工坊，致力于发展精品手工刺绣。村里通过集中培训，培养了二百多位新绣娘。合作社与品牌网店联手，实施系统生产、电商传播、全网销售，产品远销广州、深圳、北京等地，甚至引来了国际著名服装品牌的订单。如今，绣娘靠着一双巧手，绣出精美特色艺术，家庭收入大幅度增加。这种彝绣＋培训＋旅游＋产业的融合，为乡村振兴提供了一种新模式。

“克智”大赛：口传文学反映时代大变迁

“克智”，是彝族口传文学的精华，两个人一组，用彝族格言、谚语进行辩论。无论是天地演变、物种起源、族群迁徙、部落争战等传说，还是民间英雄神话故事，都能以“克智”的形式，在婚丧嫁娶的民俗活动中进行传播和传承。

我们来到普雄镇的那天，刚好遇上一场“克智”大赛。由于时间限制等因素，那天的比赛采用单人轮番上台的形式，参赛选手用彝族语言进行单口演讲。身着盛装的选手们，或激昂高亢，或低沉吟诵，或深情饱满，或激情澎湃，给听众们带来了一场精彩的文化盛宴。有一位六七十岁的老者，手舞足蹈，话语铿锵，以他家摆设的电器家具、收割的谷物和饲养的牛羊数量，作今昔对比，道出了巨变的喜悦和满满的幸福感，反映了时代生活的大变迁。

“倮倮连”：中国革命史上首支彝族红军连队

越西，被誉为“彝族红军之乡”。这片红色热土上，烈士英魂，激荡人心。

在红军洞前，解说员满怀自豪、饱含深情地说，1935年5月，中央红军第二先遣团挥师越西，掩护红军主力胜利强渡大渡河。红军跨越高山峻岭，驰骋彝乡山寨，历时9天，行程500多里，一路打土豪、分浮财，释放被关押的“质彝”（彝族人质），焚毁田契，镇压官僚恶霸，宣传党的政策，播撒革命火种，组建红色武装。1000多名越西儿女参加红军，诞生了中国革命史上第一支彝族红军连队——“倮倮连”。

红军长征纪念馆，是越西县爱国主义教育基地和红色文化乡村旅游基地。馆内一张张图片、一件件实物以及珍贵的历史文物资料，无声地诉说着越西的红色历史。

古村碉楼：烟火生活中期盼诗意的远方

中所镇陶家营村，曾是南方丝绸之路零关古道上的重要驿站，明洪武年间，名将陶亨为维护零关古道的通畅，率兵驻扎于此，陶家营因此得名。

这个村子不大，但土碉楼林立，现存完好的土碉楼有20多座，其中具有代表性的18座：王家碉、鸣琴碉、紫微碉、跃进碉、杨柳青碉、团正碉、红军碉……每一座土碉，都隐藏着一部家族史——要么披荆斩棘、艰苦创业，要么穷则思变、创新图强。其中一座还建有古碉楼博物馆，通过实物文物展陈，讲述陶家营村的前世今生，演绎着传统村落的生产生活图景。

本用于预警放哨、防范来敌的碉楼，居然取名“逍遥楼”，引起大家的兴趣。原来，清朝末年，国运衰败，民生凋敝，不少村民躲进土碉抽大烟，导致家破人亡。“逍遥楼”既是一段沉痛的历史，更是对后人的一种警醒。在“逍遥楼”展厅，写着一段大字，“手执烟火谋生活，心怀诗意盼远方”，这是村民们对生活的思考和对美好未来的期盼。

零关古道：熠熠生辉的南丝路文化

“一带一路”是当下热词，一带是指丝绸之路经济带，一路是指21世纪海上丝绸之路。

没想到，在越西，还藏着另一条丝路。纵贯川滇两省，连接缅甸、印度，通往东南亚、西亚以及欧洲各国，这条南方丝绸之路与西北丝绸之路、海上丝绸之路，均为古代中国对外交通贸易和文化交流的重要通道。南方丝绸之路上的零关古道遗址，是凉山境内迄今保存较完整、路程较长、马蹄印最多的古代青石板路。

在这里，近观一组群雕再现诸葛亮题写“今日山头”的场景，远眺石崖上深深铭刻的“零关”二字，历史与现实交织。因为古道，越西有着昔日的繁荣与争战；因为古道变迁，越西丰厚的历史文化熠熠生辉；因为古道遗迹，越西独特的南丝路文化吸引世人的眼光。

追根溯源：越西人文是悠久历史的积淀

大凉山是一座山，大凉山又不只是一座山。一路采风探访，一路观察思考，我问自己：是什么力量赋予深藏大凉山深处的越西如此魅力与厚重？

树高千尺总有根，水流万里总有源。翻开史册：远在4000多年前的大禹治水年代，越西就是九州之一梁州的属地。汉武帝元鼎六年（前111年），一群全副武装的汉朝将士越过嶲水，平定西南夷，设置越嶲郡。晋太康八年（287年），素有“北孔南张”之说、“主文运，司科举”的文昌帝君张亚子诞生于越西……

是悠久的历史积淀了越西，厚重的文化滋养了越西，多民族的共存共生造就了越西。

越西，因历史而自豪，因文化而自信，因融合而自足。

越西，是来了不想走、离开后魂牵梦萦的地方。

（原载《厦门日报》2023年10月30日）

山川有味

骆东华

秋日越西，山川有味。

萦绕指尖的，是新米的清香。

在凉山彝族自治州普雄镇且拖村，以“千重稻浪、万缕谷香”呈现给我们的彝族尝新米节，让“丰收”这个词化成沉甸甸的稻、金灿灿的谷和香喷喷的新米饭。

普雄彝族尝新米节由来已久，彝语称之为“车史则”，意为“吃新米节”。节日当天，寨子里每家派出代表，肩负背篓来到自家稻田，抽取今年第一波成熟的稻穗，还要评出前三名。我在田埂边遇见来自勒品村的曲莫果果莫和她的朋友——尔果村的申子阿嘎莫，她俩正在总结这一回为啥没得到名次。从隔壁书古镇嫁过来的申子是第一回参加抽穗比赛，她说，书古镇之前没有种稻，但今年也开始试种啦，明年也许可以回娘家参赛拿个名次！从西昌民族幼儿师范高等专科学校毕业的曲莫是村里的幼师，家里有3亩田。她最开心的是去年底越西县通了高铁，不但会有更多的客人来到越西，自家出门看世界也愈加便利。“曲莫”和“申”，都是非常古老的彝族姓氏。她们是凉山彝族年轻一代的缩影，开朗，自信，承接传统，也拥抱时代。

“快来快来！看舂新米啦！”听见隔着田埂有人在喊，我们赶紧尾随彝族阿妈往村里跑。进了家门，阿妈放下箩筐，拿出一把稻穗，用一柄刮刀麻利地将稻谷脱粒到竹匾里。院子里早已支起一口大铁锅，阿妈把谷粒倒入锅中，烧火烘炒。跟着来的嫂子们把炒熟的稻谷倒入大石臼，两人一组，合力舂米。我们一会儿跑过去拍阿妈炒谷的英姿，一会儿奔过来看舂了多少新米，比村里人更忙碌。等不及新米煮成饭，抓一小把放入口中，细细咀嚼，满口余香。那一刻，满心都是对阳光和土地的感恩。

萦绕鼻尖的，是苹果的甜香。

越西是全国露地栽培苹果最早熟的地区，也是西南高海拔特早熟苹果栽培区，全县10万亩苹果从7月下旬到10月间陆续上市，弥漫的果香让空气都是甜丝丝的。

9月23日中国农民丰收节当天，在大瑞镇举办的苹果节上，挖布村支书余德贵递给我一个黄澄澄的大苹果。一口咬下去，甜脆多汁，果香满口。老余说，这是他几年前从河北引进的新品种——信浓黄，经过悉心照料，树苗落地成果，大果果径能到75—100毫米。他家今年收的苹果已经全部卖完了。他见我着实喜欢，就好像自己的孩子受追捧一样开心，从自家留着吃的苹果里匀出一箱给我。我俩高高兴兴互加了微信，我看见他的签名是“人生最大的价值在于理想的实现”。

越西县属于低纬度高海拔冷凉的高原气候，为了增强竞争优势，县里组织技术专家以当前栽种的藤牧1号、巨森、红津轻、嘎拉等16个早中熟品种共30个样品为对照，综合筛选出最适宜当地种植的品种。从早先的“大凉山丑苹果”，到现在颜值和口感兼备，涵盖早、中、晚熟各品种的“梯队式”种植，再到引进果干加工企业，增加苹果产业附加价值，越西苹果让“余书记们”的理想之光一步一步照进现实——甜了用户，更甜了农户。

鲁丽、华硕、红露、维纳斯黄金……苹果节上，苹果管饱！我们囫囵吞枣地把自己吃成一个行走的苹果。虽然基本上分不清每个品种之间的差别，但是我们品味到了大凉山农民“致富果”丰收的喜悦与自豪。

萦绕心底的，是“九大碗”的醇香。

越西县传统“九大碗”是汉族招待贵宾的最高规格，如今已经列入省级非遗。“九大碗”五荤四素，五荤是碗面子、烧白、粉蒸排骨、酥肉和红烧墩子，四素是红糯米饭、烧笋、粉条和肉丝黄花汤。顾名思义，“九大碗”用的是陶土碗装菜上席，不用盘子。据说用餐规矩是由年长者带头，从碗面子开始，大家逐一品尝过一轮，再随意夹菜吃。但我们一则不明就里，二则难抑好奇，一拥而上群箸齐下，倒也吃出八面来风、古今杂糅的派头。

细究起来，从食材到做法，“九大碗”并无猎奇之处，它的美好在于原汁原味地呈现与全心全意的盛情。在秋意渐浓的大凉山深处，在被稻香果香包裹着的彝家小院，丰收的色彩都在我们碗里，山川的馈赠长久驻入每一个人的心间。

（原载《杭州日报》2023年10月20日）

从鬱州到巂州：两州俱得小蓬莱

潘静新

秋分时节，我辗转24个小时，奔赴千里，到达一个以往从没听说过的小县城——越西，2023年全国报纸副刊理论研讨会暨“文昌故里　水韵越西”采访调研活动将在这里举行。动车到站，扑面而来的，是山环水绕恍如仙境的美丽小城，还有一个陌生的字：巂！

这个字像个变脸艺术家，以各种艺术形状倏然出现在小城大街小巷的商店招牌上，在十字路口的城市雕塑上，在公路、公园的宣传专栏上……

报到当晚，在主办方的安排下，我们就到越西县的“巂州印象档案陈列馆”参观。在这里，我开始逐渐了解这个“巂”字的前世今生：越西，隶属四川省凉山彝族自治州，位于四川省西南部。汉武帝元鼎六年（前111年）正式设立越巂郡，唐武德元年（618年）改越巂郡为巂州。1959年更名越西。2000多年来，商旅文化、古蜀文化、文昌文化、“南方丝绸之路”文化、红色文化、民族文化交相辉映，铸就厚重而又魅力十足的古城越西。

穿着彝族服饰的年轻导游以甜美的声音告诉我们：“巂”，乃越西山水形胜之写意。“巂”上为“山”，恰如高山大岭；中部为“隹”，形似鸟类，喻此地森林广茂，飞鸟翔集；“巂”下是“凹”，不封口，可比城邑平坝、鱼米之乡，观音水好，嶲水东流。

细细端详着这个非常特别的汉字，我心中油然想起我们广西玉林历史上的古称——“鬱州”。鬱，指草木茂盛的地方。就在这个秋天，这个“鬱”字把玉林城的十字街头重新扮靓——独具本地特色的“十字街”城事文化艺术节系列活动，将玉林八音、羽毛画、剪纸、茶泡、牛腩粉等文化元素融入“鬱”字文化中，立体式多维度展示“鬱”字文化的精髓。在“鬱”字的渲染下，全城人的文化自信、文化激情都被点燃了！

两个千年古州，仿佛找到了同一个激活文化根脉的密码。我带着强烈的兴趣，在连续几天的采风中深入了解“嶲州”背后的人文历史，探寻越西“农文旅融合发展”的经验……

根植沃土，最香是“嶲味”

“吃到了久违的苹果味！”“第一次品尝用刚收的稻谷炒出来再脱壳的新米，太香了！”“每天吃的美食都没重复过，甚至连苹果的品种都不一样，回去至少要胖两三斤！”同行们每天都为越西的有机物产丰富而感叹着。

2023年全国报纸副刊理论研讨会期间，正好碰上越西举办苹果节、丰收节、尝新米节，让远道而来的我们大开眼界、大饱口福。看到当地人都是拿起苹果直接就连皮啃，我们也不禁开怀大嚼。就连平时不爱吃苹果的人，也能一口气啃上几只越西的苹果：皮薄多汁，果甘肉脆，无酸涩口感，有特殊香气，不愧是国家地理标志产品。

越西县属于低纬度高海拔高原气候，气温冷凉，农作物生长较为缓慢，精耕细作下更能沉淀营养和口感，因此这里种植的苹果、核桃、大红袍贡椒、天麻、苦荞茶、大米等都是优质特产。但，环嶲皆山也，这个处于四川省大凉山腹心地带的宝藏小城，因蜀道难于上青天，故天生丽质却憾无人识。直到2022年12月26日，新成昆铁路开通运行，从成都到越西从原来的六七个小时减少到两个多小时，越西自此迎来发展新机遇，越来越多的人来到越西，惊叹于她神秘面纱后的美丽容颜。

我们在采访中得知，在交通极不方便的时候，越西脱贫攻坚的步伐也没有落后。在精准扶贫的艰辛历程中，越西各族干部群众、各级帮扶干部动真碰硬、埋头苦干，群众生产生活水平得到极大改善，全县城乡面貌发生了翻天覆地的变化。

在农业方面，越西没有急功近利，而是走上了一条根植本土绿色发展的“慢”车道。

越西引进了现代农业的技术和管理模式，相关部门组织了一系列种植技术能力提升培训，并建设优质苹果基地扶贫示范园，采用“公司+基地+农户（贫困户）”的运营模式；采用立架栽培、水肥一体化、农机农艺融合、有机果品生产等新型有机栽培模式，并引进维纳斯黄金、鲁丽、华硕等优良苹果品种，力求品种的多样化、错季化、差异化发展。在交通便捷之后，这片未被污染的土地种植出来的原生态高原有机农产品非常畅销，有些农场好的品种未成熟时早早就被大客商预订一空。当初坚守的“慢种”得到了“快收”的回报。

啃一口越西苹果，香味浓郁，汁水充足，这就是“嶲味”吧？一种根植于古老土地，在和畅的阳光下恣意舒展的味道。

山水为屏，最美是“嶲色”

巍巍大凉山曾经是越西的屏障，导致越西远离富裕，而当蜀道变为能日驰千里的通途，这屏障就成了越西家门口最美的山水画屏风。

极大的海拔落差，不仅塑造了险峻的风光，也为越西带来了凉爽的气候。全境皆是“20℃避暑胜地”，集幽、静、秀、美为一体，无论是在越西县城还是到其他的乡镇山区，随手一拍都是风光大片，完全可以满足摄影师“景美人少，富有特色”的要求。巍峨的阳糯雪山像缩小版的西藏，静谧的“高山海子”长海湖像迷你版的新疆天山天池，清凉的书古湿地像小巧版的三月江南，五彩的普雄云上梯田像浓缩版的广西龙胜梯田……像，却又都不像，多姿的山水风情万种，让越西成为名副其实的“万人迷”。

最难忘的是大会组织参会的记者们到普雄镇参加彝族尝新米节。云雾山中九曲十弯，汽车小心翼翼地穿行在平均海拔2350米的山路中，让我一度恍惚，好似又到了新疆最险峻奇美的独库公路。车停下时，众人一阵惊叹：在这高山环抱的高原山谷中，竟有一大片金黄的稻田，数百名彝族村民手撑金黄色的油伞，身穿节日盛装，在长长的田埂上排成三列，唱着传统歌谣款款聚拢在田园中间的圆形舞台，朵朵黄伞下盛开着灿烂的笑容。这样的丰收画面啊，一眼千年！

一位年轻的彝族姑娘告诉我：彝族尝新米节是普雄镇的传统节日，这两年政府把这个特色活动加以包装，吸引了很多外地游客。收割那天，家家户户都会把刚收下的稻谷炒熟，再用石臼舂米，最后用柴火铁锅炒熟。这样的炒米带着稻谷的清香，直接嚼吃或煮饭、煮粥都非常可口。

仪式结束后，我们漫步于五彩梯田一带的村寨。一条条干净平整的石板小路，与绿竹、老树一起延伸至家家户户。民居错落有致，橘红色的瓦，土黄色的墙，重工雕刻的屋檐，有非常鲜明的彝族特色，可以看出是政府统一做了设计和修缮，村民又根据自家的喜好和生活习惯做些装饰，既有艺术个性又有和谐的共性。我们参观了其中几家用民居改建的民宿，外观保持民族特色，内部装饰符合现代人休闲旅游、康健养生的要求，卫生间、无线网络、电器等一应俱全。

壮观的高原风光、独特的民俗民宿、热情的彝族村民，这“嶲色”，就是神仙也想驻足了！

古为今用，最重是“嶲心”

在好几个采访点，记者们看到越西缤纷多彩的民族服装、匠心独具的漆器和银饰，都情不自禁地化身为“购物狂”，一个劲地买买买。盛开在厚重人文历史土壤上的艺术之花，轻易就撩拨动了见多识广的记者们。

取山水之灵秀，揽江河之开阔，在越西这片美丽富饶的土地上，彝、汉、藏、回等10多个民族30多万人共同和谐生活，孕育了独特的人文风情和民族文化。在脱贫攻坚战中，越西大力传承、挖掘、发扬民族文化，让民俗文化促进灵活就业。这“古为今用”的“嶲心”，令人感动与叹服。

彝绣是国家非物质文化遗产之一。在呷古村，家家户户的女孩子从小就开始接触彝绣。但千年来，人们刺绣、制作服饰仅是满足于自给自足，并没有能够使这门手艺产生经济价值。近年来，呷古村成立了彩遗坊彝绣专业合作社，找来彝绣非遗传承人当指导老师，改善了彝绣水平参差不齐的情况，统一了绣法，建立了一支专业化的绣娘队伍。同时，与唯品会、北京服装学院等企业、学校牵手，大力发展以彝绣为主导的民俗产业，在民族传统服饰的基础上，进行大胆的研究和创新，开发出属于本土彝族服饰的新产品，让彝族服饰品牌成为凉山地域文化和民族文化输出的领头军，让村里的妇女们在家门口就能实现就业增收。

此外，匠心巧工的彝族漆器髹饰技艺、尔苏刺绣、彝文书法、藏族尔苏服饰等，一大批国家级、省级非物质文化遗产在越西熠熠生辉。

古嶲州，今越西，外揽山水之幽，内得人文之胜：“主文运，司科举”的文昌帝君张亚子，留下博大精深的文昌文化；南方丝绸之路“零关古道”纵贯南北，国家文物保护单位“零关古道摩崖石刻”见证丝路辉煌，古南丝路沿越西南下，留下厚重沧桑的南丝路文化；诸葛武侯南征经过越西，留下源远流长的古蜀文化；越西还是名副其实的彝族红军之乡，红军长征经越西北上，1000余名彝族儿女参加红军，红军和彝族人民鱼水般的伟大军民情谊留下永不褪色的红色文化。这些铭刻在越西基因里的历史，都在今天的越西被打造成一张张亮丽的“嶲”名片。

“观乎天文，以察时变；观乎人文，以化成天下。”在越西，文化的力量无处不在。自然与人文交融，民族特色与世界潮流接轨，“天然屏障”变成“天然资源”，“民族特色”变成“民族资产”……越西，这个国家扶贫开发工作重点县、深度贫困县，以“后来居上”的速度，捧出了含“嶲”量极为丰富的硕果！

在新时代的发展浪潮中，鬱州，嶲州，两个同样有着两千年以上历史的城市，它们远古的名字不约而同地被重新擦亮，发出自己独特的光芒，这不是偶然的事情。在我们慢下来欣赏并书写那由繁复的笔画组成的古文字时，便可触摸到中华民族深邃的历史沟壑，触摸到一个城市坚实稳固的文化根基，并与那颗历千年而始终勃勃跳动的中华心同频共振，赓续生生不息的中华文脉。

“谁信瀛洲未归去，两州俱得小蓬莱。”鬱州，嶲州，是中华大地千州万州的缩影，它们坚定地扎根中华文化沃土，本根不摇，枝叶茂荣，硕果累累……

（原载《玉林日报》2023年10月24日）

越西的文化回响

陈晓云

"文化因历史而精彩，历史因文化而生动。"行走在越西县那几天，这句话便一直萦绕在我的脑海里。

越西，古称越嶲，因越过嶲水设郡县而得名。它位于四川省西南部、凉山彝族自治州北部，历史悠久，早在汉武帝元鼎六年（前111年）就已设置。这里外3揽山水之幽，内得人文之胜。西晋时期文昌帝君张亚子诞生于越西中所镇水观音旁的芦林沟，文昌文化从这里兴起；南方丝绸之路零关古道穿城而过，中外文明从此交融……

随着千年历史沉淀，文昌文化、南丝路文化、土碉楼文化在这片土地上交织、碰撞、融汇，最终升华成独具魅力的越西文化，承古拓今，生生不息，连接着过去、现在和未来……

文昌故里：斯文在兹盛千年

"文昌故里，水韵越西。"拿到全国报纸副刊理论研讨会邀请函时，这句宣传标语便引起了我的兴趣。文昌帝君于我们闽南人并不陌生，在我居住处不远便有个文昌宫，祭拜的正是文昌帝君。每逢大考、传统节日，百姓纷纷到文昌宫内祈福，寄托他们对知识的启蒙、对功名的追求等美好的期望。

文昌故里又是怎样的一个地方？又有怎样的故事？还未动身，思绪已经飘向了大凉山深处。

金秋时节，我们如约来到文昌故里国家AAAA级旅游景区，探寻文昌帝君诞生地的风采。

人还未到景区，便听到了潺潺流水声。走近看，河水奔涌，水质清澈，岸边柳依依，水车点缀其中，增添了几分水乡的韵味。这条叫水观音的河，径流不长，却因为清澈透亮而远近闻名。《越嶲厅全志》载：“水观音为越西十景之一。”

沿着河道往上走，看见一方形大水池，上方有一长长的桥廊，这就是拜仙桥了。桥廊上方，筑有一大坝，水从大坝上哗哗流下，形成瀑布，甚为壮观。翻过大坝，被称为“观音碧潭”的湖面呈现在眼前。在导游的讲解下，我们才发现，看似平静的湖面却是泉水涌动。原来这观音碧潭水源来自山腹中，潭便是地下河出口，浩浩泉水从山底10多个山洞中涌出，汇聚成河。

为何名水观音？相传文昌帝君张亚子修行时在这里遇难，得观音菩萨显灵搭救，因此得名。在导游的指引下，我们绕着湖边而行，在山脚的一个大石头下，果真见到了一尊观音像。同行的老师介绍说，以前这边有个观音寺庙，因特殊年代破坏，后观音被百姓藏于大石头下，幸而得以保存至今。

观音碧潭的一侧提示，文昌大庙坐落在山腰处。

文昌帝君——张亚子，与圣人孔子齐名，有“北孔南张”之说。据《越嶲厅全志》载：晋太康八年（287年），张亚子降生在中所镇芦林沟张老夫妇家中，勤学苦练，羽化成神。经过千百年来的历史演化和积淀，在越西留下了关于文昌帝君张亚子传说的许多古迹，如金马山、紫府飞霞洞、观音碧潭、拜仙桥、文昌大庙等。

沿着山路往上，山林层叠幽森，穿过“胜景清绝”牌坊，一段又陡又长的石阶掩在杉树中，延伸至文昌大庙门口。石阶两边红墙灰瓦，上面长满了苔藓，增添了几分古韵、几分禅意。

站在石阶往上看，蓝天绿树，文昌大庙在山林掩映之中庄严神圣。拾阶而入，迎面就是文昌殿，大殿正中为贴金的文昌帝君神像，帝君两旁为“天聋”“地哑”侍童像。我立于大庙前，崇敬感油然而生，虔诚礼拜。

文昌文化起源于西晋，鼎盛于盛唐，在宋元明清发扬光大。“扶植斯文、化淑民心”的教义贯穿于文昌文化所有内容中。在中国古代诸多历史和文学记载中，文昌帝君不仅是“主文运，司科举”的神，同时也代表了忠、孝、善、容的精神。千百年来，这种精神已深入人心，教化着一代代斯民，文昌文化更是传播到了日本、韩国、东南亚等地。

经介绍得知，文昌大庙始建于晋代，历经历史的洗礼，于2012年恢复重建后，“游文昌故里，求金榜题名”又成了一种时尚。每年高考、中考前，各地学子纷纷来到文昌大庙，膜拜文昌帝君，祈祷能够高中。

秋日午后，金马山青松覆盖，绿荫似屏，文昌大庙静静地“躺卧”在金马山的腰部。站在庙前远眺，群山绵延，想当年，张亚子为避母仇，从这离开，翻山越岭，举家迁到了梓潼，一生行善治病，死后被奉为梓潼神。文昌文化在千年时空里流传的故事以及由此演绎的文明、文化、价值观也在这里延伸——“忠主孝亲，敬兄信友，不徇私忘公”的文昌文化，为越西奠定了厚重的人文底蕴；文昌文化更是从这里走向全国、走向世界，成为连接海峡两岸同胞以及海内外中华儿女的一个重要精神纽带。

“以文为魂、以水为灵”，如今的文昌故里景区，文脉赓续，迎八方来客……

零关古道：一线牵南北

来到文昌故里景区，怎能不看丁山桥？

丁山桥坐落在景区入口，水观音河上，公路边。相对于那些在乡间静寂的古桥，丁山桥并不冷清。

丁山桥，因桥的一头顶着彭家山山嘴而得名，又名双石桥、零关桥。据《越西县志》记载，丁山桥建于明朝嘉靖年间，距今500年历史，是南方丝绸之路、茶马古道上去往西昌和成都的必经之桥。

走在桥上面，脚下观音河水滔滔而过。由于年代久远，来往商旅、马帮频繁，中心桥面已磨损为浅水槽状。仔细看，桥面上还有大人、小孩的脚印。经询问得知，这是越西一种古老的民间习俗：大人、小孩得病后久治不愈，就将病人的脚印刻在石桥上，意思是来往的人多，把病人的病带走了。在那个缺医少药的年代，丁山桥无疑还承载着人们美好的愿望，让我越发觉得这桥的厚重。

在聆听古桥历史的同时，我还惊叹于它的独特：桥面为石梁平桥，共有八个多层的桥墩，七个孔，桥梁每孔左右并列摆放两块条石。双石桥的桥墩打有榫槽，桥梁石卡在榫槽内，形成一个整体，十分坚固。在没有现代机器的500年前，又是如何把这么长的石礅、石桥搬运过来呢？人类的智慧总是超乎我们的想象。

同样镌刻着历史与文化记忆的，还有旁边的“零关”石刻。石刻题记记载：民国三年（1914年）建昌道尹梁正麟到越西，听闻当地历史传说后，欣然提笔书字，再由后人刻于石崖。而石刻旁边，便是《史记·司马相如列传》中的那句描述：“通零关道，桥孙水，以通邛都。”标注着零关古道的历史意义。

站在“零关”石刻前，不由得将记忆拉回到南方丝绸之路的历史长河中去，厚重绵长——

越西地处零关古道上，是南方丝绸之路上的重要一站。古道蜿蜒曲折，地势险要，贯穿越西县南北，故越西县曾有“一线通南北”之称，历来为兵家争夺之要冲。古代的文献与出土文物证明，早在秦汉时期，蜀地丝绸、蜀布、邛竹杖、铁器就沿着这条通道远销中亚和东南亚地区，印度和中亚的琉璃、宝石、海贝也沿着这条通道输入我国。两千多年来，这条我国西南地区重要的国际通道——南方丝绸之路，一直发挥着它的作用，历久弥新。

丝路长歌，千年回响，融汇着多元文化的积淀起伏，在越西大地上谱写出生生不息的历史长卷……

如今，马帮蹄声远去、挑夫身影不再，但丁山桥、“零关”石刻依旧伫立风中，与文昌故里景区连在一起，成为独特的文化记忆，奏响“一带一路”文旅新乐章。

溪水潺潺，走在零关古道，越西彝族诗人蒋志聪（吉乃）的诗句在脑海响起：月色星云外 / 灯火的迷茫 / 马帮铁铃 / 慢慢皆无影踪 / 似一册穿越时空的史书 / 落在千年后 / 却在等待 / 你笑靥的重生……

土碉楼：承载几多乡愁

离开景区，我们来到了旁边的陶家营村。这里曾经是南方丝绸之路的重要驿站，零关古道在这穿村而过；村落里，土碉楼点缀其中，串起陶家营村特有的文化记忆。

陶家营村并不姓陶。明洪武年间，一位叫陶亨的将军带领士兵到此驻防，守卫零关古道，从江南、中原等地来的兵士及其后代就此扎根于这片大山中，陶家营村因此得名。

与福建土楼不同的是，陶家营村的土碉楼高、小，墙体更为厚实。

好奇心驱动，我爬上了团正碉的三楼。外面看着小，碉楼里面房间并不小，每层分隔3到4间房，每层用木板隔开。碉楼内部一侧以木梯搭建援引攀登，每层设小窗户方便观察。细细观察发现，土碉楼大到墙体、支柱，小到门闩、窗户，其设计都是围绕防御功能进行的。经介绍得知，土碉楼旧时应“防盗防匪”之需而生，墙体厚实牢固，易守难攻，成为保护驿站、村落和丝绸之路的有力武器，使流寇和土匪不敢轻易进犯。不由得感慨，这一座座土碉楼，不正闪耀着陶家营村人的智慧与艺术的光芒？

据介绍，在陶家营村，现存完好的土碉楼还有20多座，其中最具代表性的有18座。每一个土碉楼都有一个它背后的故事，承载着很多人的乡愁。

其中，年代最久远的当数逍遥碉，已有300多年历史。曾经，其因在旧时代开过鸦片烟馆而名为“逍遥碉”，现经镇上引进企业改造，在一楼设置岁月邮局，二楼为汉服体验区、茶厅。在这里，可“手执烟火谋生活，心怀诗意盼远方”，成了游客来到陶家营村最爱的打卡地之一。而团正碉则成为陶家营博物馆，向游客展示着陶家营村的“前世今生”。

2021年底，陶家营村改建碉楼等工程开工。作为乡村振兴示范项目，越西县在宁波市江北区的大力支持下，从基础设施着手，将154间房屋的外立面统一刷土黄色的夯土漆，屋顶全部改成斜坡小瓦，周边的房屋和矗立的碉楼，高低协调呼应。在项目实施中，还充分利用陶家营南丝路文化、驿站文化资源，同步发展家风家训馆、民宿等产业，实现古村引进游客、体验留住游客、民宿住下游客的目标。

在这里，文昌文化得到了延续传承。“中所镇作为文昌文化发源地，其文化核心之一就是‘忠主孝亲’。陶家营村深挖历史文化，立足本土风情，收集整理了五户家谱，将该文化传承下去。”在家风家训馆，讲解员细细讲述。

而最好的传承，莫过于融入百姓生活。

走在陶家营村，家家户户的门前，都有一个扇形的牌子，上面写着家风、家训。“以实待人，非唯益人，益己尤大”，“勤为本，德为先，和为贵，学在前”，朗朗上口，简单质朴，将文明新风在潜移默化间深植于人心。

历史会渐渐远去，而文化则会永远生动。无论是享誉中外的文昌文化，还是连接亚欧大陆文明的南丝路文化，越西文化的底色一直都没有改变——无不在沉淀中积蓄文化力量、在惠民中收获隽永，源远流长……

（原载《闽南日报》2023年11月29日）

秘境越西

阮仲谋

这是个秘境之地。因为全国报纸副刊理论研讨会的一道“集结令”，我们像等待指令许久的“潜伏者”，在期盼与想象中，从各自的城市出发，向着越西——一个遥远且陌生的地方集结。

越西古称越嶲、嶲州。地处横断山脉北麓、四川省西南部，隶属凉山彝族自治州。汉武帝元鼎六年（前111年），因越过嶲水设郡得名越嶲郡。朝代更迭，几易其名，新中国成立后不久，越嶲更名为越西。

上午从宜昌出发，穿山越水，几经辗转，到达越西时，已经是晚上10点多钟。朦胧夜色里，星星点点的光亮错杂纷呈，像是在人间，又似在云端。街上人车稀少，凉风阵阵，伴有哗哗的流水声传来，让静谧安详的夜变得生动而有了些诗意。

一

金秋是丰收的时节。

我们来到越西，正赶上当地举办的农民丰收节。开阔平坦的坝子里，歌声、笑声、谈话声交织在一起。文化广场上设置了许多展台、摊位，上面摆满了当地的农特产品，有花椒、马铃薯、辣椒、苹果、葡萄、猕猴桃等。村民们热情地向我们介绍，黝黑的脸上尽是丰收的喜悦。

今年的丰收节，唱主角的是苹果。越西苹果种植历史悠久，史料记载，早在清光绪年间，越西境内就有花红（蔷薇科苹果属）栽种。因为特殊的地理位置和气候条件，这里的苹果色泽鲜艳、个大汁多、香味浓郁，而且富含维生素C、钙、铁等微量元素。1976年，越西苹果进入国际市场时，价格比美国的蛇果还要高。2010年越西苹果被认定为全国农产品地理标志产品，第二年，又获得中国绿色食品证书。越西苹果当仁不让成为了国内知名水果品牌。

红富士、信浓黄、维纳斯黄金、红将军等都是越西苹果的当家品种。在果农潘平海的展位前，我们停下脚步，接过他递上来的维纳斯黄金，咬上一口，汁液四溢，口腔内顿时芳香弥漫。《闽南日报》的陈晓云刚吃了两口，脸上就露出惊讶的表情，直呼“好脆、好甜”。连忙掏出手机拍照，扫码付款下单，请潘老板帮助发到福建漳州，让家人和同事一起分享越西苹果的香甜。

“几天可以到达？”潘老板笑着伸出五根指头，自信地说，最慢五天就可以吃到。随着成昆铁路复线的开通、电商的火爆，越西农特产品销售进入“高速时代”，蜀道之难已经一去不复返。

平畴沃野，苹果飘香。我们在越西现代农业（苹果）产业园区看到，一排排苹果树列阵延伸，沉甸甸的果实压弯枝头，一望无边的苹果树林和挂满枝头的红的、黄的苹果，成为越西田野上独特的景观。

越西苹果，凤凰涅槃。曾经风光一时的越西苹果，因为种植技术落后，一度在外地市场销声匿迹。近年来，越西将苹果确定为乡村振兴的破局产业和农业发展的首位产业，大力推动苹果产业全链条改造升级，加快推进苹果品种培优、品质提升、品牌打造，加大标准化生产力度，实现产业精细化、高效化、绿色化发展。越西提出在现有10万亩苹果的基础上，争取在3—5年，全县苹果种植面积突破20万亩，实现总产值21.5亿元，果农收入达到12亿元，让越西果农真正享受到农业科技带来的红利。

其实，除了苹果，越西的大红袍贡椒、甜樱桃、马铃薯等优质农特产品，都是全国知名农产品地理标志产品。在丰收节现场，同样吸引了不少游客和商家的关注。

“我要4件黄金果。”“我要5件魅力金果。”彝族姑娘阿说石布莫从事越西猕猴桃种植。第一次参加农民丰收节的她忙得不可开交，不到两个小时，就接下40多单。她的额头上沁出细密的汗珠，红扑扑的脸灿烂如花。

越西之行首站，我们就这样陶醉在了喜庆丰收的欢乐景象之中。

二

在普雄镇举行的尝新米节，像是一场非遗的活态传承，让我们零距离感受到了彝族传统文化的神秘与魅力。

陪同我们采风的孙建生，是凉山州知名摄影家，也是越西彝族非遗专家。一路上，他热情地向我们讲解彝族尝新米节的传说和历史。

尝新米节彝语“车史则”，意思是“吃新米”。因为气候差异，水稻成熟期有别，尝新米节的时间一般在农历六月至八月。越西彝族尝新米节的过节时间在彝历虎月，也就是每年的九月。

普雄镇是彝族尝新米节的发源地，据史料记载，这里种植水稻的历史有500多年。镇内的且拖村是四川省第一批非物质文化遗产项目彝族尝新米节的体验基地。今年普雄镇彝族尝新米节就在且拖村举行。

蓝天白云下，金色的稻浪绵延起伏。村民们身着彝族节日盛装，手举黄色的伞，排着长长的队伍，在几条稻田的路口等候着。随着彝族音乐的响起，他们沿着蜿蜒的田埂，向修建在稻田中央的一个圆形亭子聚集。这时候，流动的黄伞，摇曳的彩裙，欢呼的人群，生动灿烂的场景，如同一幅巨大的山水画卷，在我们的面前徐徐铺展开来。

开阔的亭子顿时热闹起来。聚到一起的村民们手拉着手，里一层、外一层，欢快地跳起彝族传统舞蹈。我们一下子被这喜庆热烈的气氛所感染，大家纷纷加入其中，和彝族同胞们一起跳起来，欢声笑语在田野村寨里肆意升腾。

尝新米节的最高潮，要属拔稻穗比赛了。在规定的时间内，拔穗最多的为胜者。仪式结束，就把拔下的稻穗背回寨子里，脱粒、翻炒、舂米、蒸煮、尝新，共同享受辛勤劳动的果实，祭祀祈福来年又有一个好收成。

30岁的曲木果果木专程从书古镇骑电动车来看尝新米节。头次看到壮观的尝新米节的她十分兴奋。她说，书古镇的经济以出售泥炭土为主，近年来，为保护生态环境，镇里调整产业结构，今年也开始种水稻了。她希望镇里也能举办尝新米节，让彝族农耕文化得到更广泛传承，并助力乡村旅游的发展。

把绵延的群山当背景，把金色的稻田作舞台，让村寨的男女老少当主角。这是传承彝族非遗最本真的形态，也是农民喜庆丰收应该有的样子。

越西的雄峰秀水、村村寨寨，处处都浸润在传统文化之中。呷古村是成昆线上远近闻名的“彝绣第一村”，这里的绣娘们，用灵巧的双手绣出了幸福美好的生活；“银饰第一村”瓦曲村的能工巧匠，用彝族银饰制作技艺敲开勤劳致富的大门；粗犷的彝族汉子，用彝族民间口头文学、彝族版脱口秀“克智”细数彝族村寨巨变……

让非遗活起来、火起来。越西在“非遗+”融合发展上使劲，多姿多彩的越西非遗，在乡村振兴、文旅融合中绽放出了新的光彩。

三

嶲水流淌，相岭叠翠。古老的越西，历史文脉像阳糯雪山一样厚重，像嶲水一样悠长。

“主文运，司科举”的文昌帝君张亚子诞生于此地，留下博大精深的文昌文化；司马相如在此打通“零关古道”，留下厚重沧桑的南丝路文化；诸葛武侯南征小相岭，留下灿烂的古蜀文化；红军长征经越西北上，红军和彝族人民鱼水般的军民情谊，留下永不褪色的红色文化……

丁山桥位于越西县城南6公里处的水观音河上，因石桥的一头顶着一座山嘴而得名丁（顶）山桥，又因为桥面是由两块石板并排铺成，故又称双石桥。在丁山桥北侧十多米远的岩石上，相传由清朝官员梁正麟题写的“零关”二字石刻十分醒目，丁山桥因此又多了一个名字——零关桥。

《越西县志》记载，丁山桥建于明朝嘉靖年间，是古南方丝绸之路、茶马古道川滇线上重要的桥梁。历经500多年的风吹雨打，加上商旅、马帮来往频繁，石桥桥面已被踩踏成浅槽状。人在桥上走，水在河中流，一阵清风吹来，我突然有了穿越时空的恍惚。

零关古道北由大渡河畔的甘洛县入境越西，南至小相岭出境，在越西绵延数百里，是南接西昌、北通成都的重要交通节点。古道蜿蜒曲折，地势险要，自古以来都是商旅、军事要道。公元前135年，司马相如受命出使西南夷，打通零关古道，让这条巴蜀先民开凿的茶马古道得以贯通，形成贯穿云南，与四川、关中相连，与境外缅甸、印度，甚至欧洲相接的古南方丝绸之路。史书对此有“通零关道，桥孙水，以通邛都”的记载。

丁山桥下，河水奔腾；“零关”石刻旁，车流不息。曾经的马帮蹄声、挑客背夫、驿站驻兵早已湮没在岁月的长河之中，但新的“南方丝绸之路”正在越西大地上崛起、延伸。被国务院列为了全国重点文物保护单位的丁山桥、“零关”石刻题记，是零关古道上隽永的文化符号，它们将世代于此，讲述零关古道上曾经的艰辛悲欢，见证越西新“南方丝绸之路”的发展。

与丁山桥相距3公里左右的陶家营村，是古南方丝绸之路零关古道上的一个重要驿站。走进村内，几座高耸的土碉楼十分抢眼。越西县文昌故里旅游景区管理局副局长田玉华告诉我们，这就是越西有名的土碉楼。明洪武年间，名将陶亨为守护零关古道通畅，率兵在此驻扎，陶家营村因此而得名。

越西土碉楼历史悠久，最早可追溯到汉武帝元鼎六年（前111年）。诸葛武侯曾在此地筑土城一座，人称“奴诺城”。据《越嶲厅全志》载：“元置邛部川，旧筑古城，在今治北二十五里王家屯场外。”越西土碉楼皆以黄土夯墙，墙壁厚薄不一，碉楼一般有4—5层。陶家营村现存完好的土碉楼有20多座，最有代表性的有18座。风雨侵蚀，墙壁上的小孔大洞里，有岁月埋藏的无数鲜为人知的故事。

如今，这些土碉楼成了越西宝贵的文化遗存，在乡村振兴的春风里，百年土碉楼迎来了新的生机，当地政府深入挖掘古村落文化内涵，把陶家营村打造成了越西乡村旅游线上最美的风景。有着300多年历史的逍遥碉被改造成书吧、民宿后，吸引许多外地游客前来打卡。50多岁的楼主陈明说，今年已接待了好几拨从成都、重庆来此避暑的客人了。

在民风古朴的越西，我总有一种历史与现实的交错感。深藏于崇山峻岭之中，却从来没有停止过与外面世界交流互通的脚步。嶲水流经处，高铁穿梭，产业聚集，古老又现代的越西，期待有更多的人去探寻，相信会有更多的秘境被发现，也还会演绎出无数的惊喜和传奇。

（原载《三峡日报》2023年12月2日）

白云生处有嶲城

鲁钟思

1

山是山，云是云，大凉山却不仅仅是一座山。穿越大半个中国，只为一睹你的风采。

天色渐暗，第二段行程即将开始。

在成都南站，远远地，我就看到了一抹鲜明的绿。纪录片《走近大凉山》里那通往大山深处的绿皮火车身影不时在脑海里闪现，而此刻，2022年年底开通、通往越西的高铁分明就停靠在眼前。

随着大包小裹的人群走上列车，终于在满员的车厢里找到了我的座位。帮邻座的大姐调整座椅后，我俩简单交流几句，原来她是彝族人，更有缘的是，我俩都到越西。

大姐听到“越西”后，眼睛一亮，随即低着头在兜里左翻右翻。不一会儿，两个又红又大的苹果就出现在我面前了。

“给你吃。”大姐用并不标准的普通话温柔地说。

我谢过大姐，接过苹果，心里升腾起无限暖意。这时才细细打量她：黝黑的面庞，一双深邃的眼睛，眼角虽已爬上了几条皱纹，但依旧美丽，笑起来还有两个浅浅的梨涡。

啊，越西的苹果！

咬了一口，果香浓郁，脆甜可口，我俩相视一笑。

万万想不到，3000多公里的行程，身未到，我的味蕾却已领先一步，率先抵达文昌故里、早熟苹果之乡了呢！

2

跟随中国报纸副刊研究会在小城越西采访调研的日子里，我常常有种误入白云生处的错觉。

越西，古称越嶲，位于四川省西南部，凉山彝族自治州北部，古语云："嶲者，山之佳城也。"

时值金秋，汽车行驶在越西的盘山道上，看车窗外云朵低垂，轻轻笼罩在青山之上，重重似画，曲曲如屏，一派朦胧的仙境之姿。云很近，山不远，我们甚至能和山间变幻的白云擦肩。此情此景，越西作家阿苏越尔的诗句忽地像云那样，飘进我的脑海：

"我一直想以海拔4791米的高度 / 也就是俄洛则俄雪山的高度 / 在大凉山北部的音律里健步行走 / 并且在彩云之端与你相亲相爱"

在普雄镇，在呷古村，在小相岭，我们常常不自觉就入云深处，但见远山连绵，云烟渺渺。李白曾感叹"蜀道之难，难于上青天"。曾几何时，大凉山是中国贫穷的地区之一。如今，这些从贫困中走出的人们，手可揽云彩，心怀馥郁香，苹果种植正是其中的致富法宝之一。

越西苹果久负盛名。我们的随车导游、在越西县妇联工作的马尔呷莫向我们介绍了越西的苹果为何会这么甜：昼夜温差大、日照充足以及2000米左右的高海拔，尤其适宜栽种苹果。

实地参加越西县现代农业（苹果）产业园区的苹果节，不同种类的苹果、葡萄蔚为壮观，甘甜爽口。与连绵起伏的青山白云相映成趣，“果香嶲州”的舞台就搭建在大自然的崇山峻岭之中。前方是现代化的舞美，后面则是大山深处“白云千载空悠悠”的独特意境。鲜美丰润的水果和身着彝族服饰的秀美女子，手执百年月琴弹起悠扬旋律的老人，在云雾缭绕的青山之下，好似一首温馨恬静的田园散文诗……而在夜幕低垂后，同样的舞台上，越西苹果节音乐会如期而至。动静皆宜，瓜果飘香，人美情真，大山深处的音乐节，人和苹果都是主角。

彝族刺绣，更是彝乡风情里最旖旎灿烂的一环，被誉为“指尖瑰宝”。彝族女性能歌善舞，心灵手巧，上至七八十岁的老人，下至六七岁的女孩，个个会刺绣。采访时，我们常能看到彝族妇女三五成群地围坐一团，形形色色的图案，在她们手中，像变魔法般绣画出来。一位阿姨在绣图样，我问那是什么。阿姨说：“是羊大。”“羊大为美吗？”阿姨颔首微笑，随即又开始忙碌了。

彝绣之外，大家的目光几乎都被那些包裹在母亲背上的小宝宝们吸引了。

宝宝们就那么甜甜地、憨憨地睡着。微风吹拂，宝宝头上戴着母亲精心缝制的发带，抵御寒风冷气，像一朵斜靠在母亲肩膀上的花苞。哪怕中间醒了，也不哭不闹，安静乖巧地睁着懵懂的双眼东张西望，被人一逗，就“咯咯咯”地笑出声。笑声让埋首刺绣的母亲和我们的嘴角，接二连三地荡起了朵朵莲花。

3

越西的历史很长，汉武帝时期，因越过嶲水设郡县而得名。2000多年的建制历史呼啸而过，我们匆匆又短暂地与它相遇，心河间至此泛起了一叶名为越西的扁舟……

在“零关古道”遗址处，司马相如留下了“通零关道，桥孙水，以通邛都”的传奇。细细听，那嗒嗒的马蹄声似乎还在耳畔响起，云笼雾萦中，悠悠古道、南方丝绸之路就这样一寸一寸地在小相岭延伸。

这里还留下了诸葛亮的足迹与墨迹。为平定南中四郡反叛，225年，诸葛亮亲率大军，分三路南征，其中的一路大军经过越西。诸葛亮曾在小相岭主峰手书“今日山头”，和山南的登相营遥相辉映。

素有“北孔南张”之称的文昌帝君张亚子，诞生于越西，这里是名副其实的“文昌故里”。观音碧潭潭水幽幽，我们一路伴着青翠、红砖拾级而上，终于近距离感受到了文昌大庙的胜景和文昌文化。

更难忘，中国越西红军长征纪念馆和“红军洞”那段可歌可泣的历史……

其实，在汤汤嶲水之外，今日的越西，更多的是未染尘埃、如璞玉般的热心与朴实。

手机曾预报在越西的几日都有雨，退休前曾在气象局工作的随车顾问吉于阿布老师听闻，信誓旦旦地向我们保证：“我们这里经常预报有雨，但大都不会下的。”说也奇怪，那几日虽然云深雾重，却几乎不曾下雨。又一日，阿布老师身着彝族服饰，肩披“英雄带”，从彝语讲到火把节，从太阳崇拜讲到三星堆，大家听得入神，开玩笑说，论相貌，阿布老师好像“三星堆”啊！一车人笑倒一片……

就像高铁上送我苹果的大姐、呷古村请我喝涝渣米酒的村民，还有善良美丽的随车导游马尔呷莫，在小城越西，淳朴俯仰皆是，无邪处处可寻。

周末那天，普雄镇尝新米节仪式临近尾声时，几个当地村落的小孩，像百灵鸟般，不知什么时候悄悄坐在了长梯上，看着热闹的人群和空蒙的山色。

大孩子不过八九岁的模样，小的，还穿着开裆裤。越西常年光照充足，孩子们健康的小麦肤色下，扑闪着一双双黑曜石般的眼睛，就像山间烂漫的小花，那么纯真，又那么炽烈。

其中一个齐刘海、身穿橙色衣服的小姑娘的眼睛尤其漂亮。仪式结束，采风团转向村落，小姑娘在我面前蹦蹦跳跳，旁边的男孩跑过去，冲她喊道："好像去你家参观啦！"小姑娘听后欢乐地飞奔，还不时回头看我跟上没有。到了她家后，大家正在对着一位彝族女子拍照，小姑娘却并不靠近。我悄悄问她："那是你妈妈吗？"她摇摇头："我妈妈打工去了。"此时，热闹的人群已走入下一户，我和她挥手告别，她站在家门口，面带微笑，向我摆摆手。

直到从下一户走出，我回头，她仍在那里，像大山里一只挥动翅膀、踌躇着要翩翩起舞的小蝴蝶……

回到长春后，我有时会刷到朋友圈里越西的风光和彝绣，不由得会想起那日高铁上的苹果、那个云蒸霞蔚的小城、那双明亮的眼睛……我明明没带走一片云彩，却分明带走了白云生处一段最纯真的回忆。

（原载《吉林日报》2023年11月18日）

去秘境越西　你有三个理由……

夏　新

在越西参加全国报纸副刊理论研讨会暨中国文化记者越西行采访调研活动的几天里，不时接到同事或朋友来电。

“你在哪儿？”

“我在越西。”

“越西在哪儿？”

“在四川凉山彝族自治州，一个来了还想再来的秘境。”

于是，就被各种询问。于是，开启了“快介绍介绍”的悠长话题。

第一个理由：
一口倾心的生态食材和特色美味

作为一个资深吃货，脑海中下意识地先跳出来各色美味，还是身体最诚实，民以食为天嘛，美丽景色，若再有特色美食加持，那简直是人生乐事，可以回味且吹嘘好长时间。

越西苹果必须首推。吃过很多地方的苹果，烟台的、天水的、盐源的、洛川的、昭通的，还曾经在休假路过山西时被当地人“怂恿”着去果园里“顺”了两个爱不释手的苹果。即使品种相同的苹果，因为产地不同，气候、日照、土壤的影响有异，其味其形也是有差别的。

越西苹果不仅有纯粹的果香，还独有一种山野的芬芳，拥有令人一尝味蕾绽放、再品沁人心脾的魔力。且不说苹果节上第一次同时段品尝20余种苹果，有的清香有的浓香、有的清脆有的细软、有的酸甜有的高甜，真的是各有其美、各有其鲜。就是去苹果园里自己随意采摘，一口下去也是唇齿留香，恨不得多拿几个口袋，摘一堆苹果回去。从越西回来后，一个月内又微信购买快递了七八箱，再下单时果农说已经摘完没货了，要等明年了。有些后悔为啥不买它20箱，反正已经试过搁上一个多月口感都不会变，依然脆、香、甜。

一桌味道“九大碗”。当游人玩得尽兴有些饥肠辘辘之时，“九大碗”早已等候多时，正是游人想要的“土里土气”乡村味、原生态的好食材。越西“九大碗”的五荤四素是有讲究的，五荤代表“五谷丰登”，四素是指人们“四季平安”。吃“九大碗”也是有讲究的，每桌必须由年长之人先下第一筷，然后大家乐呵呵地敞开肚皮喝酒吃菜，洋溢着浓浓乡情，弥漫出悠长的文化味道。

不仅仅是“九大碗”，彝族美食最吸引食客的是源自山野的生态食材。即便是清清山泉煮出来的洋芋汤、鸡汤、鱼汤、牛羊肉，仅凭食材本身的味道，其风味也是绝佳。再蘸上彝族人最喜欢的用辣椒、花椒、盐巴、木姜子调制的蘸料，不油嘴、不腻心，酣畅爽利，味美无穷。但是，这里必须划重点：煮牛羊肉一定要记得请厨师多煮一阵，尽量软一点，不然会吃到你怀疑人生，会觉得自己的牙齿比彝族人差得太多了，咋就啃不动呢？老实说，彝族人的牙齿就是好。我呢，是从包里拿出小刀把牛肉一一切成小块，才看似从容不迫地干掉一盘的。

第二个理由：
20℃的夏季，省气候中心认证的“清凉地”

每年夏季，川渝两地的市民便开始绞尽脑汁地搜寻，又该去哪里避暑度假好呢？云贵的一些清凉城市便成了热门，不仅人多、价涨，还买不到车票，少不得有点闹心。

许是越西对养生避暑游的建设开发起步略晚，还有些“养在深闺人未识”，但“美娇娘”总有掀开盖头惊艳众人的时刻。

地处横断山脉北麓的越西县，即使在三伏天，依然清风徐徐，满目滴翠，凉爽宜人。2023年6月，越西成功通过了四川省气候中心“避暑旅游目的地”评测，并通过了国家气候中心初步评测。

从避暑指标上看，在夏季92天中，越西适宜温度日数为87天，人体舒适以上日数92天，气候旅游舒适以上日数69天。气候禀赋指标中的气温指标优良率为100%，负氧离子浓度年均达到2621个/立方厘米。越西正以最美的姿态，等你前来康养避暑，尽享山水人文风光。

推荐线路一：避暑康养观光游——文昌大道出发，15分钟抵达文昌故里AAAA级旅游区；中所镇出发，半小时抵达书古湿地，再前行20分钟去看看普雄阳坡的五彩梯田；从普雄镇继续前行便可欣赏到申果庄天鹅湖、妮扎果峨湖。

线路二：山水人文沉浸游——沿省道S218穿越小相岭隧道，几分钟后就能看到美丽的越西坝子；继续前行途经河坎村、红军洞、红军长征纪念馆；沿国道G245北行20分钟还可去新民镇大屯村苹果采摘园感受采摘之乐，尝尝一秒下树一秒入口的新鲜。

线路三：亲近自然生态游——自县城出发，沿吊桥路、017乡道一路行驶约1小时抵达天然草场马母果村，在天然氧吧做100个深呼吸，让呼吸道享受一次温柔抚摸。从这里穿过原始森林，还可抵达风景秀美的长海湖，也是休闲探险的绝佳之地。

除了这些，越西还有特别令人动心的一个点：旅游成本、生活成本太亲民了，一碗牛肉面9元，撮一顿烧烤人均三四十元，出租车5元起步跑老远。

第三个理由：
体验彝族风情，独特尝新米节等你来

我们有幸赶上了越西尝新米节，那天正是秋分时节，天空特别晴朗，微微有风，彝家人穿着深色点缀鲜艳的盛装，撑着黄色的伞，从田野的各处而来，聚集在一起。记者们手中的镜头顿时忙碌起来，瞄准那一张张灿烂的笑脸，追逐那一片片田野的金黄，把丰收、把喜悦、把美丽一一记录。

尝新米节彝族语为“车史则”，吃新米的意思，是彝族一个传统民俗节庆，以前知晓的游客并不多，近年来逐渐有了知名度。时间为每年农历八月左右，待稻谷部分成熟时择日举行。在越西，凡平坝河谷出产水稻的地方，都要过尝新米节。

那些天里，男人们特别气宇轩昂、声音洪亮，提醒家中妇女下田把早熟的稻穗抽回来，穿戴一新的大妈大嫂、姑娘媳妇们身背竹编背篓到自家稻田里采选早熟、丰盈的稻穗。于是，丰收在望的田野上欢声笑语，荡漾着幸福的笑容。她们把稻穗背回家中立即搓下谷粒，放入大铁锅中烘炒，然后倒入大石臼里舂成米。这种炒出来的新米很香，还泛着丝丝绿意。

尝新米节既是彝族人庆丰收的展示舞台，也是融民族文化、古朴风情、美丽风光为一体的文旅名片。过彝家尝新米节、赏五彩梯田、体验民

族风情、观看民俗表演、品尝原汁原味彝家美食，共享丰收的喜悦和快乐，成为当地重要文旅活动。目前，越西已将尝新米节成功申报为省级、州级非物质文化遗产和四川十大农民丰收节文化项目之一。每到丰收时节，村寨里的舂米声犹如一曲曲既富有节奏又和谐悦耳的田园乐章。

（原载《南充晚报》2023年12月15日）

越西印象

邵美玲

金秋，越西。因全国报纸副刊理论研讨会暨采访调研活动在这里举办，我有幸来到这座美丽的小城。

没去过越西，但我知道它位于祖国西南边陲的大凉山腹地。我做好了旅途颠簸的准备。

然而赴越西，远比我想象的要顺畅。9月21日，我从北京乘机抵达西昌，再转高铁，50分钟即达。原来，成昆铁路复线2022年已开通，将越西带入了“高铁时代”。

今年北京的秋天来得特别晚，虽时近秋分，依然酷热如夏。但一下高铁，扑面而来的清凉让我瞬间入秋。目之所及，青山绵延，云雾缭绕，如梦似幻。前来接站的越西县委宣传部常务副部长沙马尔基介绍说，越西即便在盛夏时节也是这个温度，所以很多外地人会在夏季来避暑。越西正在打造“20℃的夏天”旅游名片。

正在打造旅游名片的越西，可不仅仅有凉爽的气候。

抵达越西当晚，我们就参观了越西县的嶲州印象档案陈列馆。越西，古称越嶲（音同西），因“越过嶲水”而得名，建郡于汉代。两千多年的历史传承，赋予了越西丰富的文化内涵和底蕴，造就了千年历史、文脉兴盛的“人文越西”。我对越西有种“养在深闺无人识”的感慨，更对此行充满了期待。

彝乡看彝俗

越西县隶属于凉山彝族自治州，彝族人口占当地总人口的80%以上，保存了较为完整的彝族文化。我们一行人从越西县城出发，乘车半个小时来到普雄镇且拖村。正赶上彝族传统民俗节庆“尝新米节”，彝语为“车史则”，即吃新米的意思。这一天，村子里的男女老少身着盛装到稻田里摘新谷、尝新米，享用以辛勤和汗水换来的劳动果实。

一下车，满眼金黄。五彩梯田里稻浪翻涌，彝族同胞身着节日盛装，手撑黄色的油纸伞，踏着音乐的节拍缓缓走来。长长的伞阵望不到头，和金黄的稻浪相映成趣，蔚为壮观。丰收的喜悦感染了每一个人，我们和彝族同胞手拉着手跳起了欢快的舞蹈。好客的彝族同胞邀请我们去家中品尝现炒的新米。我将一把炒好的新米放进嘴里，略含一会儿再咀嚼。这是一位美丽的彝族姑娘教我的。果然，新米的醇香在舌尖弥漫开来，刺激着味蕾，也让我感受到大自然的丰厚馈赠。尝新米节已被列入四川省非物质文化遗产名录。

同行的莹莹老师被一位彝族姐姐身上的马甲吸引了，试穿后爱不释手。浓郁的彝族风情马甲配以莹莹老师飒爽的身姿，别有一番风韵。大家凑上前去抚摸、品评这件堪比艺术品的刺绣马甲。“这件马甲就是出自旁边的‘彝绣第一村’呷古村，老师们可以去那里看看。”循着工作人员的指引，我们兴趣盎然地来到呷古村。

普雄镇位于越西东南部，成昆铁路由北向南纵贯全境。呷古村被誉为成昆线上“彝绣第一村”，“不会绣花的女子不算彝家女”是村里的古训。村里的广场上，彝族妇女围坐一圈飞针走线。据工作人员介绍，为了让彝绣走出大山，得到更好的传承，村里成立了彝绣合作社。目前，呷古村的彝绣已经形成产业，彝绣成为当地绣娘的主要经济来源。在创新发展的时代浪潮中，彝绣融合传统与时尚，绣出了绚丽的凉山民俗风情，走上了国际舞台、时尚前沿，焕发出新的生命力。

我们聆听彝族老人达足石布的月琴演奏，赞叹彝族精美的银饰，品味彝族同胞捧上的美酒……在越西，彝族风情无处不在，浸润着这个古老的小城。

古道上的马蹄声

越西是古南方丝绸之路的重要驿站。南方丝绸之路是古代西南地区一条纵贯川、滇两省，连接缅、印两国，通往东南亚、西亚以及欧洲各国的古老贸易通道。横贯越西的这段南方丝绸之路叫零关古道，又作灵关古道。西汉司马相如受命出使西南少数民族地区时,《史记》所载“通零关道，桥孙水，以通邛都”便是此处。

千百年来，古道上都是靠马驮人背运输货物。直到1970年成昆铁路开通，马帮才逐渐消失在历史的滚滚长河中。

在越西县城南面，“零关”二字深深地镌刻在路旁的石崖之上。石崖旁边，是日夜奔流不息的水观音河。河上有一座古石桥，因桥面由两块石梁铺成，所以叫双石桥。据考，双石桥建于明代嘉靖年间，距今已有500多年的历史。桥墩和桥面的石梁很大，据说有的重十余吨。在没有起重机的古代，越西人民是如何将这些石礅、石梁搬运过来的，又是如何将石梁横放到石礅之上的呢？这里面包含着越西人多少血汗和智慧？

作为零关古道上的重要桥梁，古老的双石桥见证了古道的繁荣，也记录了悠悠岁月中商贾马帮的匆匆步履。走在桥上，能明显地看到桥面中间有深浅不一的坑。那是500年来马帮和背夫行走留下的印迹。

我仿佛穿越时空，看到一队马帮徐徐走来，马背上驮着丝绸、茶叶、蜀布等物资，也驮着一家人的生计和希望。四野静寂，只有耳畔隐约可闻“嗒嗒嗒”的马蹄声。

岁月悠悠，古道漫漫。马帮虽已远去，但零关古道如巨龙一般静静地盘踞在充满诗情画意的越西大地上，承接历史，续谱华章……

“今日山头”寻武侯

说起武侯祠，我的第一反应是在成都。然而，越西竟也有一座武侯祠。诸葛亮与这片土地的渊源来自南征。相传诸葛亮平定南中四郡时分三路南征，其中一路大军穿过越西，并在灵山整修道路。后人为了纪念他，将此山更名为小相岭。

我们一行人在一个雨后的清晨来到小相岭。车辆缓慢地行进在陡峭的盘山路上，窗外云遮雾罩，于云雾中隐约可见山的轮廓，仿佛置身仙境。越西的风景之美，再次让我惊叹。

小相岭脚下是一座恢宏的群雕。诸葛亮羽扇纶巾，意气风发，大笔题下“今日山头”四个大字。他身后的蜀汉将士气宇轩昂，睥睨天下，做指点江山状。相隔两千多年，我依然可以感受到他们的壮志满怀。报纸副刊的同人们也热血上涌，兴致勃勃地寻群雕中自己喜欢的动作合影，果真是“古今多少事，都付笑谈中”。

我们拾级而上，攀登小相岭。雨后的路面湿滑，我们走一段、停一段，互相鼓着劲往上爬。走在如画的风景中，又有老师们口中诸葛亮“七擒孟获”的精彩故事相伴，一点也不觉得累。在走过一段人工建造的木质台阶后，前路彻彻底底变成了山石路。一位老师说，我们脚下的石头就是当年诸葛亮踩过的石头。到达一个山头后，我们不再往上走。举目前望，一片云雾，恍如现实与历史的分界点，雾的这头是我们，那头是远去的鼓角争鸣。

金马山上拜文昌

越西是文昌故里，也就是文昌帝君张亚子的出生地。相传张亚子是从这里举家迁到四川梓潼的。后人为纪念张亚子，在金马山上建了一座文昌大庙，以供后世祭拜。随着历史的变迁，张亚子成了中国传统文化中的文曲星。莘莘学子往拜文昌大庙，以求金榜题名。

侯军老师说，作为文人，到此是一定要拜文昌大庙的，而我和另一位老师想到的是家中学子——跋山涉水来到这里，岂能错过拜谒文昌？大家怀着不同的缘分，一步一台阶，据说一共275级台阶，终于抵达文昌大庙。

庙中居士是一位彝族老人，在得知我们的来意后，给我们讲了一番话。她的话我大多听不懂，但大致明白了她想表达的意思。拜谒文昌帝君只是一种心境，若想取得成就还是要靠自己的努力。她说得没错，但我还是虔诚地完成了祭拜仪式。这也许是为人母的心理慰藉吧。

这里走出倮倮连

如果说越西有颜色，那一定是红色。1935年，红军长征北上，经过越西，打土豪、分浮财、释放“质彝”（国民党政府关押彝族人民为人质），受到广大彝族同胞的热烈拥护。1000多名彝族同胞穿上军装，加入红军。为了照顾民族习惯和饮食文化，加入红军的彝族同胞单独编成一个连，称为倮倮连。中国革命史上第一个少数民族连队就此诞生。

倮倮连的红军战士跟随党中央爬雪山、过草地，历经千难万险到达陕北后，又毅然奔赴抗日前线，为新中国成立作出了卓越贡献。在红军长征纪念馆里，我们看到了陈占英、王海民、王作义等红军英雄的事迹。这些彝族老红军在新中国成立后又回到凉山工作，带领凉山各族人民建设社会主义新凉山。据统计，参加红军的彝族同胞中，来自越西县的人数最多。

今日的越西人，努力挖掘越西底蕴厚重的红色历史，讲述红色故事，弘扬红色文化，赓续红色血脉。丰收节上，彝族儿女欢快地舞起《唱支山歌给党听》。红火的日子，火热的心，越西人民满足而感恩。

告别越西时，我选择从成都返程。坐在飞驰的高铁上，耳畔响起那首《唱支山歌给党听》，脑海中浮现出彝族儿女幸福的脸庞，越西的美好记忆萦绕心间。于我而言，告别不一定是结束，也可以是我与小城越西情缘的开始。

（原载《中国石油报》2023年11月24日）

醉在苹果节

张　樯

仲秋时节，地处四川凉山越西的苹果，会迎来一年中的高光时刻。走在街上，店铺里堆满红彤彤的苹果，并满溢到了马路边，细嗅空气中也弥漫着一阵阵果香。作为颇负盛名的苹果之乡，据史书记载，清光绪年间，越西境内就有花红（蔷薇科苹果属植物）栽种。越西苹果向以个大汁多、口感甘甜、香味浓郁而为人称道。早在20世纪80年代就营销全国各地。近些年，越西加大苹果产业投入，苹果已成为当地致富的“金果果”。

那日驱车刚刚驶出城区，便与大片的苹果园不期而遇。原来我们正驶入现代农业（苹果）产业园区内。成片成片的果树如接力赛般，从公路旁一直涌向天边。车行许久，都驶不出这广阔的苹果产业园区。不过我发现眼前的景象颠覆了固有的认识，一棵棵苹果树皆不及一人高，更像是灌木丛，却挂满密匝匝的果实，乍看宛如巨型的苹果串串——据称近年来当地转变传统思维，在苹果种植中引进了矮化密植栽培模式，培育出上窄下宽的新品种果树。可以想象，当采摘苹果时，其情景更像豪迈地撸串。

凑巧的是，在越西的几天里，我们还迎来了一年一度的苹果节。苹果节在苹果小镇举行。一来到入口处，便看见矗立着两只“巨无霸”的苹果雕塑。走进小镇，顿感我们来到了喧闹的苹果主题公园，或者一个属于苹果的节日嘉年华。一个个苹果摊位，沿路两旁一字儿摆开。红彤彤的苹果被码放得整整齐齐，仿佛在列队接受检阅。越西是彝族聚居区，摊位的主人也多为彝族朋友，一个个身着彝族盛装，贴心地将各种苹果切成小片，热情地邀约途经者品尝，有的摊位主人还慷慨地给游客送上硕大的一只。于是，行人一边畅游一边品尝，就像走进了苹果的流水席。

在我眼里，苹果节上的苹果，单从外观看，端庄、嫣红、饱满、硕大，可是咬下一口，随着“咔嚓”清脆的响声，汁水也喷薄而出。细细品来，有的偏甜，有的甜中带酸，有的口感松脆，有的多汁。我也是第一次发现，外观差异不大的苹果竟有如此丰富的品种，并取了各不相同的名字：巴克艾、富金、福布拉斯、维纳斯黄金、秦脆、瑞阳、烟富三号等。

随着游人愈来愈多，苹果小镇愈加热闹。有的游客掏出手机，对着摊位上的二维码“扫一扫”，即下单订购了一两箱苹果。果农们则更是忙碌，有个浓眉大眼的彝族青年，正举着麦克风戴着耳机像模像样地直播带货，让不能来现场的网友也能领略这里的苹果。在路边我还发现一个熟悉的面孔，是一个叫沙马沙依的彝族女孩，前不久我刚在抖音上关注了她的个人频道。看她此刻正在专注地直播苹果节实况，我未敢上前告诉她我是她的粉丝。

夹杂在稠密的人群中，我自然不能闲着，在品尝了许多种苹果之后，我也开始给手机“投喂”，欲将苹果的千娇百媚摄入镜头。当我将手机举起，果农们会像美食电视纪录片《舌尖上的中国》里的人物那样，将手中的苹果高高举起。他们的脸上，绽放着与苹果一样动人的笑容。

我平生从未同一时间见识过如此种类繁多的苹果，也从未在一天之内“饱尝”如此过量的苹果。我要承认，最终我的味蕾麻木了失守了，我分不清哪种苹果更甜、哪种甜中带酸、哪种水分更多。往往品尝过一种苹果，觉得糖分很足；接着品尝另一种，又觉得更胜一筹。

偏偏苹果节上举行了苹果王评比大赛。评比并不要求评委具备什么专业资格，由现场观众来宾自愿报名参加。味蕾业已失灵的我自觉已不具备参评资格，只好在现场作壁上观。即使零门槛的参评资格，“自愿”成为评委的人们也不敢大意，他们排队逐一细细品尝着“参赛”的果实，然后小心地在表格上填下自己心仪的品种。经过一轮又一轮的评选，最终一种叫维纳斯黄金的苹果拔得头筹，成为本年度苹果节上的苹果王。

都知道酒往往醉人，在品尝了种种苹果后，在一阵浓似一阵袭来的果香里，我似乎也在苹果的世界里醉了。有一刻，我产生了幻觉，分不清苹果节上簇拥而来的哪些是一只只苹果，哪些是一张张笑脸。面对汗水浇灌的收获、面对收获带来的喜悦，苹果和笑脸相互重叠，泛着同样的光泽，也泛着同样醉去的酡红。

（原载《内江日报》2023年12月23日）

一株稻子的本分

刘 君

大凉山深处，万亩五彩梯田，此时已幻化成一片金色的海洋，在蓝天、阳光、微风的背景下，轻轻晃动。仿佛冥冥中，我们之间总会有这一场相遇，在它们最灿烂、最饱满、最美丽的时刻。稻子的清香唤醒潜藏记忆深处的满足，充溢在每一个毛孔里。它们看到我的到来也是开心的吧，那么用力地点头。

这里是越西，古代用的是“嶲”这个字，因越过嶲水设郡县而得名。这个山水小城，80%以上的人口是彝族。每年9月，稻子成熟时，这里会举行盛大的尝新米节。尝新米节，彝语为“车史则”。9月正是彝历虎月，村村寨寨的男女老少穿上最绚丽的彝族服饰，撑着叫朵洛荷的黄伞，迈着自信满满的步伐，沿着田埂，穿过大片金黄色的稻田，缓缓走来。在稻田中央搭起的丰收台上，大家跳起了达体舞，一种古老的彝族民间舞蹈，意为“踏地而舞”。三步一跺、三步一跳，动作刚劲有力，配合手中旋转的朵洛荷，不失柔美与细腻。强烈的节奏感兴奋着身体的每一个细胞。因为互动性强、易学易跳，我们很快融入跳舞的队伍当中，同舞，同乐。此刻，稻田里，稻穗沉甸甸的，低头致意，一阵风吹过，发出沙沙的响声，是为我们的舞蹈击掌吧。

凝望阳光下闪烁的金黄色，那么鲜艳，耀眼，仿佛是用最纯净的黄金打造而成，让人忍不住想要伸出手去触摸。背着背篓的妇女们一字排开，千人抽稻子比赛开始了。大家你追我赶，欢声笑语像活泼的鸟儿在田间扑棱棱地飞向蓝天。“太有趣了！”我对身边的朋友燕子说，她来自西南民族大学，和同学们特地赶回家参加尝新米节——为了完成老师布置的作业——关于彝族祭祀祈福文化的创新演绎。她告诉我，越西种植水稻已有500多年历史，彝族“尝新米节”被列入第五批州级非物质文化遗产名录。在尝新米节这天，还要进行一个“供饭”仪式。燕子说，在“供饭”前，先要“叫粮魂”，即到田里割回一把优质稻穗挂在堂屋的横梁上，这把稻穗的稻子可作来年的稻种，而剩下的稻秆则扎成洗锅帚用来洗锅。挂谷穗时口里要念吉祥的颂词，表达对丰收的感谢和对未来的美好祝愿。

环球同此凉热。我想起《金枝》那本书，里面提到，在印度，人们至今还会举行一些庄严的仪式，把稻谷的灵魂从稻田带回谷仓。9月谷物成熟时，非洲的楠迪人会举行一种仪式。每一个有田地的女人和女儿都要到田里去，用某种树的树枝和树叶点燃一堆篝火。她们摘一些玉米粒，每个人在项链里放一粒玉米，其他的则放进嘴里嚼碎，把嚼碎的玉米粒涂抹在额头、脖子上和胸前。

我国自古以来就有各种具有地方特色和民族特色的丰收祭祀活动。有的地方会在收获之后对土地神进行祭祀，准备各种供品，举行隆重的仪式，祈求来年的丰收和平安。有的地方巧言善辩的杂耍艺人会带着“秋牛图”挨家挨户地“送牛”，同时说些祝贺丰收的吉祥话。主人家则会给予赏钱，以示感谢。燕子说，到了今天，保护环境、维护生态平衡，应该算是更大的一场祈福吧。

越西的水土是得天独厚的。多山，多河，山河之间形成多条大的宽谷，非常适合水稻成长。而为了那一片金黄，人们不仅要付出辛苦，还要付出对自然敬畏的小心翼翼。抽稻子比赛后，人们回到村里，用镰刀、锅铲等工具，把谷粒从稻穗上分离下来，然后点燃“节火”，将谷粒倒入大铁锅中翻炒烘干，再倒入大石臼里舂成米。炒熟的新米入口软糯，清香扑鼻，每一粒米，仿佛都还记得季节时序，记得阳光热烈、雨露滋润，记得长风吹拂，记得严寒时的隐忍。燕子说，用新米饭搭配新鲜的猪肉，再配上用五谷酿制的杆杆酒，让人根本停不下筷。不过，要先让狗食新米，然后按辈分大小依次尝米，做完这些，新米宴才正式开始。“喂狗饭”是过“尝新米节”的重要仪式。据彝族民间传说，远古时候人间没有水稻，神狗跋山涉水到“百草结稻穗，稻谷金灿灿，蒿枝结花椒，花椒红艳艳”的“诗母恩喻”(祖界)，在谷种上打滚后回到人间，让谷种从尾巴上抖落下来，落在田间。秋天稻米成熟，人们尝食后感觉十分可口香甜，便开始播种稻谷，于是就有了水稻。彝人从此视狗为福禄化身、救命伙伴。

一碗米下肚，很清楚地让身体懂了一方土地，也懂了一季的寒暖。若人可以按作物分，那有人是麦子，有人则是水稻。而我分明是一株稻子，遗传所致，因为爸爸是稻子，他的老家在广西，从小吃米。我妈是山东人，按理应该是麦子，但她从小也爱吃米，虽然那时一年也吃不了几顿米饭，还被我的姥爷打趣：这么爱吃米饭，将来嫁到南方去。爸爸爱吃米到什么程度？在那个粮食定量的年代，我们家会把玉米面、小麦面换成大米，我爸还会每周从饭店买现成的米饭回来吃。只能说，属性是很难更改的，不管是身体的，文化的，地理的，还是饮食的。就像——熊猫。

来越西，在成都中转时，我抽空去看了熊猫。

太喜欢它们的呆萌了，有的卡在树上一动不动，有的在凝视发呆，还有的在无聊地瞎闹。有一只熊猫，一路内八字地小跑上山，被绊倒之后滚了下去，因为圆嘛。而且一次次，爬上去，又滚下来。大多数情况下，看它们靠吃竹子打发时间。竹子，那种硬得像木头的草，占熊猫日常食谱的

99%，它们一天能吃上十几个小时。这种饮食习惯真是个谜。好像在遵守某种古老的誓约，作为食竹者，它们展现出对诱惑的非凡抵抗力：一条小河奔腾而过，呈上新鲜的鱼肉大餐，而熊猫做了什么？蹚过水流，走向对面硬邦邦的竹林。因为竹子可以存活一百年？那是熊猫存活时间的四倍之多。但竹子也有可怕的缺陷，它们会同时垮掉：经过一个世纪的不断生长，整片竹林一起开花，一起死去。竹林需要20年才能恢复原样。

“竹子开花啰喂，咪咪躺在妈妈的怀里数星星。星星呀星星多美丽，明天的早餐在哪里……”有多少人还记得这首歌，这是20世纪80年代为了拯救濒临灭绝的熊猫而作的。当时九寨沟箭竹大面积开花枯死，大熊猫面临粮食危机，不仅国内，甚至国际上，都曾掀起“拯救大熊猫”的热潮。可是，这世界上有那么多可吃的，干吗还要专门享用某种营养少得可怜、时不时会倒下的食物？这时候，某些动物可能就会发现不对劲，变身为随便主义者了。人们试图帮助熊猫，在竹子死亡期选用其他替代品。它们也会吃摆在面前的山药、香蕉、鱼肉，但屈从不是转变。一旦有了竹子，它们就会从其他食物面前慢悠悠地晃过。表面上，我们似乎不像熊猫那么死心眼，比熊猫懂得变通多了。米和面一样养人，而且我们还吃蔬菜、水果、肉类、海鲜，可选择的不要太多哦。但实际上，我们每个人的心里都住着一只熊猫。

先生是土生土长的陕西人，一株倔强的麦子，无面不欢。他的亲戚更甚，来山东玩，每天必须一顿手擀面，不然就这疼那疼。闺蜜山东人一枚，标准的麦子，喜面食，极度抗拒米类。她说每一次去云南旅行，都会瘦个五六斤，妥妥地被迫减肥。那里到处都是米线，宽的，细的，炒的，煮的。别人的享受是她的难关，她总觉得那东西像蚯蚓一样，入胃之后怎么也不舒服，而且根本不顶饱，一会儿便饿。正如不爱吃馒头的我，常觉得馒头梗在嗓子眼儿难以下咽。其实我爱吃米的程度一点也不亚于我爸。

大学时，我会把馒头票和舍友换成米票。尽管那时的米都是陈米，做出的米饭“一盘散沙”，毫无黏性，但我的胃就是那么有原则。现在想想，她们看我的眼神，大概和我看熊猫是一样的。熊猫有自己的想法，难以解释，也不能修正，我们自己也一样。

去美国读书的天天，一开始最无法适应的就是饮食。直到他自己开始做饭，一餐米饭，一餐馒头，日子便顺溜熨帖了许多。无论如何，米面是少不了的，大概就像迎面而来的每一个平凡的日子，暑去秋来，岁月滋味隽永。

《金枝》里还记载，丰收后，会有祭司和他的助手来到稻田，向稻米精灵祈祷唱歌。我也要为眼前的稻田唱首歌：

昨天今天明天
所有的年代，所有的日出日落
会通过你的身体
连接在一起
包括头顶恒久的星空
包括车站的每一次送别
包括时间的所有刻度

这是我们的心心相印。稻田，总让人有一种安心。

（原载《农村大众报》2024年9月25日）

其他作品

文昌故里寻文脉

潘静新

在收到“2023年全国报纸副刊理论研讨会暨‘文昌故里　水韵越西’中国文化记者越西行采访调研活动”的通知时，我不只是没听说过越西这个地名，也从没听说过“文昌”有“故里”一说——文昌星不是天上的星宿吗？

我赶紧搜索相关资料。据《越嶲厅全志》载：张亚子于晋太康八年（287年），七十一化降生在中所芦林沟张老夫妇家中。后来，张亚子举家迁到四川省绵阳市梓潼县，一生行医行善，死后被梓潼百姓奉为梓潼神，供在七曲山大庙。也就是说，越西是文昌帝君张亚子的出生地，也是文昌文化的起源地。但因为越西处于交通极为闭塞的大凉山腹地，多年以来，文昌大庙的知名度远比不上七曲山大庙。此外，有关文昌帝君的著述较多，主要反映了他劝善的思想，《文昌帝君阴骘文》是其中最有名和影响最大的善书，被作为世界文化遗产收入日文本《世界圣典全集》。

原来，文昌帝君不是一颗星，而是一个历史上有名有姓的人，且还流传有著作。我惭愧于自己的学识浅陋，更期待越西之行。

采访调研的第四天行程就是到文昌故里。越西处处风景如画，前三天的行程已经让我们用尽了赞美的词汇，来到文昌景区，却又令我们于词穷处生出无限诗情来。这里离越西县城仅7公里，平均海拔1780米，一条碧绿如玉的小河就在公路边悠悠流淌。导游介绍，这河叫“水观音”，是由地下水汇聚而成的河流。泉水从金马山下的泉口涌出，潭水面积万余平方米，水为地下涌泉，长年不息，水深幽奇，冬暖夏凉，从不结冰。水观音河的水在深潭外被水电站拦坝形成瀑布，飞流而下，非常壮观，主流沿西南流经丁山桥注入越西河，蜿蜒向东，形如游龙，故又叫龙泉；有一支流被引入中所古镇，沿小巷而下，进入中所的主街，在街区内形成“小桥、流水、人家”的独特景观，成为一个“山青、潭碧、镇古、寺幽”的川南水乡。

我们一行人三五成群逆流而上，三步一景，五步成诗，十步入画，一路观赏美景，竟不觉疲倦。忽听到一位头发花白的前辈正与一位记者侃侃而谈，原来是《工人日报》原社长、总编，南开大学新闻与传播学院的孙德宏教授在解疑释惑。孙教授声若洪钟，仿佛在课堂上讲课一般，既认真又生动，不知不觉在他身边就围拢了六七个人。在这个行走的课堂上，我们化身小学生，边听边提问，孙教授都以他丰富的学识予以解答，气氛之热烈，竟让我们一时忘了观赏身边的美景，以至于孙教授突然想起他要去赶火车时，我们都恋恋不舍。

行到山脚下，果然看到静深幽美的碧潭中，有10多个泉眼正源源不断地涌出小小的水花。不禁感慨这源泉之妙：泉眼虽微，但只要源头不断，就能涌成千年不竭之江河。

再走一程，前面矗立着一面浮雕高墙，镌刻着文昌帝君的一生行迹和功德，及《文昌帝君阴骘文》全文。文章通篇都是教我们止恶修善，不仅是在行为上要断恶修善，更要在我们心地上，尤其是在暗室屋漏当中要懂得规范自己，不可以产生恶的念头。“阴骘”的意思是我们做一切好事不必让人知道，不需要为了得到社会大众表扬才去做。

我们轻声诵读着，感叹古人早有“利物利人，修善修福，为国救民”的智慧。

拐个弯，上个坡，再登山，文昌大庙就到了。几百级的登山阶梯令人望而生畏，年龄大一点的就不再上山了。书山有路，但难攀登，我膝盖不好，犹豫不决，走走停停，走到山门处，打算遥遥望一眼大庙就算“到此一游”了。两位同行者不断鼓励我坚持。这时，深圳报业集团原副总编辑、中国报纸副刊研究会新媒体中心总编辑、深圳大学兼职教授侯军已登顶下来，说：“读书人来到文昌故里，怎么能不上文昌大庙呢？我对文昌帝君并无任何功利性的祈求，这一次就是专程来寻踪溯源的……”

一语惊醒梦中人！不为个人名利去拜望文昌帝君，才是真正深解《文昌帝君阴骘文》之义并努力践行的读书人。

在这文昌故里，处处是课堂，一路与良师益友同行，真是“胜读十年书”。

为了不辜负“读书人”三个字，我终于克服困难，喘着大气登上文昌大庙。

在山顶环顾四周，寻寻觅觅：在这曾经闭塞的金马山下，龙泉水旁，芦林沟走出的穷书生张亚子，是如何从凡人成为“神”的？他贫无立锥之地，而无书不读，无学不窥，勤学苦修；行医积德，瘟疫流行时，赠医施药，救民无数；平时扶弱助贫，教化百姓，劝学劝善。他的一生无愧于“仁善忠孝”四字，因此被民众供奉为“神”，在道教和历代文人的大力推崇下，逐渐与主管文运的星宿文昌星重合，成为天下共祀，专司功名、文运、利禄的文昌大帝。

“落纸惊风起，摇空见露浓。丹青与文事，舍此复何从。”当我们登上文昌大庙，便是在触摸千年文脉，致敬传统文化：读书不是为了“名利”，而是为了“明理”。文昌帝君成为一种传统民俗文化，向学向善、勤勉清廉也成了人们心中的美好信仰。这数千年绵延积淀的文化，如那水观音河的泉眼一般，任时代如何变迁，源源不断，永不结冰。

（原载《玉林日报》2023年10月24日）

走进瓦岩村

罗 薇

没有什么是不朽的，包括天空和大地；而不朽的，是那些闪光的存在，当其被赋予了明亮的精神和意义，纵使历经黑暗，也必将成为永恒。“十四五”时期是向全面实施乡村振兴战略转变的关键期，四川省凉山彝族自治州越西县正全力加快时代步伐，朝着农业更强、农村更美、农民更富的目标大步迈进。该县板桥镇的一个小小村落——瓦岩村，作为乡村振兴中的一个基本单元，正是新时代里迸发的一个闪光的存在。

一

仲夏之末，暑气渐盛。青绿的群山间，炎阳下一条明晃晃的柏油路蜿蜒向前，缓缓将我们的车带往瓦岩村。一方巨石上，苍劲有力的红色“瓦岩村”三字，赫然映入眼目。据说，这是一位老将军所写。

瓦岩村，有着红色基因。1935年，中央红军长征途经大凉山，路过越西时，陈占英、黄作村两位瓦岩青年，同1000多名越西儿女踊跃参军，组成了中国革命史上第一个彝族红军连——“倮倮连”。“倮倮”是龙虎的意思，彝族人传说自己的族群是龙虎的后代。这1000多名彝族儿女在战场上，果然英勇善战，功绩卓越。

入得村界，前方，一挂细细长长的瀑布，如银河般飞落，在正午金色的阳光里，闪闪发亮。这瀑布如同大山的魂魄——于是，周遭的一切便灵动了起来。

村路两旁，是上百亩种植齐整的烟草，十多天前，刚摘过花，使得枝干壮硕，叶片油绿而肥大。偶有几丛顶生花簇，冒出尖尖的粉色脑袋，顽皮地躲过了摘花期，在绵延的绿海中招摇。风一过，绿波涌动，健实的枝干轻摆，叶片挽着叶片，气势磅礴，如同乘风破浪、团结奋进的绿色军团。这喜人的长势，得益于现代化的农业管理，土地整合、规模化种植，让农人更富、乡野更绿。满目的绿，绵亘至无尽的远山。

瓦岩村于我，是亲切的，虽然我此前未曾来过。亲切，皆因友人在此奋斗。好友沙马石古于2021年7月，由四川省作协选派至该村担任第一书记，我便从她的言语与刊发的通讯中“熟知”。而我抽象的“熟知”，瞬间便被鲜活的景象点亮，深为眼前的蓬勃发展而鼓舞。

二

我与好友沙马石古同车。当车驶过烟草地，沙马指着一旁用铁丝网围着的土地说：“这左边地里种的是万寿菊，不过还要补种些花椒树。你看，花苗都有一尺多高了，现在我们请了专业团队在打理，成活率很高呢。”沙马说着，特意又向我指了指。

本来茫然的我，果然看到一株株纤细的花苗，她若不特意说，我还真认不出。早前听沙马说过要在原有花椒基地套种万寿菊的计划，我已然在脑海里勾勒出——绿茵茵的花椒树林下，一片金灿灿的花海。

虽然未见花开，但努力向上的花苗仍然予人希望。侧头看看沙马，满脸的欣喜，她仿佛是真的看到了金灿灿的花海。她说：“我们村依山而建，平均海拔2000米左右，属亚热气候区，万寿菊在这里7月开，到时便可采花，能一直采到11月份呢。”

她手指了指右边，“这是原来的花椒基地，树下也新近种了万寿菊。不过，这花椒树几年前种下后，收成一直不好”。她顿了顿，沉思片刻，似为那些花椒树惋惜，继而抬头道：“今年年初，在省作协社联处牵头下，四川省散文学会、散文诗学会、青少年作协为我们村花椒基地提供万寿菊种子，村里索性就把基地命名为‘作家苗圃’。”我心想，苗圃得到了作家们的眷注，有花香、有文气，前景定是不错的。

沙马继续介绍，说：“左右两边基地，面积加起来有132亩，仅万寿菊收入年产值估计将达到20多万元。过两三年，等替换的花椒树挂果，收入还将大幅提升。”

“哦，真不错啊！”我感叹着，又无限神往道，“秋天，这成片的万寿菊盛开，该有多美！花椒树也该挂果了，那时该有多香！”

沙马说：“是啊，我们村正在发展旅游，这里，也算一景吧！不过……”她手指对面的大山，说：“那边更美。半山上有个天然水池，名叫乌塘，水质清冽，尤其夏季，清凉解暑，便成了附近小有名气的避暑胜地。人们经常成群结队地上来玩，有时一天竟达上千人。”

在一个偏远的村落，一个小小的水塘能吸引这么多游人，可真是少见啊。我不禁对水塘充满一见的期待。

“我们村已在着手打造乌塘景点，目前正在争取旅游项目资金。”沙马继续道：“我们打造乌塘，并不完全是为了挣钱，主要还考虑到其他两方面因素。一是为了安全，山路太窄，池塘岸边可站脚的地方也不宽裕，若上山的人太多，难免会挤踏，有掉下山谷的危险；另一方面，是为了环保，山上的路边、池塘边，常是垃圾遍地，我们将乌塘打造好后，实施规范管理，也将促进这一带环境卫生的改善。”

后来我们爬山，去了乌塘。看后，证明沙马所言非虚。池塘不大，半亩之地，一湾溪水潺潺流入，清碧见底，触之幽凉。而沿池塘两侧，一边断壁，一边峡谷，确有安全隐患；再看池边垃圾堆量（这还是村里每周五大扫除后，村民上来清理过的），便知来人不少。

三

过了花椒基地，车窗外景物转换，道路两旁，呈现出一片杂芜丛生的荒草。

沙马指着右边道："你看这边，我们将用这里的20亩地建养殖场，饲养肉牛。用附近的100亩地，配种制作青贮饲料，打造一个种养循环的现代化农业园。"

我不禁好奇："什么是青贮饲料呀？"

"就是用玉米、甘薯、黑麦草、苜蓿、三叶草等植物做原料，经过特殊加工后制作的一种优良饲料。它的气味酸香、柔软多汁、营养丰富，而且便于长期保存。"

未等我赞赏沙马快速提升的农业知识，她又随即道："这个项目已基本完成前期工作，我们正积极筹备，争取尽快施工。"

我说："跑资金项目可不是那么容易的事哟，特别是建设种养循环产业园这样的大项目，那可要上千万元呐！"

沙马道："是啊，这得益于乡村振兴政策支持，县农业局和其他相关部门都十分给力！还有我们板桥镇党委王新祥书记和他的一帮队友们，也曾多次陪同我奔走、争取。由于这个项目管理现代化程度高，仅需十多名员工就足够，而员工将重点选用脱贫户。该项目实施后，未来发展推广，还将带动周边10个村致富增收。"

是啊，诚如沙马所说，全国各地乡村发展，其初衷是共同富裕，奋斗的目标也是共同富裕，在一个村庄发展的同时，需要放眼未来，而村与村的齐心勠力、和衷共济，这乡村振兴之路，才会走得更加长远。

四

我们的车驶入一条狭窄宁静的小巷。两旁村舍井然，皆是青瓦白墙。

“你看这白墙，都是新近粉刷的。”沙马道，“省作协前不久给我们瓦岩村捐赠了40多幅字画，过两天都将喷绘上墙。这也是落实我们省作协‘乡村文化振兴’的帮扶计划之一——‘书画助力乡村振兴’，这些书画，结合了彝族文化特色，并涵盖了‘文明乡风、良好家风、淳朴民风’方面的宣传内容……”

在沙马的言语里，左一个“我们瓦岩村”，右一个“我们省作协”，犹把己身置于两个亲密的团队。也难怪啊，省作协是她的工作单位，瓦岩村是她的驻村帮扶点，她有着双重身份，也负有双重责任。她在进驻瓦岩村后，积极与单位对接，补齐该村短板。省作协也鼎力支持，倾力而出，为瓦岩村提供了大量资助。省作协作为越西县以及瓦岩村的定点帮扶单位，仅一年，就到越西县以及瓦岩村，组织了20多起、200多人次的调研和帮扶活动。

一次，沙马语带深情地对我说：“我们作协是个小单位，机关人员不足40人，公用经费也特别紧张。但党组还是决定每年拿出至少30万元来扶持瓦岩村。从去年7月到今年6月（今年还有整整半年没走完呢），就已支出70多万元的帮扶资金；而且还增加了结对帮扶任务，鉴于瓦岩村脱贫不稳定户、边缘易致贫户和突发严重困难户较多，作协除党组成员外，每个支部还参与了结对帮扶，目前共帮扶了21户脱贫户，这在帮扶单位里是少见的。此外，与我们作协相关的事业单位和社会团体，也给予了瓦岩村诸多扶持，如《星星诗刊》杂志社、《当代文坛》杂志社、巴金文学院、省作协网络文学中心、散文学会、散文诗学会、青少年作协……”

车驶过一面面白墙，我浮想着，当多彩的人文之韵与自然之美融合，当一幅幅书画家们的墨宝登上白墙，此间，这墙、这村、这山、这水，便浸染了几多文人的深情厚谊；此间，那横生的光彩应是别有一番动人的风景。

五

在几处房舍门边，我们见到一些蓝色大垃圾桶。沙马说："你看这些门户边的垃圾桶，就是《当代文坛》杂志社和省作协网络文学中心联合捐赠的。之前，我们在村边见到的垃圾池，还有蓄水池，也是省作协捐建的。"

正说着，沙马的手机铃声响起。她一面接听电话，一面渐露喜悦的神情，应是商谈什么事情。我便随意四下环顾，居民区可真干净，几乎看不到什么垃圾。

四五分钟后，她挂断电话，扭头开心地对我说："刚才打电话的，是一位仰慕阿来主席（中国作协副主席、四川省作协主席）的朋友，他是一家净水器生产厂老板，想给我们村每家每户捐赠一台净水器呢！"

她接着向我解释缘由："前段时间，阿来主席到我们村来调研，看到我朋友用稿费捐建的'新风超市'（为推动移风易俗、弘扬时代新风，村里采用'以德换物'的方式而建立的超市），他很感动，当即为超市捐赠了5000元钱。这事由随行记者报道后，被刚才打电话的朋友看到，也为之感动，也要为村民们做些善事呢。这下我们村的饮用水更加有保障了！"

沙马对瓦岩村倾心帮扶，感动了朋友；朋友的善举，感动了阿来；而阿来的善行，又引发了他人的善念。原来善行是可以相互感染的，这样的感染，获得的是心灵的富足、安宁与美好。

村里的伍期伍来要入党了，这消息真是令人惊喜。致富户伍期伍来，是个勤劳善良而有头脑的人。之前，他一直埋头忙碌生意，无暇顾及其他。

沙马来后不久，扎扎实实地在村中大力开展“抓党建促乡村振兴”活动，与村、镇两级党委一道，多次与伍期伍来谈话、做动员，鼓励他携带大家共同致富，并打消他心中顾虑。伍期伍来的心，一下子活了。他果然不负众望，积极为村里划策出力。

他出手帮助项目管理及实施，包括万寿菊育苗管理，以及同意村集体经济入股其名下的矿泉水厂和苞谷酒厂，为村集体经济注入了强大的生命力。而酒厂是新建的，发展迅速，之后我们参观，看到了数十缸新焙玉米酒，醇香四溢。

在伍期伍来帮助大家共同致富发展的过程中，他逐渐显现出内心蕴藏的光明美好与奉献激情，肯定了自我的人生价值。就在上个月，他主动递交了入党申请书。

六

沙马刚来瓦岩村时，亲手种下的波斯菊，在沿途星星袅袅地开了。初到时，她自己花钱为村里购买了一批花苗，当她兴冲冲地开着车，把花苗运到村上，开心地请大家一起种花时，谁都不愿意动。大家在边上站着、看着、纳闷着——说好的你这第一书记是来带领大家致富的，种这不值钱的东西，既不能吃、也不能卖，为啥？留下孤独无助的沙马，兀自忙活，满腹郁闷地想：瓦岩村美了，你心里不美吗？

如今她重述当时尴尬的场景，我俩都哈哈大笑。一切皆为过往，一切所付值得。因为努力，才有梦的实现，而努力，才是一个人活着最大的底气。

如今的瓦岩村，产业升级了，设施改善了，环境也美了。许多门户都种了花，色彩奔放的大丽菊，红的、黄的；热情迎迓的玫瑰花，风中欢喜地摇摆着；凌霄花和旱金莲，在青瓦和墙头上漫步；永不言“败”的天竺葵，中国红的花朵正满枝头，而叶下，又悄悄地打着一个个骨朵……

一些美好，正在绽放；一些美好，又在酝酿。一粒接一粒闪闪发光的种子，在一个个心境明亮的人手中，一粒粒传递、栽种，又一个个生根、发芽。

（原载人民网—四川频道2022年8月19日）

边陲小县，何以深藏一座武侯祠？

章　夫

一

我站在越西县一条名叫外南的小街上，凝望着额头前那块“诸葛忠武侯祠”的门额出神。斑驳的字迹任由时光浸蚀，日渐模糊，不断进阶的灰尘，正在不惜一切地恣意掩盖这里的过往。我睁大双眼，仔细辨认那6个遒劲的正楷大字，字迹的描红正在慢慢老去，笔直的錾印清晰可见。坚硬的石材依然固执地镶嵌在门楣之上，顽强顶起头顶那片历史烟云。托起这匾额的，还有一片石雕的祥云，石额上祥云正中间，一只振翅欲飞的朱雀跃跃欲试。

历史告诉我们，1800年前，诸葛亮千里迢迢来到这里，主要任务是南征。这时的诸葛丞相，已位极人臣，而眼前这座武侯祠修造于清道光年间，距现在仅仅百余年。但关于越西武侯祠的文字记载还是很少。我不懈努力，在一本叫《越巂厅全志》的地方志中找到一些记载。“武侯祠，城南关外，清光绪八年（1882年），同知蹇诜建修，栋宇宏丽，回廊曲折，亭池竹木，极其幽秀。”这是迄今为止，我查到的关于越西武侯祠最权威也最详细的记载。

书中提到的蹇诜，乃贵州遵义人。初无意仕途，因有才干，受时任四川总督丁宝桢赏识，于清光绪年间任越嶲厅同知。

“同知”乃明清时期的官名。正五品，原为知府的副职，其职责是分掌地方盐、粮、捕盗、江防、海疆、河工、水利以及清理军籍、抚绥民夷等。从蹇诜修建武侯祠不难看出，这应该是一个相当有实权的地方官职。

同知的办事衙署被称为“厅”。这样，我们不难理解“越嶲厅”的来历。

据称，蹇诜为官时“体察民情，为民兴利，教民纺织，又修孔庙，有循吏风”。或许正因为此，他才有眼光、有能力在任内修建了武侯祠，并利用手中权力让武侯祠“栋宇宏丽，回廊曲折，亭池竹木，极其幽秀”。从史料记载得知，蹇诜修建武侯祠是清光绪八年（1882年），而他在越嶲厅同知任期是光绪元年至光绪三十三年（1875—1907年），也就是说，他到越西7年后就开始修建武侯祠，之前的岁月，应是在积蓄力量，做各种准备。

二

古之士大夫都有一种家国情怀。我们今天不难体悟到，无论是做官还是为人，蹇诜都是在以诸葛亮为楷模。这一点，从武侯祠标志性的大门可一窥其豹。

清末，以“纵七横五”（门钉规格）的“公侯”级别来定义诸葛亮的地位，也不难理解。更为重要的，单单从门钉的规格就能看出，此乃遗存的众多武侯祠中，最为光鲜亮丽的一扇门了。就是闻名中外的成都武侯祠，也没有“门钉殊遇”。

风雨如晦。这道门因有了匾额、祥云、门钉和铺首，至今仍不时“泄露”出高贵的气质。只是放在这有些许杂乱的偏僻小街上，今天看来多少有些不合时宜。

从诸葛亮管窥蹇诜，应该可以找出诸多佐证。他的“体察民情，为民兴利”，也正是诸葛孔明一生所倡导的。从这个意义上讲，蹇诜内心深处想表达的，修一座武侯祠，也是一种精神寄托与人格体现。

只可惜其人英年早逝。最终“死于任所，时年59岁”。

三

我双眼紧盯着这标志性的大门，脚步渐渐后退，如摄像机从特写镜头转换到全景镜头一般，眼里渐渐窥见武侯祠全貌。但见左右两旁被拥挤的民房牢牢包裹着，那块“诸葛忠武侯祠”门额上方的屋顶，也全是横竖斜盖着的层层瓦片。那些瓦片散落开来，与小街上其他民房无异。也就是说，这“祠”顶的瓦，应该是后来这里的居民重新换上去的，原来所盖之物已不复存在。

从大门上的一块门牌号，我记住了武侯祠的地理方位——越西县越城镇外南街243号。标识这地理方位的，还有一块坐落在门外的石碑，上书“越西县文物保护单位”。它提醒人们，这里有一件文物——哪怕是县级保护单位。

如今，这里已是一户居民私宅。我循着朱红大门往里看，但见一应俱齐的锅碗瓢盆。见来了外人，家庭主妇怯生生地盯着我们，我略作解释，眼睛即紧盯着武侯祠仅存的两间房，想寻出不一般来。可映入眼帘的，已是老态龙钟。后院一大片有些杂乱的空地上，残存着昔日拆过的影子。

很少有外人知道，这里还有一处名叫武侯祠的遗迹。我庆幸，越西县文联主席余寒先生领我翻山越岭，考察过与诸葛亮有关的小相岭后，无意中介绍起这一处遗迹，我便兴趣甚浓，坚持一定要前来看看。

更为庆幸的是，这块属于诸葛武侯的遗迹还得以保存——虽然已沦为居民私宅。

四

中国历史长河星汉灿烂，诸葛亮无疑是一个了不起的人物。原籍山东琅琊，长在荆州，隐居在南阳，功名在成都。诸葛亮死于234年。一千多年来，虽然历代仁人志士对他褒贬不一，但却难以影响人们对他的喜爱。全国不少地方一度风起云涌建武侯祠，便是一个极好的明证。

可以肯定的是，于一个人（而不是神）而言，死后能享有如此崇高礼遇，能与诸葛亮比肩的，历史上应该不多。

漫漫历史长河，留下的如雷贯耳般名人无数，没有谁能像诸葛亮这样引起人们长久不衰的怀念；茫茫中国大地，大大小小祠堂无数，没有哪一座能像武侯祠这样，让人生出无限崇敬、无尽思考和深深遗憾。

从越西那残缺的武侯祠出来，我心里一直萦绕着一个问题：中华大地上究竟有多少座武侯祠？查阅史料，竟难以找到一个确切数据。据一些地方史有限的记载，当年蜀汉所覆盖的辖区内，武侯祠仅在四川地区就有40余座，其次是云南和贵州。

比较有名的，有河南南阳西郊卧龙岗上的武侯祠。建于元代，明清时屡加修葺。这里因为历史上著名的“三顾茅庐”和“草庐对策”而引人注目。

陕西省勉县武侯祠，系全国众多武侯祠中建祠最早且唯一由皇帝（蜀后主刘禅）下诏修建的祠庙，有“天下第一武侯祠”之称。在陕西省勉县城南定军山下，因诸葛亮安葬于此而得名。这里是诸葛亮晚年北伐最为悲壮的前沿，也是诸葛丞相人生的归宿地。当他病逝于五丈原，国倾梁柱、民失相父时，百姓请愿建祠庙，直到29年后，后主刘禅为顺应民意，方于263年下诏“在沔阳（今勉县）近墓立祠”。

影响最大的，要数成都武侯祠，这是全国唯一一座纪念刘备、诸葛亮、关羽、张飞等蜀汉英雄的君臣合祀祠庙，也是全世界影响最大的三国遗迹博物馆。约始建于公元5世纪，唐宋时已是成都一大名胜。实际上，成都也存在过数量众多的武侯祠，如弥牟镇武侯祠，诸葛亮的八阵图遗址就在这里，武侯祠就建在遗址旁；如成都北郊的九里堤诸葛庙，传说诸葛亮当政时为遏止柏条河水于此筑九里长堤，故名，又名诸葛堤；如诸葛井武侯祠，建于成都江南馆街诸葛井旁。除此之外，四川其他一些纪念地也留存有武侯祠，如泸州市城西忠山上的泸州武侯祠，因诸葛亮南征返回途经此地，于宋代所建；如广元市城北筹笔乡的驿军师庙，因诸葛亮北伐时，曾驻此运筹谋划而得名。不仅如此，诸葛亮的后代也因此被后人记住，如绵竹县城西郊的诸葛瞻父子墓，就是诸葛亮之子孙兵败于绵竹时的捐躯之地，清代时该地曾建有诸葛祠，以祭祀“三代诸葛”。

另外，比较有纪念意义的，还有——

襄阳古隆中武侯祠，诸葛亮在这里隐居长达10年之久，脍炙人口的《隆中对》和三顾茅庐的故事都发生在这里，明代于此重修，其后屡加修建。

重庆奉节白帝城武侯祠，在奉节县东白帝山上的白帝庙内，刘备临终在此托孤于诸葛亮，唐代即于此建立了武侯祠。

临沂武侯祠，在山东临沂市。临沂市一度有3座武侯祠，只因诸葛亮是临沂人。一座在城北17公里的白沙埠镇，为明代重建；一座在城区北门城楼上；还有一座在城内，又名五贤祠。

五丈原诸葛亮庙，在陕西省岐山县五丈原。因诸葛亮于此病逝，故建庙。初建于元代，明清时重修。

祁山武侯祠，在甘肃省礼县祁山堡上。“六出祁山”是诸葛亮晚年的精心之作，这里曾是诸葛亮领兵伐魏的营地和战场，清代乃于此重建武侯祠。

云南境内，比较有名的有昆明武侯祠，建在昆明市五华山上。云南省嵩明县城南郊，建有嵩明武侯祠。相传系诸葛亮降服孟获后，在此与之誓天结盟，故称古盟台，武侯祠就位于古盟台旧址上。还有3座建在保山市，一座在霁虹桥旁，始建于唐代；一座在城南诸葛营；另一座在太保山顶，乃清代重建。

……

我们不禁会问，为何那么多武侯祠会如繁星密布？人们为何如此尊崇诸葛丞相？

诸葛一生惟谨慎。能成为历代皇帝称赞的能臣与忠臣之楷模，谨慎当然是其重要原因。更为重要的是他在纷乱年代，以自我智力和谋略，成就蜀汉基业，对蜀汉治理卓有成效。百姓眼里的诸葛丞相，是“成都有桑八百株，薄田十五顷……若臣死之日，不使内有余帛，外有赢财”的两袖素净清风形象，以至于千年过去了，从未听闻诸葛墓有被盗过。

老子说，“死而不亡者寿”。诸葛亮做到了。一个人，能够在死后千年，还能博得万民喜欢和尊重，夫复何求？

五

我们知道，诸葛亮生前被封武乡侯，死后被刘禅追谥为忠武侯。这才有后世如雨后春笋般的武侯祠生长出来。

前面讲了，诸葛亮与越西这片土地的关系，主要是因为他的南征。史载：“（建兴）三年（225年）春三月，丞相亮南征四郡，四郡皆平。改益州郡为建宁郡，分建宁、永昌为云南郡，又分建宁、牂牁为兴古郡。十二月，亮还成都。”

南征的主要对象是南中。后汉时期，南中包括四川大渡河以南和云南、贵州大部及广西北部延边地区，古称“夷越之地”。南征的重大意义就在于，此乃蜀汉政权大后方，是其巩固统治并进而北伐曹魏、东下江陵，完成统一大业不能动摇的战略支撑点。

“三月出发”“五月渡泸”“十二月班师回朝”。古代战争史上，这一速度应算是速战速决。

南中对于蜀汉政权而言命运攸关，没有南中的稳定，蜀汉政权很难稳定，更谈不上北伐中原统一全国。于天下而言，诸葛亮意在北方，南方稳定是北伐的前提。于诸葛亮而言，南征是一道不得不做的选择题。相对于后来的北伐，南征在战略上的意义或许更大。可谓生死攸关，势在必得。

为便于叙事，我们不妨先梳理一下时间表，放在三国大历史的角度，一窥诸葛亮南征的时代背景——

219年，孙权袭取荆州，擒杀关羽，吴、蜀两国结仇。

220年，曹丕代汉称帝。

221年，刘备在成都正式称帝，改元章武。七月，刘备为夺回荆州，为关羽报仇，亲率大军攻打东吴。

章武二年（222年）四月，刘备恼羞于夷陵惨败，一病不起。是年底，汉嘉郡太守黄元听说刘备病重，据郡反叛。之后又进兵临邛，迫近成都。刘备弥留之际，蜀汉半数以上版图笼罩在反叛的烽烟之中。

章武三年（223年）四月，蜀汉皇帝刘备在永安病逝，时年63岁。五月，刘备的棺椁从永安运回成都，谥号昭烈皇帝。是年，年方17岁的刘禅登基，改元建兴，封丞相诸葛亮为武乡侯。

刘禅刚刚开启建兴元年（223年），就迎来南中四郡叛乱。可以说，刘备的死让南部的反叛更加无所忌惮。情势紧急，箭在弦上，诸葛亮欲南征迎敌。此刻，屯骑校尉兼丞相长史王连进谏，陈述利弊，诸葛采纳，遂“以新遭大丧，故未便加兵”。

建兴元年八月，刘备下葬惠陵。

建兴二年（224年），诸葛亮务农殖谷，闭关息民。诸葛亮知道，“益州南部的反叛与孙吴牵扯在一起”。为对付强大的魏国，诸葛亮运筹帷幄，是年夏，吴蜀摒弃前嫌，正式恢复联盟关系。

建兴三年（225年），曹丕大举兴师伐吴。诸葛亮没了后顾之忧，方腾出手来，亲率大军，开启艰难的南征之旅。

建兴四年（226年），魏文帝曹丕病死。几乎同时，诸葛亮北屯汉中，着手北伐。

建兴六年（228年），诸葛亮正式开启北伐之路。

六

“速战速决”留下的隐患显而易见。换句话说，诸葛亮匆忙的南征平叛，并没有真正平定南中。《三国志·蜀书·张嶷传》载，“越嶲郡自丞相亮讨高定之后，叟夷数反”。诸葛亮攻心战后，南中又多次造反，蜀汉后院不断起火。建兴九年（231年），汶山羌族反。建兴十一年（233年），南夷刘胄反。蜀汉延熙十年（247年），汶山平康夷又反。

后来诸葛亮又花了近5年时间来“熬”这锅夹生饭，真正弭平南中叛乱。最为典型的案例，便是历史上“七擒孟获”的经典故事。听闻益州郡少数民族头领孟获为当地人信服，诸葛便想生擒他，于是采用了出征前马谡“攻心为上，攻城为下，心战为上，兵战为下”的策略。

南方既定，才有了诸葛亮平生5次北伐，《出师表》就是在这一背景之下挥就的。

诸葛亮南征所伐南中四郡，其中的越嶲郡，便是今天越西县一带。

越西县境内，诸葛亮南征的痕迹仍可寻见。比如“今日山头”，比如小相岭（又称相公岭），比如孔明鸟道。一个初夏的上午，我特地驱车前往越西县，从成都出发，车过雅西高速，出小相岭隧道后，“南方丝绸之路零关古道越西段”文化浮雕墙便映入眼帘。浮雕墙做得很精美，行进其间，有如穿越时空隧道。再抬头一望，但见一兀起的台地之上，矗立一组群雕。远远地，有古式旌旗迎风招展，以为是一古城堡，走近一看，“今日山头”四字映入眼帘，一看落款是“诸葛亮”，我不禁一惊。这略带隶意的四字，写得有些飘逸而随意。我略懂几分书法，也看过疑似诸葛亮的书法作品，因年代久远，专家俱存疑。以我的基本判断，“今日山头”四字随意得有些草率，以诸葛亮严谨的风格，同样让人存疑。

“今日山头”就镶嵌在雕塑底座前。这组雕塑看上去甚是雄浑，士兵身披战甲，战马仰天长啸。身着长衫的诸葛亮，手执羽扇，在石壁上奋笔疾书。有意思的是，雕塑上书写的“今日山头”四字是篆书，而不是底座前“诸葛亮题”的隶书。险峻的山坡、形态各具的人物，还有动感十足的战马，均系青铜所铸，中国式的传统审美情趣十分到位。

同行的当地旅游专家向我介绍了一些历史背景，武侯自率中军入越嶲，整修古道零关，兵马相接，粮草不绝，旌旗所向，四方归服。特别是智取孟获取得决定性胜利后，心情大好，在零山主峰慨然挥笔，喜题“今日山头”。意即山登绝顶，此峰舍我其谁。一种胜利者的心态与姿态荡漾心间，表露无遗。

这些都是听来的故事，我宁愿“信其有”。诸葛亮南征的历史事实本身真实无疑，一些历史细节，为丰满历史人物肯定或多或少有演绎成分。南征得胜之后，后人为纪念诸葛丞相，将原来连绵的零山改名为小相岭、相公岭、南天相岭，据称此说源于古代相公为丞相的尊称。以至历史走到今天，人们只知道这座山名叫小相岭或相公岭，而不晓得有零山了。

七

相比之下，我对小相岭更感兴趣。只缘于这是座“有故事的山”——不仅是诸葛丞相南征的重要战场，还是川滇茶马古道、南方丝绸之路最为险要的一段。

暮春时节晴好的上午，山间流漫起一层薄雾，我深吸了一口气，沿着已修好的栈道，开始向上攀登。每向前走一步回望，远眺森林茂密，草甸成片，沟壑纵横，绿苔如毡；近观草木葱茏，古树成荫，鸟兽争鸣，奇花吐艳。

新修的栈道约莫三四公里，之后便是原始的小山（当地人习惯称小相岭为小山）古道遗址。古道沿山沟侧坡蜿蜒而上，驮马踏踩的花岗石路面，留有深深的蹄印，背夫拄拐留下的拐子窝印清晰可见。

战争早已远去，这里留下的，更多的是商旅的痕迹。山风徐来，步行在草石相间的古道上，山间的小路寂静无声，间歇的鸟鸣更显幽静。习惯了城市的喧嚣，这里给人一种心旷神怡之感。

越往上走，山势愈加险峻，眼前角峰峥嵘，岩石裸露，崎岖险峻，路陡弯急。清代学者钟骏声曾留诗为证——

登高一望何雄哉，万山合沓风雨来。日却终古照不到，四时无夏多阴霾……

钟骏声，清道光二十八年（1848年）秀才，咸丰八年（1858年）中举，咸丰十年（1860年）大魁天下，授职翰林院修撰。咸丰十一年（1861年）充顺天乡试同考官。清同治六年（1867年）成为湖北乡试副考官后，以翰林院修撰提督四川学政。钟骏声在川仅3年时间。清同治九年（1870年）便请假回籍修墓。清光绪二年（1876年）出任乡试主考，仍为修撰。后，官至侍读学士。卒于京邸。

浙江民间一直流传着这样一种说法，即浙江状元在大清“始于史，终于钟”。这个“史”，便是史大成，此人于清顺治十二年（1655年）中“一甲一名进士”（即状元），成为清朝浙江籍考生第一位状元。而这个“钟”，便是钟骏声，他是浙江籍最后一个状元。

由是，“始于史，终于钟”有些饶舌之说，便充盈于民间杂谈。

八

随着海拔不断升高，呼吸也有些许急促，可以想见，无论是行军打仗还是商贸驮物，要翻越这座大山，都不是一件容易的事。

前面就是小相岭顶峰，前路已是崔嵬高耸，阴晴不定，古道难行。回头一览众山小，只见重山薄雾，一道道山梁轮廓清晰可见。再望天边流云，淡淡地如静谧薄纱在山间游弋。

同行的越西县文联主席余寒先生告诉我，小相岭忽晴忽雾，忽雨忽雪，“一日可逢四季”“四季精彩纷呈”。他还告诉我，小相岭内有大大小小20多个湖泊，散布在海拔3600—4000米的幽深山林间，梯田状的九海、串珠状的连三海……那些湖泊在花岗石基岩色泽及周围植被色彩的衬托下呈现出不同的色彩，五彩缤纷，美不胜收。

我听后垂涎三尺，可惜已迈不开双腿了。

原来，小相岭就是阳糯雪山的南脉。特别是主峰铧头尖，终年积雪，旭日东升时，铧头尖上顿现万道瑞光。雪山境内群山起伏，峰峦叠翠，山脉呈南北走向，绵延不绝。日出、晚霞、云海、烟雾尽收眼底，山花烂漫，花团锦簇，草木葱茏，泉水叮咚……构成一幅动静皆宜的优美画卷。

《史记·司马相如列传》载：“通零关道，桥孙水，以通邛都”。“孙水”即今安宁河流域，“邛都”即今西昌、木里一带。“通零关”，必得翻越小相岭。这里至今人迹罕至，正印证了古人所喻，“世之奇伟、瑰怪，非常之观，常在于险远，而人之所罕见至焉”。

小山古道遗址位于越西县南箐乡小山村，是零关古道的一段。越西县城南通往文昌帝君所在的文昌庙路边石崖上，至今仍镌刻着斗大的“零关”二字（据悉，此为清代浙江人氏、民国初任上川南观察使梁正麟所书）。这是南方丝绸之路零关古道上留下的重要遗存。距“零关”二字百米开外，有一处不舍昼夜的越西河，河面有一陈年老桥唤名零关桥，此桥建于明嘉靖年间，迄今已有500多年历史，因由两块达10余吨的巨石搭建而成，又得名双石桥。

这双石桥桥梁设计师傅特意将桥墩设计成石锁，桥面的石梁被桥墩“锁”住，500多年依然屹立。溪流顺古道而下，古桥因溪水而建，古桥、溪水、零关石刻浑然一体，系越西县唯一一处全国重点文物保护单位。

我惊奇地发现，双石桥横卧的两块巨石上，布满凹凸不平的古老印痕，那些特殊的印痕与小山古道遗址上的“蹄印”和“拐子窝印”惊人一致。瞬间，我醍醐灌顶般开悟，理解了个中必然的历史逻辑关系。

零关，零关桥，小相岭，时隔千年，它们仍在以某种特殊的方式，作无声的对话。

九

越西县古称越嶲，处于青藏高原东缘，横断山脉东北麓，四川省西南部，凉山州北部，境内山脉主要以横断山脉为主，山川南北纵列，地势南高北低。

在越西县小住的几天时间里，我穿梭在城镇乡野、寻常巷陌，贪婪地探访着这里丰厚的人文遗迹。独具特色的四合院，形制考究的碉楼，文昌帝君的遗迹（越西是文昌帝张亚子的出生地）……这极具浓郁民族风味的一切，都让人咀嚼受用。

看我兴致甚高，余寒先生告诉我，越西县还残留有一段明清时的城墙，不过已很难找了。我一下子来了兴趣，兴奋地拉上他，在繁华的越西老街上寻觅。我们穿梭在一条又一条小巷里，避过人流与车流，询问当地街坊老人，终于在城西边一条名叫城隍庙的小巷里，找到那段仅存几米的老城墙。城墙已成为一幢高楼的地基，如果不是刻意寻找，很难发现这一十分珍贵的历史遗存。

我侧身来到城墙身旁，斑驳的石条还层层叠叠一丝不苟地列阵般站在一起，虽已日渐风化，也难掩它们为这座城市护过航。我凝视着快要被日新月异的城市遗忘的坚硬之物，蹲下身子，久久不愿离开。

幸好在小巷的僻静处，立有一块矮小的石碑。碑文载——

明洪武二十七年（1394年）初建土城，明永乐初年（1403年）包砌为石城，拱四门，明嘉靖年间重修，清代曾多次维修。原古城墙身长651丈，高（加城垛）1丈9尺，宽1丈余，全用青白色石嵌成，城墙上垛口用专制青砖砌成。工程坚固，远近闻名。

原来越西城东南西北开有4道城门，北门曰迎恩，意为京城在北方，皇恩浩荡自北来；东门名光化，为光天化日之意；西门谓仰止，指城西阳糯雪山高高耸立，意为高山仰止；南门称阜财，意为南来北往的货物都要经过此门厚积城中。每一道城门上俱有城楼，供守御之用，还有水洞，供雨水及平时废水流出。南北两城门是两个城门洞，除正门外，还有一稍小的附门，古称月城。城内，还有东西南北4条大街，钟鼓楼居中。西街有小鼓楼，居南北两小街之中；南为文寿街；北为武曲街。有寺庙20余处遍布城内外，规模宏大的为文庙和武庙。

史载，城中最高建筑为钟鼓楼，居东南西北四街交会处。历史上钟鼓楼因火灾曾多次毁坏，最后一次重建在清光绪十年（1884年），楼上塑有魁星财神并有“秀毓天南”题匾。楼为三重檐歇山式木结构，木柱都是一抱多粗的上好木材，四面皆空，方便四街相通。

可以想象，昔日这座边陲小城的样子，一定是十分精致。

“只可惜，大部分城墙毁于‘文化大革命’前后，现仅存47米。”余寒讪讪自语。

夜色渐浓，华灯初上。我独自徜徉在越西河畔，眺望满城的灯红酒绿，努力寻找着这个边陲小县，深藏一座武侯祠的理由。

（原载《巴蜀史志》2022年第6期）

红军走过越西

孙晓青

不久前，我们在大凉山的越西县过了一次彝族的火把节，感慨良多。

火把节是西南地区诸多少数民族的传统节日。火之于人类，象征光明，传递温暖，驱除邪恶，表达热情，是人类告别野蛮、走向文明的标志之一。彝族先民创立火把节，想来也是源于对火的崇拜。节日里，人们斗牛、赛马、摔跤、表演歌舞、盛装庆祝，以寄托对五谷丰登、幸福生活的期盼。

如今，尽管节日的庆祝方式变化不大，但更多表达的是对新时代、新生活的赞美，火把节成为一种各族人民都能参与的联欢。

那几天，我们见识了越西县各乡镇代表队表演的达体舞、在绿色稻田里展示的民族服装秀，在露天广场举行的选美盛况，山河之美与民风之美令人赞叹不已。更令人感慨的是，游览越西的风景名胜、人文遗存，发现不少景点与红军有关。

小相岭，相传三国时期诸葛亮曾率军南下由此打通零关古道。1700多年后，红军在这里突袭国民党守军，打开越西大门。

河坎村，红军进入越西后最先经过的村庄。今天，已经脱贫的小山村整洁安静，街道两旁绘有讲述红军故事的壁画，村民经营着“红军面馆”“红军驿站”等民宿。

陶家营村，红军曾在此播撒革命火种，宣传抗日救国主张。村里青年踊跃参军，越西的彝族青年组成中国革命史上第一个彝族红军连队。

这里还有当地政府修建的越西红军长征纪念碑、纪念馆，用珍贵的历史文物和照片彪炳红军走过越西的英雄事迹。

说实话，从知道红军长征开始，就知道刘伯承过凉山与小叶丹彝海结盟的故事。故事发生在冕宁县，过去我只知冕宁不知越西，这一次才搞明白，与冕宁相邻的越西，当年也有一队红军主力走过。

1935年5月，中央红军巧渡金沙江后，在会理召开政治局扩大会议，决定继续北上，争取与红四方面军会合。为争取渡河先机，突破天险大渡河，中革军委决定由泸沽兵分两路向大渡河北进：红军主力为左路，由总参谋长刘伯承、红一军团政治委员聂荣臻分别担任司令员和政治委员，率红一军团第一师第一团和工兵排组成先遣队，走小路，通过彝族聚居区，向安顺场前进，强渡大渡河，为主力开路；以红二师第五团一部和军团侦察连组成的第二先遣团，由左权和刘亚楼率领向大树堡前进，负责佯攻，钳制和吸引富林之国民党军，以保证红军主力经冕宁北进，在安顺场强渡大渡河。

细读长征地图可以发现，从泸沽开始，红军的行动轨迹果然出现由南向北两条平行线，左路经冕宁，右路过越西，分别指向大渡河的两个渡口。

最早讲述红军过越西的，是时任红四师第十一团政委的张爱萍。作为亲历这次行动的指挥员，他在1936年红一方面军政治部所编《二万五千里》一书中，以“艾平”为笔名撰文，专门写到越西人民踊跃参军的情景：这里的人民对红军的认识，是更加清楚了。于是附近群众自动投入红军的愈来愈多，在两三个小时内，加入第十一团当红军的达700余人，就是彝人加入红军的也有百余人……彝人在生活上、语言上以及一些习惯上都与汉人不同，加入红军的彝民另外编成了一个连……

“艾平”所说的加入红军的“700余人”，只是红十一团的统计。据当地史志工作者考证，连同其他几支部队的“扩红”，越西县参加红军的彝汉青年有千余人。

5月下旬，红一军团的十七勇士在安顺场强渡大渡河成功，打开了胜利的通道。取道越西的第二先遣团完成佯攻任务，于大树堡掉头向安顺场靠拢。刚刚参加红军的越西子弟随队远征，从此踏上艰苦卓绝的长征路。明知征途多艰险，革命到底不回头。

红军走过越西，像是农人用犁耕地，在这片苦难而美丽的土地上留下深深的历史印迹。从5月21日至29日，红军走过越西只用了9天时间；从1935年至今，已将近90年。我想探究的是，红军究竟靠什么魅力，能够以9天影响这片土地90年，而且还将持续影响下去！

红军后人周如方、史志工作者余泽生和我探讨了这个问题。

周如方的伯父周耀武家境贫寒，从小给地主养猪放马。伯父后来告诉周如方，当年他之所以跟着红军走，不光是因为地主的压迫，还因为他见过红军那面有镰刀锤头的旗，他相信这面旗下的人。1934年3月，在共产党领导的土地革命影响下，越西各族人民不堪忍受地方军阀和豪绅势力的横征暴敛，进行过一次武装起义。起义虽然遭到残酷镇压，但一面有镰刀、锤头和五角星图案的红旗却被许多人记在了心里。原凉山彝族自治州副州长、越西籍红军陈占英（吉克木呷）参加过那次起义，也见过那面旗，他说那旗子和红军的旗子是一样的。

前方有旗帜召唤，身边有榜样示范。用行动诠释主义的红军时时刻刻都在感召着人们。除了严守纪律让老百姓见识到一支不一样的军队外，红军在越西还做了一件大快人心的事。

新中国成立前的越西，社会矛盾复杂，人民苦难重重。反动政府为维持统治，将数百名交不起苛捐杂税或稍有反抗精神的奴隶关押，包括彝族各家支也必须送一男丁到县衙作人质，称“质彝”。红军进入越西县城后，果断打开监狱释放所有被关押者，并当着围观群众焚毁地亩银粮册簿和人犯、质彝文书档案等，明明白白告诉大家：共产党和红军反对封建，反对奴隶制，主张民族平等、人人平等。人们开始不相信这是真的，等到反应过来，不禁热烈欢呼：“红军瓦瓦苦（红军万万岁）！红军卡沙沙（谢谢红军）！”

那时，红军叫一声“彝胞”，就足以温暖一颗颗无依无靠的心。王海民（阿尔木呷）当红军，就和这一声呼唤有关。他说：“这是我第一次听到对彝家这样亲切的称呼！”新中国成立后，他回到家乡，曾担任凉山彝族自治州政协主席。

团结，平等，进步，繁荣。红军真心希望各族人民都过上好日子。这份初心，就是红军的魅力所在。史志工作者余泽生说：“越西参加红军的人多，涉及很多家庭，所以红军走后，老百姓一直挂念。挂念也是希望，希望生成影响，这种影响潜移默化，在这片土地上绵延不绝。”

几十年过去了，当地政府弘扬红军精神，在精准扶贫工作中不断攻坚克难，脚踏实地为人民解决问题，使越西县终于在2020年12月实现了全部脱贫。

入夜，一首熟悉的老歌从火把节主会场随风飘来。那是大型音乐舞蹈史诗《东方红》中的歌曲《情深谊长》，唱的正是越西人民心中永恒的红军：

五彩云霞空中飘

天上飞来金丝鸟

红军是咱们的亲兄弟

长征不怕路途遥

索玛花儿一朵朵

红军从咱家乡过

红军走的是革命的路

革命的花儿开在咱心窝

红军烈士若在天有灵，一定能听到这歌声，看到这盛景。那遍地的火把，那欢快的篝火，映照出擎着火把、围着篝火唱歌跳舞的各族儿女的笑脸。当年，红军走过越西，不就是为了劳苦大众都能拥有今天的笑脸吗？如今，无数张笑脸在火把节绽放，不正是越西儿女向夜空中的红军英灵诉说今日的美好与幸福吗？

沧海桑田，凉山巨变，家国安好，如你所愿。

（原载中国军网2023年9月22日）

越西20℃夏天
——清凉有认证 避暑更精彩

林建江

越西，是一座底蕴深厚、文化灿烂的千年古城；也是一座风光秀美、人杰地灵的山中佳城；更是一座优势明显、机遇无限的魅力新城。近年来，越西县立足生态本底，以城、景、乡、廊为载体，积极开发生态游、乡村游、主题游等新业态，全域旅游风生水起。2022年6月，越西县凭借得天独厚的气候优势、生态环境优势和生态文明建设成果，成功通过四川省气候中心“避暑旅游目的地”评测，并通过国家气候中心初步评测。

20℃清凉越西正以最美的姿态，邀你前来康养避暑，尽享山水人文风光。

线路一“避暑康养观光游”——由越西县城出发，沿文昌大道，经状元桥、翰林大道，约10分钟抵达中所镇游览文昌故里国家AAAA级旅游景区；自中所镇出发，沿G245公路前行约10分钟抵达国家AAA级旅游景区大瑞镇现代农业产业园、再前行约20分钟抵达书古湿地、再前行约20分钟抵达普雄阳坡五彩梯田；从普雄镇沿S309省道继续前行抵达申果庄天鹅湖、妮扎果峨湖。该线路总行程两个多小时，沿途尽可邂逅大自然的鬼斧神工，享受原生态的自然景观。

线路二“山水人文沉浸游”——沿S218省道穿越小相岭隧道，仅仅几分钟的时间，就能看到美丽的越西坝子，继续前行途经国家AA级旅游景区河坎村、红军洞、红军长征纪念馆，沿途可欣赏越西县南箐镇的自然与人文风光，路程约1小时；参观结束后，自南箐镇出发，穿越中所镇，沿G245公路抵达国家AAA级旅游景区大瑞镇现代农业产业园；继续沿G245公路北向行驶途经翰林大道、文昌大道，约20分钟抵达国家AAA级旅游景区天皇寺；参观结束后，沿G245公路行驶20分钟左右抵达新民镇大屯村苹果采摘园；采摘活动结束后，继续沿G245公路行驶约20分钟抵达凌云壁，感受峭壁温泉风光。途经峡谷飞桥、铁马凌空，沿乃托水泥公司矿山路30分钟后抵达猫儿山撒欢地。

线路三“亲近自然生态游”——自越西县城出发，途经新大街、吊桥路，沿017乡道一路行驶约1小时抵达越西县天然草场马母果村，感受天然氧吧的独特魅力。穿越原始森林，抵达风景秀美的长海湖，也是休闲探险的绝佳之地。

权威认证：夏季气温优良率100%

2022年7月19日，越西县举行“清凉20℃越西·中国‘避暑旅游目的地’发布暨夏季旅游推介会”，宣布越西县申报的《四川省越西县“避暑旅游目的地”初审报告》（以下简称《报告》）经四川省气候中心评测正式通过，并报请国家气候中心，通过初步评测。

《报告》指出，越西夏季凉爽舒适、风速适宜，平均气温20.5℃，降水620.00毫米，是我国降水资源较为丰富的地区之一。从避暑指标看，在夏季92天中，越西适宜温度日数为87天，人体舒适以上日数92天，气候旅游舒适以上日数69天。气候禀赋指标中的气温指标优良率为100%，负氧离子浓度年均达到2621个/立方厘米，气候舒适性强，总体具有较明显的避暑优势。

此外，越西县还拥有得天独厚的避暑资源：地处海拔1170米至4791米之间的横断山脉北麓，境内海拔落差大，阳糯雪山终年积雪不化，冬无严寒、夏无酷暑；原始森林覆盖率达到41.54%，生态环境良好，申果庄省级自然保护区更是大熊猫、小熊猫、珙桐、红豆杉等珍稀野生动植物的家园；境内河流纵横，水资源丰富，拥有“高山海子”长海湖、“生态绿肺”书古湿地和色彩斑斓的普雄河谷五彩梯田，原生态美景让人流连忘返，全境皆是“20℃避暑胜地”。

康养观光：山水人文精彩无限

盛夏消暑到越西，除了可以尽享清凉以外，还有更多精彩的山水人文风光值得期待。

在这座历史悠久、人文璀璨的千年古城，每一条老街、每一块石砖都讲述着时间的故事。文昌帝君张亚子在此诞生，留下博大精深的文昌文化；古南丝路沿此南下，留下厚重沧桑的南丝路文化；红军长征经此北上，留下经典永恒的红色文化；诸葛武侯南征小相岭，留下源远流长的古蜀文化；多民族在这里繁衍生息，留下多元灿烂的民族文化。

进入“旅游+”时代，文化成为越西最丰富最厚重的资源，文旅融合、以文兴旅，成为越西高质量跨越式发展的战略选择。

越西县深入贯彻落实习近平总书记“旅游业是综合性产业，是拉动经济发展的重要动力，是人民生活水平提高的重要标志”的重要指示，秉承生态优先、绿色发展理念，坚持全域全季旅游发展战略，积极推动农文旅商融合发展，正着力塑造大小凉山生态经济带县域经济版图。

近年来，越西县相继打造文昌故里国家AAAA级旅游景区、天皇寺国家AAA级旅游景区、现代农业产业园国家AAA级旅游景区等一大批旅游目的地，并成功创建“中医药健康旅游示范基地”和“州级康养旅游度假区”。当前，越西县正积极创建“中国天然氧吧”“生态文明示范县”“全域旅游示范区”，努力建设一个全域全季旅游、生态宜居宜游的新越西。

随着“避暑旅游目的地”气候评审的通过，“越西20℃夏天”无疑成为一个新的旅游品牌。为了打造好这一品牌，从“如何轻松出行”的角度，越西县重磅推出三条夏季精品旅游线路。

轻松出行：交通便捷四通八达

事实上，透过这三条夏季精品旅游线路，不仅可以领略越西县多元化的山水人文之美，还能感受到县域内交通基础条件的极大提升。

迈入乡村振兴新征程的越西县，已经拥有了较为完善的城乡路网，犹如畅通的“毛细血管”，使这座美丽的山区小城愈发生机灵动。

而比城乡交通路网更值得书写的是，越西县还拥有四通八达的出入境主干线网，境内有成昆线火车站9座，国道G245线、省道S218线等道路，可以从各个方向抵达。

不仅如此，越西县正在快速推进的铁路、高速公路和国省干线等交通项目，还将助推越西更加主动地融入成渝地区双城经济圈，建设成为一流的高品质生态休闲与避暑度假目的地。

铁路方面，成昆铁路复线即将带领越西县进入“铁路公交化”时代。2022年6月21日，成昆铁路复线最长的隧道、最后一个控制性工程——小相岭隧道顺利贯通，这标志着成昆铁路复线全线贯通。据悉，成昆铁路复线在越西县境内设有漫滩、越西、安洛三个车站，通车后将在越西县形成成昆铁路老线和成昆铁路复线“双线双站”格局，给人员出行和货物运输提供极大的便利，实现半个小时到西昌、两个半小时到成都。

高速公路方面，省道S71线金河口至西昌高速公路建设正蓄势待发。

S71京昆高速雅西扩容（金口河至西昌）起于凉山州甘洛县乌史大桥镇，经甘洛县、越西县、喜德县、冕宁县，在西昌市川兴镇设枢纽互通与国道G7611线西昭高速衔接。该项目的建设既能解决高速雅西段漫长“冬管期”等问题，同步实现全天候通车，还能串联北三县带动区域经济发展。目前，前期工作正在有序推进，有望年内开工。

国省干线方面，越西交通国省干线“大环线”已初具雏形。越西县交通运输局正加快构建外畅内联、高效便捷的立体综合交通体系，有力保障脱贫地区交通安全运行，为越西县脱贫攻坚成果巩固及乡村振兴深入实施提供强有力的路网支撑。

多重优惠：食宿无忧景区畅游

作为四川西南部、凉山州的生态文化代表县之一，迈进“旅游+”新时代的越西县已成为众多游客寻觅清凉的山中佳城，正全力创建国家全域旅游示范区和全力打造中国“避暑旅游目的地”。

为了让更多游客能够无忧畅游清凉20℃越西，越西县各景区和酒店还送上了诚意十足的“大礼包”。境内文昌故里国家AAAA级旅游景区、天皇寺国家AAA级旅游景区、现代农业产业园国家AAA级旅游景区、两个国家AA级景区均实行全年免门票。辖区内29家酒店、民宿针对到越西旅行人员出台了折扣优惠、赠送到店礼、代金券等多种形式的优惠。

在这个暑热炎炎的夏季，清凉20℃越西向大家发出最诚挚的邀请，欢迎您带上家人和朋友来到文昌故里、水韵越西，聆听山水之音，畅享慢悦时光。

（原载《文昌阅嶲》2022年11月版）

呷古的月亮

阿微木依萝

到著名的文昌故里凉山州越西县城的时候，太阳刚落下去，节气还在春天，空气里弥漫着新嫩植物的草香气。2022年暖冬天气，翻到年坎这边，山花开得比往年早了一点，我这个对花粉过敏的人，整个路途中，很少将车窗完全打开，至少一大片山坡的花香被挡在了外面。沿着飘带似的盘山公路，迎着山窝深处平坦的方向而去，傍晚时分，我们的车子开进了文昌古城越西县。

第二天一早，我到了越西县普雄镇的呷古村。这里是越西彝绣名胜之地，也是本次我到越西的目的地，为了了解非物质文化遗产“彝绣”项目，我选择了这个地方。

对本民族的服装我当然不会特别陌生，但也算不上十分熟悉。我的妈妈是汉族，从她那里我能继承的东西都是汉族人民的遗产，而我的父亲遗传给我的可能就是喝酒和一堆乱七八糟的想象力和怪脾气，除此之外，我几乎得不到“真传”。我自己对于彝绣的了解是在读书期间，也就是上小学的那个年纪，我的女同学们会教我怎样绘制彝族衣服的各种滚花图样，用纸片裁剪出衣服的样子，再用铅笔绘出花样。我至今仍然痴迷并且自认为，那时候我所裁剪的那些衣服，有可能具有我现在所有穿过的漂亮衣服都比不上的优雅和好看。要是有人在那个时期教我彝绣，那么很可能今天我就不会成为一名作家，而是当上了一位极具创造力的彝绣传承人和彝族服装设计师。不管有没有人相信我会成为一名优秀的彝族绣女兼设计师，我必须这样吹牛皮。我对绣女的崇拜不亚于我对卡夫卡的崇拜，一种是用笔墨书写的手艺活，一种是用针线书写的手艺活，它们有着几乎相同的创造力和感受力。我很想成为一名服装设计师而错失良机之后，我便对这个未涉及的行业充满了不负责任的想象，想象和假设我如果身在那样一个领域中，肯定会成为人人钦羡和追捧的天才，我会受到一大批爱美人士的追捧，他们简直爱死我了，我会把所有好看的衣服进行潮流化处理，不再拘泥于只适合彝族人群享用，让它国际化，让它那古朴的图腾像白云那样飘到大洋彼岸成为服装制造业的翅膀，让外国女人看了都两眼放光和热爱到想哭。这当然是我的理想主义。但理想主义者必然不只我一人，而且所有能诞生于世的美好事物，都因想象力的牵引，都因一大部分理想主义者的付出和坚持，从而，一切成为事实。他们正在像我想象的那样构思和筹备。呷古村的彝绣传承人，正在将这样的构思和品牌向凉山之外的地方推展。

凉山州地处高原，先天的地域环境导致生存条件受限，多少年来，男耕女织，刀耕火种，许多现代化的耕种机械在陡峭的高海拔山区无法施展，人们始终用最古老的方式播种土地，养育子女。现如今，走出大山是新一代彝族人的梦想，但这种“走出大山”的方式不再是上一代彝族人的传统谋生方式，上一代人的方式多以身体力行，远离故土“步行到远方”的模式进行；而现在，年轻的彝族青年们因为受到更好教育的缘故，眼界以及思想都跟上了时代步伐，越来越多的年轻彝族领导人驻扎在凉山州各县基层，他们正以自己的方式回馈家乡和带动当地农人科学生产，利用科技手段、新媒体等方式，将本民族丰富的物产推向大山之外，创造民族服装品牌以及推销高原天然农家产品等，让更多的人真正了解凉山并支持凉山，让本地农民增产创收，这样的“走出大山”，是让大山之外的人走进“我”，而“我”所回馈的，是他们求之不得的山中美物。

在呷古村，彝绣便是脱贫的一个出口，也是呷古村脱贫项目较为成功的例子，改变了彝族妇女长期照顾家庭却没有经济收入的景况，“彝绣坊”的建立，让她们这些民间刺绣者顷刻间有了用武之地，利用手中技术，在家也能挣钱，直接将绣品带回家刺绣，时间上也很自由，能兼顾家庭，周旋在杂事之中，也随时抽空刺绣挣钱贴补家用。当然，先天条件受限，在这样的山脉中，要做成一件事或者让其更大地发光发热，不能停止在理想主义和我那些不负责任的想象。推动它的力量必须实实在在地来自更多方面，除了绣女的付出和筹划者的牵动，还需要更多人关注到，更多的传播途径以及资金的辅助，以及充盈的市场需求和拥有长期固定的受众。这不是一个小事情，但即便它不那么容易，现在也只是一个雏形，我却看到了，他们——“彝绣”这项非物质文化遗产传承者们——正在朝着更好更广阔的境地努力发展，他们就像呷古村的月亮，在以那清透的光亮，照耀在这片高山的土地上。

我去的时候绣女们正在大树荫下刺绣。年纪最大的绣女已经66岁了，她佩戴着老花镜，最年轻的40岁出头。我偶尔能听懂几句她们这个地区的语言。彝族有许多分布在各处的语系，这肯定与古老的部落生存模式有些关系，我出生的那个地区属于阿都方言区，她们这儿属于神扎语系，我在西昌市（西昌属于神扎方言区）居住了一段时间的缘故，我发现慢慢地，我也能摸懂神扎方言区的发音了。但只是偶尔几句。所谓彝族人听不懂彝族话，更多的可能就是几个不同语系的彝族人在一起时的窘境，互相都不太能搞懂对方在说什么，有时候大家各说各的，需要时间和更多交流的磨合。

绣女中40多岁的那位女子已经带了几个徒弟，她的工作室就在自己的家里。她带我进去看了看，在三层小楼的第一层正门往右，工作室里堆放着她近期的刺绣成品以及其他一些半成品，墙壁上还挂着她已经完成的样衣，那些图案，花费了她不少时日。刺绣就是艺术作品，手工艺品向来带着个人的审美气质和精巧手艺，她的刺绣花纹多样、繁复，尤其考验手艺和眼力。裹布绣是彝绣的基础刺绣技法，以马齿纹为例，用极细小的白色布面折叠成只有火柴头大小的三角形，依照衣服花纹所需的纹路，尖角朝外，填入另一层裹布条纹底缝之中，而缝补的线条再一次隐藏在裹布之内，使得这些三角形（也就是马齿纹）在衣服的滚花中更加立体好看，完全抹除了手工缝制的痕迹，却又能通过仔细辨认而确定这就是出自一双双聪慧的绣女之手。巧夺天工，说的可能就是这种智慧。那些自然的马齿纹，那些裹成羊角或火焰形状的图腾，犹如凉山高原山花中穿梭的白色道路，犹如被月光挑染过的荞麦花。她们生长在高山的草原上，她们把天空和大地上的花朵绣在衣服上，这是对自然万物的敬仰和遵从。好比金银首饰的镶嵌工艺，在刺绣行业，没有几分灵气，没有长期的传承和教养，做不出一件体面的衣服。

从呷古村回越西的路上，经过普雄这座昔日非常繁华的小镇，想起一件20多年前的旧事，大概也正因这件往事，使得我这次的目的地特别选择了来普雄镇的呷古村走访。那时候我第一次出远门，坐火车，很慢的绿皮火车经过了普雄镇，在这个地方上车的一位普雄彝族男孩子坐在我的对座上。他大约年长我3岁左右，而当时我只有15岁出头，非常穷困，因为年纪小，几乎找不到合适的工作，很多时候处于失业状态，缺钱是我的常态。本身我已经做好了从西昌市坐车到普格县城，然后从普格步行回家的准备，是这位年龄稍长我一些的男孩子在听了我的忧困之后慷慨解囊，助力了我一程。那是我最早看到的英雄或者骑士的样子。那之后有一段时间我们还互相通信问候，后来，因各自四处漂泊，行踪不定，失去了联系。到今日，我已经忘记了他的名字，却始终没有忘记他的出生地：普雄镇。没准儿他就是呷古村的人。

往镇区的深处看过去，并非我还需要找他出来，那是时光流过去的印痕，不需要那样，他从来没有在我的记忆中真正消去，哪怕他褪去了名姓，褪去了外貌，但就像一位可爱兄长对我的施与和教化，我会将他的恩义放于心上，如果有缘人到来，我可能也会学着他的样子将这份好意布施出去。人间最长久的缘分就是顷刻间相见相惜，知人磨难，伸手解围，便挥手作别，永恒不忘。

我们回程的路上，普雄镇的月亮高高挂在山脉上，它纯净亮白，像山峰远处铧头尖的山泉水。

（原载《散文百家》2023年第6期）

苹果树，以及路过大屯的新娘

阿苏越尔

不一定牵涉诸葛亮南征，可能和某个王朝在这里屯兵的一段历史有关。大屯，这个名字里包藏着岁月沉甸甸的分量。无论作为曾经越西县一个乡镇的名字，还是如今区划撤并后一个村庄保留的名字，大屯每每被人提及，首先就会联想起那些缀满枝头、随风摇荡的苹果。毫不夸张地说，因为苹果这个金字招牌，大屯，这个古老的名字焕发出崭新的活力。

我对大屯的最初印象来自一场婚礼。越西河从大屯东边的田地间潺湲流过，划开了两岸膏腴的田土。那一年，鸡鸣时分，我们早早就从阳糯雪山下出发，翻山越岭，马不停蹄地路过大屯村，要把新娘子送到河对岸的华阳村。下了山坡，走数十米长的田间小道就可以跨过南北通向的 G245 公路。就在山脚下，有一汪用石板盖了顶的泉池。记忆犹新的事情是，回程时，大概是被新郎家招待的肥肉给腻滞住了，送亲的人纷纷拐入小道南侧的泉水边埋头牛饮，其中就包括少年的我。攀爬一小段上了山，一条平坦的马车路曲曲弯弯横亘在山坡上，马车路上下都是开垦的旱地，残留地里的玉米茬已萎悴，虽说密密麻麻，但容易被忽视，旱地里疏密不一栽种的苹果树却是抢眼，一棵棵扑入眼帘。在乍暖还寒的初春时节，鼓突突的苹果花苞像小孩子捏紧的拳头，正耐心地等待着在一场春风春雨的奖赏中徐徐开颜。

“播者啊，前人的这个历法也准得很，你们看苹果树的花骨朵，差一点就开花了。”

由衷的感叹中有庆幸和欣喜。即使阿苏家的这位大人没有明说，大家都知道他的言下之意。在彝人的习俗中有禁忌，花一旦开放，男婚女嫁的事就停了，婚礼得赶在花开前。

苹果树上欲醒还眠的花苞，蜿蜒盘曲的马车道，还有山脚下那眼解渴的泉池，这些深刻的片段无意间构成了记忆中大屯的一个缩影。很多年后，翻阅越西县志，获知早在20世纪70年代越西就有过推广苹果种植的历史。由此估算，从一山之隔的老家走到大屯那一年我10岁冒头。

小我12岁、在大屯村土生土长的陈忠林应该是不知道大屯这一段种植苹果的历史的。虽说成果不凡，他自己的种植历史也只够10个年头。2014年，当陈忠林想大规模种植苹果时，家里的老人对此是不以为意的。或许是过去种了又砍的折腾经历还在心底警醒他们。

人争一口气，佛受一炷香。摆起那些年的辛苦，陈忠林的脸上浮起一丝苦楚。从山上的苹果园里摘下苹果，肩挑背扛搬运到家里。为保持果实的新鲜卖相，他得连夜背起260斤左右的苹果搭班车赶火车站，换乘火车远赴数百公里外的沙湾，卸下货物后往往人已经累得精疲力竭，只想躺下美美睡上一觉。想起家中两女一儿的读书花销，想起媳妇无声无息的撑持和老人们善意的提醒，他哪里敢歇息片刻，一鼓作气，又吭哧吭哧背起两百多斤的苹果，马不停蹄直奔沙湾市场。当一大背的苹果卖掉，心中一块石头才算落下。这时，他会不慌不忙掏出怀里的钱包，一张张清点，挣到的钱不算少。霎时，一股暖流会涌上心头，掩藏不住的笑洋溢在依然汗涔涔的脸上，一路的车马劳顿似乎都值得了。

陈忠林算了一笔账，那时候在越西本地，一斤苹果的售价是4元，而沙湾的售卖价格达到13元一斤，自己力气大背的多，一趟下来，辛苦是辛苦，挣个2000多块是顺理成章的事。

在我们啧啧称羡时，大屯村的党支部书记薛顺品却说，这样的事例在大屯还有，不足为奇。

村支书对大屯的情况自然心中有数。撤并后全村人口达到4310人，几乎家家户户都在种植苹果。“多少都有一点！”薛顺品用浓重的越西口音强调。大屯村现有苹果1.1万亩，仅陈忠林一家就有50亩。事实上，大屯村20世纪70年代种的苹果也并没有统统砍掉，一些农户从1993年开始就对原有品种进行了高枝换接。通过实地考察，村“两委”引进了蜂王浆、红金星等13个新的品种。为降低风险，由村干部带头试验。四年开花结果，五六年后进入丰产期，亩净收入突破6000元。果农们看在眼里，馋在心里，迫不及待地加入到新品种的试种中。

三个娃都读大学或工作了，凭两口子的劳力如何管护50亩果园？面对我的提问，陈忠林未加思索就说出答案：种植，打药，修枝，摘果……现在整个过程都实现了机械化。忙不赢就请工，一般情况下，一年下来请工200个左右。一个工每天劳务费90元，包吃两餐，还有一包烟的酬劳。虽然挣得不多，但因为是就近务工和操作轻松，许多人都乐意干。

还在嗨咗嗨咗地往沙湾背苹果卖吗？我故意拿越西土话逗引他作答。他不无羞怯地笑着，说咋个可能嘛？现在七八成苹果在网络平台就可以卖掉，没有必要汗流浃背奔波了。走邮政绿色通道的话，一件苹果的邮寄费用比以前节省10元，划得着。说完，他的目光投向远方。

作为阳糯雪山的余脉，活龙山从西边的山体中由西朝东分离、延伸出来，像一匹不甘心受束缚的马奔向宽敞的两个坝子之间，成为大屯村南面的一道屏障。要不是越西河的拦截，或许它还想朝东前进数百米，实现与南北走向的东山的胜利会师。站在天皇寺后面瞭望，察看大屯村所依偎的背山面水的地形，的确是易守难攻，你不得不佩服诸葛亮屯兵于此的高明。

对于世居在这里的村支书薛顺品来说，他不想让村民们在小富即安的思想中屯居止步。当然，巧妇难为无米之炊，要激发出苹果产业的活力带动乡村振兴，得靠上级党委和政府的强力支持。顺着村支书所指的方向看去，可以隐隐约约看见掩映在果树丛中的文旅栈道，水泥路面的产业路在其中蜿蜒穿插，闪闪发光的滴管池仿佛讲述着阳光的魅力。薛顺品介绍，截至目前，全村有专业合作社3家，以苹果产业为主导的家庭农场17家。每年摘果季节举办的“大屯苹果节”早已闻名遐迩，通过文艺表演、果王评选、优果品尝等活动，年吸引游客1.5万人次，旅游综合收入200余万元。由于引种的苹果考虑了早中晚结合，从5月开始到12月都有熟透的苹果可以采摘。站在一旁看热闹的果农打趣说，煮了又煮的是酥油茶，熟了又熟的是我们大屯苹果。2022年，大屯苹果进入农业农村部颁发的全国第十二批“一村一品”示范村镇名单。以大屯苹果为示范的“越西苹果”还申请认证了国家地理标志和绿色食品。在4月，站在活龙山山顶，眼前的一切生机盎然，令人备受鼓舞。

坦白交代，之前我个人并不怎么喜欢吃苹果，而大屯的苹果却神奇地刷新了我吃苹果的口感，令我对之刮目相看。尝到甜头后，每次经过大屯村，看见公路两边用背篼和筲箕盛满苹果摆摊设点的果农，我都会忍不住稍作停留，称几斤看上去好吃的苹果回家慢慢品尝。

时光飞逝，四十多年弹指一挥间，大屯村已经不是我初来乍到时的模样。每次经过大屯我都留意观察：被自来水替代，山脚下那一个解渴的泉池似乎返回了历史的隧道，私挖滥采的小煤窑被禁止，山腰上的马车路也凭空消失了，依旧屹立着的苹果树确乎已换了一副容颜。我不由想起当年的苹果树及路过大屯的新娘。如今，经过嫁接和换种的苹果树，将根深深地扎入泥土，迎着温暖的阳光生长。一棵苹果树仿佛嫁到大屯的新娘，早已在这里开花结果。

永恒不变的是时序更替，变化的是人的生活。秋天即将到来，大屯苹果将迎来采摘期，一个品种紧接着另一个品种地成熟。我想参加今年的采摘节，去现场感受劳动和丰收的华章。

（原载《凉山文学》2023年第4期）

“私奔”的稻谷

阿苏越尔

“有那么好笑吗？”我心里愤愤地想。

老师缓缓抬起撑在讲桌边沿的右手，向前扬了扬，示意大家保持安静。

“同学们，长大了你们想做什么？”一个看起来俗气的问题，当年在天真的稚子心里却如一块石子落入平静水面，激荡出一层层憧憬的涟漪，大家都踊跃回答。

“老师，我想当干部。”我答道。课堂上的欢笑由此而起，因为上一位同学也是这么回答的，可能觉得我有效颦之嫌吧。“老师，我没有哄人。我爸爸说了，当干部可以顿顿吃大米。”又是一阵哄堂大笑，老师的嘴角漾过一丝不易察觉的笑。看来我的补充不仅没有挽回颜面，还有“雪上加霜”的意思。我红了脸愣站着，直到后面急不可耐抢着要回答的同学站起来，我才悻悻坐下。

在山里，能吃上大米，确实是件大事。谚语说了，命好的细粮吃不完，命不好的粗粮省着吃。当时，细粮指的就是大米。

我居住的村里有几百亩稻田，对育苗、插秧、薅草、收割等环节我并不陌生，甚至会因稻谷的分蘖、拔节、扬花、灌浆而喜上眉梢。上了年纪的人说，过去这里并不见一分稻田，即使富甲一方的大户也不敢试种水稻。因为这里是二半山区，气温低是一方面，深层次的缘由是水稻像个娇滴滴的孩子，需要精心呵护，不适应山里彝人的耕作习性。所以，当公社的干部摘下头上的草帽，说要在坝子中央那一片平整的土地上试种水稻时，许多老人心里犯嘀咕。

说干就干，在水稻栽种时节到来之前，社员们引来了河水，挖出了田畦，挽起裤腿，栽插下了秧苗。母亲讲，第一年分稻谷时，村里甚至有从未尝过大米的社员，不知道怎么做了吃。即使到了今天，我还能想象到那一家子人第一次尝到香喷喷的米饭时，其乐融融的幸福场景。一家人都没有尝过一口米饭，这样的事情初闻未免骇异，细细梳理又觉得入情入理。自古以来，彝族人的粮食结构以燕麦、荞子为主，玉米和洋芋的传入是近几百年来的事，这从彝语名称借音而用的问题上就知端倪。稻谷的传入介于两者之间，虽有古话说“亲不隔疏，后不僭先”，玉米和洋芋还是因产量后来居上，稻谷则恪守着这一遗训，在彝人生活中的角色，一直都是本分和优雅的，是高居理想境界的农作物。

在彝族的典籍中，描绘了人居理想的乐土，其中就有稻谷的身影。那个地方“百草结稻穗，稻谷金灿灿。蒿枝结花椒，花椒红艳艳”，是一个“屋后有山好牧羊，屋前有坝好种稻”的理想世界。稻谷在彝族历史文化中的地位可见一斑。

我检索过，在汉语里“香”字的小篆字形，从黍从甘，“黍”其实就是稻谷，以此观之，稻谷甘甜美好的名声由来已久。学界较为一致的观点是，我国是水稻的原产地，考古证明栽种历史已达数千年。毫无疑问，稻谷在彝族地区算得上是“外宾”。换一种说法，在彝人食物的大家庭中，燕麦、荞子之类算得上是“嫡出”，稻谷只能算是“庶出”，种植史只能追溯到玉米和洋芋到来之前。凉山有一个广为人知的传说：很久以前，一条英勇的猎狗误闯外地，几经辗转回到家时，它伸出长长的舌头，摇着尾巴向主人报平安。主人惊喜地发现，狗尾巴上竟然有一束谷穗。一切宛若天赐，好奇的主人用这一穗稻谷撒种，收获了意外的惊喜，狗主人立即给这种神秘作物取了个令人浮想联翩的名字“车”——彝语的字面意思其实是“私奔”。或许，狗主人认为稻谷是未经许可、从外地“私奔”到彝族地区的。这个故事能够提供的信息量很少，至少知道稻谷是彝族地区的外来作物。为了铭感猎犬的恩泽，在栽种稻谷的沟坝地区，出现了以“尝新米”为主题的传统节日。

对于我的童年来讲，稻谷带来的节日不止尝新米节这一天。稻田引来了众多的蜻蜓上下翩飞，捕蜻蜓是其中一种乐趣，捉稻田里鼓噪的青蛙又是另一种乐趣。当人们收割了沉甸甸的稻穗，在拌桶内摔打出谷粒，稻秆被堆叠在场坝上时，小朋友们就会聚起来，爬上秆垛再滑下来，也会在秆垛里藏猫猫。凡此种种，山村孩子的游戏总带着泥土芬芳的气息。

在没有开辟稻田的岁月里，山上的彝人需要稻秆时，会找山下的农户讨要捆扎好的稻秆，也有在赶场路上顺手拿一两把走的。在稻田里插满扎成一捆一捆的稻秆，不算稀罕。残留在田里的根茬密密麻麻地站在那里，洞察一切却发不出任何威吓的吆喝。

回味无穷的故事，来之不易的大米饭——细碎的、软软的、糯糯的，从木勺舀入口腔的那一刹那起，它就唤醒了我们沉睡的味觉，调动了关于食物味道的新遐想。我的父亲深谙这些，为了让我时常能享用到他眼中不凡的大米饭，他不失时机地为我攀扯上了一门娃娃亲。对方的家位于沟坝地区的县城东面，后来因为我外出求学，这门亲事丢了。从那里经过时，我想，极有可能是坝子上那一片黄灿灿的稻田迷住了父亲，他才作出这样的抉择。

在新鲜感过去以后，村民们冷静下来才发现，稻谷的亩产量比玉米低三四百斤，在那个以吃饱为首要的年代，这一缺憾几乎是致命的。一码归一码，好吃替换不了饥饿。在那个人人自危的年代，不奢望有人来攻瑕指失。半饥半饱的状态，一直到农村实行家庭联产承包责任制才正式终结。那时候我已读到了初中，寄宿在学校，在学校食堂享受着餐餐有米面的生活，除了偶尔断饭菜票这一点，其他没有什么可抱怨的。“谁知盘中餐，粒粒皆辛苦”的唐诗是背诵过了的，感受到诗句沉甸甸的分量是在一次遭遇过后。

寄宿期间，我们吃的细粮都是用家里的粗粮置换来的。有一次，我断了饭票。星期天回家时，我已经给父母交代过，他们却迟迟没有背玉米交到区粮站，换票据送来给我。能借饭菜票的地方都借过了，听熟人说，母亲正在区粮站晒粮食，我急匆匆赶去。原来母亲已经来了两天，星期一就去交粮了，粮站负责验收粮食的管理员说玉米粒没有完全晒干，要在粮站的水泥地坪上晒两天。见我前去，母亲愤愤不平地抱怨说，玉米已经晒这么干了，还是通不过，不知道为啥这么刁难人！时间耗不起，再不通过的话，只有去找当干部的熟人来通融了。

夕阳西下，粮站管理员来查验了。我至今还记得他的样子：高个儿，脸上有麻子，好像晒不干的玉米粒，眼珠陷入眼眶很深。他用余光扫了一眼我们母子，蹲下身，老练地抓起一把玉米在手心搓捏，又拈出几粒放进嘴里使劲咬，眼睛盯着地坪上金黄的玉米。见他半天不开腔，母亲着急起来，一边学着他将几粒玉米丢进嘴巴里咬给他听，一边说，再不收库的话孩子在学校就没饭吃了。他眼睛看着水泥地坪上的玉米，淡淡地说道：“拿来过秤吧！”

母亲唯一的妹妹嫁到了县城边的山坡上，那里的村民在山脚拥有一大片稻田。我从小来往于姨妈家，艳羡那白花花、香喷喷的大米饭。姨妈家的孩子多，经济负担重。印象中，姨妈煮饭有一招，黄澄澄的玉米饭一般放在蒸笼的上层，下面是一层白花花的米饭。舀饭时，姨妈会将稻谷饭和玉米饭拌和。作为客人，我的白米饭会多一点。

住在二半山区的人家，日常主食是玉米馍和荞粑粑，无论是炭灰烤熟的，还是煮熟或蒸熟的，记忆中都是硬邦邦的。全家吃一顿白米饭，抑或一锅精心熬煮的白米稀饭，就是打牙祭。背着粗粮或别的山货翻山越岭赶到街上兜售掉，然后再去购买一点稻谷回家，完全可与购买水果糖回家的喜悦相提并论。我曾望眼欲穿地看着村子对面的山路，期盼着赶场的父母归来的身影。

2021年9月，我受邀参加凉山彝族自治州普雄镇的尝新米节，开幕式上有人说，乡村要留得住人、守得住情、讲得出故事，我悄悄补充道，还要品得出味。紧接着，开展了参观游览、稻田艺术展、农民集市展销、民俗体验等活动。村民们兴致盎然地参与到各项活动中，赋予满沟满谷金灿灿的稻穗以乡村振兴的新内涵。如今，吃大米已不再是奢靡的事情，从传统中衍生的尝新米节已经变成人们在丰收时的一次庆祝和纪念，俨然一张根植于稻田的农耕文化名片。

普雄镇是成昆铁路线上的一个重要站点，在彝族地区算得上是栽种稻谷历史最悠久的地区之一。据说，这里还栽种有一种红色的稻谷，不知为何，后来被淘汰了。火车南来北往，如果在秋天经过的话，从飞驰的列车往外看，一块块稻田连缀成片，秋风一次次拂动金黄的稻浪。打开车窗，稻香扑鼻，细加品味的话，其中或许隐含着民族之味、历史之味、时代之味。

（原载《昭通日报》2022年9月27日）

越西：这片芬芳文化浸润的厚土

孙锦屏

“君在山水间”，这是越西县第三届文昌文化旅游节活动主题词。一言五字，清气弥漫，亲切有加。如此这般描述形容君与物、君与山水、君与自然之间的词句，想得起来的古句有：“君不见黄河之水天上来”，“劝君更尽一杯酒”，“扁舟共济与君同”，“我住长江头，君住长江尾”。

这些出自古代先贤大师们的诗句字字珠玑意蕴非凡。而这“君在山水间”的飘逸语句处处浸染了神秘的古韵，也爆发出别样的表现力与感染力。这便是文昌文脉搏跳的沿袭与传承啊！这便是一方水土养一方人的真实写照啊！这便是一方文化育一方人的鲜活演绎啊！

古韵悠悠，清思绵绵，情景交融，意味深厚而辽远。再加上这五个字以灵动、流利、潇洒，堪称龙飞凤舞的毛笔行书烘托而出，手捧目睹之下，直令人眼热心动，油然而生必欲往之、一看究竟的念头。

深秋季节，晴明之日，怀揣几分挂念、几分探求、几分仰慕，我与众艺术家一行乘车来到了这被称誉为“文昌故里”“南丝重镇”“田园水乡”的魅力小城——越西。

果然是古老文明陶冶的方圆，果然是芬芳文化浸润的厚土。沿路的绮丽风光和城郊兀立的古风牌坊引发的心绪尚未平息，下榻宾馆门厅处一道别样的风景又让人倾心注目，心动神摇。

一群眉目清秀、神情爽朗、古装袭身的年轻女子，轻盈着步履，微抿着笑口，径直朝着突然间显得有些木讷的“嘉宾”走来。但见她们秀发鬓丝，云髻双螺，胭脂未抿，粉黛不施，身着白色与雪青色相搭配的服饰，圆领斜襟，布衣广袖，曳地长裙，束腰绣带。一个个明眸透彻，顾盼生辉，亭亭玉立，尽显端庄娴静的气质，素雅清丽的风骨。

随着一声声“先生您好”的亲切问候，恍若已穿越时空，身处古时，尽可悠游儒雅，邀约友朋，去听观音泉唱、去瞻摩崖石刻、去走丁山石桥、去渡青杠雄关、去沐相岭飞雪、去叩零关古道。

我也不是什么信笔涂鸦的所谓书法家了，而是悬梁刺股寒窗苦读的一介书生，一路跋涉而来，正要入住长亭外古道边的小小客栈，将要赶赴乡试……骤然回神，不仅哑然。

越西县有着十分古老悠久的历史。先秦时期，属“西南夷地”，早在2000多年前的西汉时期就设有地域广阔的越嶲郡，郡治在西昌，领十五县（道）。越西因越过嶲水设郡县而得名，是南方丝绸之路“零关古道”的要塞，汉朝时南方丝绸之路就已开通为官道。又称“蜀身独道”或“茶马古道”。《史记·司马相如传》记载：司马相如出使西南，“通零关道，桥孙水，以通邛都”。古越西，时为越嶲郡领之“零关道”“阑县”。

越西县又被称为文昌故里。文昌文化源于晋，盛于唐，扬于宋、明、清。其精髓是“扶植斯文、化淑民心”。文昌故里，山水清雅、人文浩繁，更有那蔚为壮观的油菜花海，每年春来竞相绽放，广袤嶲州沃土尽染，风流大地一片金黄，娇艳无比，灿烂无比，美丽无比。继之还有万亩娇羞玫瑰争奇斗艳仰天绽放，于是，阡陌纵横的卉园花田姿容秀出，此间久久沉浸在浓郁的玫瑰花香之中。

越西的油菜花海我是早有见闻。许多年前，越西举办菜花节的时候，我还特意创作谱写了歌曲《我的越西》，对这方家园深情赞美歌颂。其实，于我来说，那油菜花海的壮丽图景在更早的时候已装在脑海，珍藏于心。

当年，我是严格意义上的汽车驾驶员，经常从昭觉县经由越西县的普雄镇到越西县城。若遇春来之际，若遇花开之时，若遇晴朗之天，我就会毫不犹豫地把车停在高山上的公路旁，挑选视野良好处，对山下的锦绣田园油菜花海来一番放眼欣赏。

毫无疑问，我又会承享一番心旷神怡，承享一番感慨万端，承享一番迷魂陶醉。由此，我又会在浩荡的春风中为心灵来一次洗礼，又会在记忆深处为家园增添美好的一笔。久而久之，这美好的一切就会潜移默化，成为生命不可分割的组成部分。

越西于我，早就有了多重且颇具好感的印象。首先是越西人说话独特的方音，高低搭配、抑扬顿挫，极具辨识度，且似乎是经过集体培训一样，人人能说会道。

尤其是这里的女子，其伶牙俐齿、口若悬河的语言能力已然炉火纯青。若她们三五亲友伙伴遇在一起，一准有拉不完的家常，摆不完的龙门阵，一准会有笑声朗朗，声震屋瓦。

越西白酒是这里的又一金字招牌。在凉山，“麂子是狗撵出来的，话语是酒撵出来的”，酒可“舒筋活血”，酒可助兴逸情，喜酒之人大都知道越西苞谷酒，没有谁会在品尝过越西苞谷酒后轻易忘掉那浓郁的醇香。

以至于市面上会偶尔出现，管它是不是越西苞谷酒也宣称是越西苞谷酒的现象，就像市面上管它是不是会理石榴都宣称是会理石榴，管它是不是雷波脐橙都宣称是雷波脐橙一样，令人哭笑不得。消费要打假，但换个角度看，这是不是也从侧面印证了有品质有口碑才有市场，印证了越西苞谷酒的好。

越西大红袍花椒，承载着众多美誉。因其色鲜、味正、浓香、味麻而久负盛名。追溯起来，或许，是与海上南丝路有关，与山珍换海味的以物易物有关。果然，据史料记载，原来，宋朝时期越西花椒就已经是远近知名的贡品了，越西花椒被称为“贡椒”至少已有上千年历史。“无巧不成书”的是，1979年，在广州的农副产品博览会上，越西“贡椒”脱颖而出，一举夺得质量评比第一名。

越西豆花饭也是很有名的。记忆中，那老嫩适度的豆花，微甜爽口的豆花水，红彤彤的香、麻、辣豆花蘸水，就着泡松松的白米饭，三下五除二就把人吃得发撑，往往是心头还想吃，但肚皮已承受不了。

还有脆甜的越西红苹果，鲜美的越西红樱桃，水嫩水嫩的越西萝卜，油香油香的越西腊肉……美味太多，每每想起来都要流清口水。对此，小时候我就经常纳闷，怎么越西就有如此多的、总是让人想起来就免不了垂涎三尺的好东西哟，越西人咋就有这么好的口福哟。

我又只好泛泛地用人杰地灵、物华天宝的成语来形容越西，虽远不能表达心中的那份赞美。无论怎样，这恐怕和越西苞谷酒一样，应该都与当地灵秀的水土不无关系，都与当地丰饶的物产不无关系，都与当地勤劳智慧的民众不无关系。

如今这越西的美食就更多了，多得数都数不过来。印象最深的要数以甜、咸烧白等蒸菜为主的越西“九大碗”。再就是越西烧烤，烤豆腐是一绝，豆腐的特色又来自土产黄豆、卤水、泉水本身。石磨磨出来浓浓豆浆，豆浆“点”出白白豆花，豆花压出厚实豆腐，切成片抹油抹盐用炭火烤黄食之，香脆其表，酥柔其里，软糯舒舌，滑嫩爽口，冷热皆宜。

另外，越西还有两样走俏行销的“小菜”：一是乳糯香辣、回味绵长的红油豆腐乳，一是多味爽口、脆劲十足、开胃佐食的麻辣萝卜干。

越西是偌大一块四围青山的平原谷地，除了越西河以及周边的一些河溪之外，最让人惊愕的要数那一道极具神韵的泉水。

金马山麓，青松覆盖，绿荫似屏，这道被称为“水观音”的泉就出自山脚。这里也是文昌帝君张亚子的出生地。据《越嶲厅全志》载：“越赏之西，越嶲之南，两越之间，有金马山，胜景清绝，张老夫妇，予累生之父母也。”

浩浩泉水从山底涌出。有文称“山水皆苍翠，奇泉绕紫薇，清流如玉带，碧潭映星辉”。有诗云“零关古道天外天，金马山下文昌源，四时春水浩然出，越西归来不看泉”。有书载“碧潭的水有四绝：一绝至清至澈；二绝冬暖夏凉；三绝久雨晴声；四绝细鳞鱼美”，我还要再加上一绝：“五绝泉流成河”。

都怪我粗枝大叶的习性，多年前，目睹泉流竟傻乎乎的不为所动，正好比“一叶障目，不见泰山”，“半膜隔心，不识奇泉”。

我要真心感谢邀我来此，并安排游览这观音泉的人。让我由此对一泓好水的认知脱胎换骨，打开眼界不说，更是让我顿生对神奇大自然的崇拜和敬畏之情。

很久以来，我一直把这泉水混同于一条普通的河流，殊不知这滚滚碧波竟是一道来自地底的涌泉。真的，谁要不是亲眼见识，人若不说，你若不知，谁又能保证不把这水流当成河流而不是当成一道泉水呢。

现如今，观音泉已被开发打造成旅游景区。一座新建的、古韵十足的、带有亭阁的风雨廊桥在泉上悠然横卧。廊桥上侧，金马山下，水头泉源处，是一个很大的半圆形碧潭，廊桥下侧则是一个更大的长方形碧潭。上下碧潭水面的落差形成了一个高达数米、宽达数十米、蔚为壮观的瀑布。澎湃直下的水流，引发瀑布特有的水声，震耳轰鸣，让两人即使挨得很近也无法正常交谈。

可想而知这观音泉巨大的径流量。泉源高处有步道环绕，步道两旁绿树成荫。泉潭一侧是一道植被繁茂的山坡，山脚下傍着流泉，是一片生命力最强、花姿最清丽、花朵最鲜艳，正五颜六色缤纷盛开的“十样锦”。

这名为“十样锦”的山花，七彩斑斓，煞是好看，翩翩飞舞于花间的彩蝶若突然停在花上，你眼力再好，一时间也难以分清哪里是花、哪里是蝶。而泉潭另一侧的临水处，建有一座小巧凉亭，除可供游人在此小憩外，更方便游人神闲气定在此赏泉，细观泉从崖缝中急流而来，近看泉从碧潭底冒涌而出。

过了凉亭，步道右侧的一壁山墙，嵌有红砂石的浮雕，浮雕以极为简练的手法和极为形象生动的画面，把张亚子降生人世、历经磨难、勤学苦练、励志成才、终得正果的经典传奇故事娓娓道来。

顺流而下300米处的泉流上，有一座结构再简单不过的古老石桥。你可别小看了这座名叫“丁山桥”的石桥，它还是全国重点文物保护单位呢!

据《越嶲厅全志》载:“丁山桥，治南十五里，一石桥……为建昌出入要路。石桥稍迂而固，高一丈，宽七尺。”该桥又名顶山桥、双石桥，为全石无栏平桥。整座桥不管桥墩还是桥梁都是用的“巨石”构建，共由14块石梁铺成，其中最大的石梁长4.25米，宽1.1米，重达4.8吨。天长日久，年复一年，一拨接一拨的马帮驮队早已把桥石磨出凹槽，在桥面还留有马蹄窝印。

伫立在这古老浑朴的丁山桥头，一侧是终年湍急奔流的观音泉水，一侧是年代久远、书体刚劲雄强的“零关”摩崖石刻题记，怎能不让人浮想联翩，心潮起伏，触发思古之幽情?

恍惚间，眼前已然换成了远古画面:“水岸边有浣纱的村姑，石桥下有饮马的壮士，清流中有戏水的顽童。南来北往的商贾旅客，络绎不绝的马帮，伴着欢声笑语，伴着马铃声声，逐一稳健地走过丁山桥。然后，蓦回首，依依与桥头送行的人拱手作别，继又沿着茶马古道即南方丝绸之路，走向心中那片希望的远方。”

定了定神，收回遐思，人却身不由己地来到了桥下泉边。我就着泉水洗了洗手，接着捧起一捧清花绿亮也脉脉含情的秋水，捧起一捧晶莹透明也默默无语的泉水一饮而尽。这水带着幽幽的暗香，这水带着丝丝的甘甜，这水带着微微的浸凉，饮之，让人顿感无限惬意，神清气爽；饮之，让人顿显活力四射，意气风发。

由此，我又浮想联翩了。目光从淙淙的观音泉水向远望去，定格在了风光旖旎的嶲水河畔。源源不断滚滚而来的观音泉水在此汇聚集合，在此流连徜徉，在此回旋缠绵。俄顷，一页波光粼粼的平湖，一页涟漪层层的秀湖，一页碧波荡漾的莲湖，也就是烟波浩渺的、由观音泉水涵集而成，天造地设、万方仪态的观音湖浮现在潮湿的眼帘。

湖边，杨柳依依，桃花灼灼；湖边，芳草萋萋，野花点点；湖边，凉棚水榭，楼台亭阁。湖中，荷叶层层，莲花朵朵；湖中，红菱片片，菱角颗颗；湖中，鱼虾成群，水鸟翩翩。

清晨，烟雾袅袅，游鱼泼剌；船影绰绰，浆声欸乃；黄昏，风儿轻轻，芦荡飞雪；星火点点，渔舟唱晚。

湖岸周边，有松林几处，有梅苑几处，古雅书院便藏于其中，隐约传出“沧浪之水清兮，可以濯我缨”的诵读之声。再有竹林几处，有兰亭几处，逸趣墨馆就掩映其中，淡淡飘来的是水墨丹青沾染草木的清香。

如此，还要有几处引来泉流而成的不同形态的“曲水流觞”景点，备置酒具和陈酿美酒。只要机缘合适，我一定要和无论是文人骚客还是耕者渔夫的友人一道，在此幕天席地，把酒行令，吟诗作赋，一醉方休。

我醉了，不是因为酒，却是因为绝妙景色妖娆风物，更是因为泉水，这天下最壮丽的泉水，最浩然的泉水，最甘洌的泉水。

这水与泉流、水与碧潭、水与飞瀑、水与水车、水与石桥、水与古树、水与凉亭，构成的是怎样一幅水灵水秀、美轮美奂、风姿卓绝的神奇画卷呀。

“上善若水，水利万物而不争，处众人之恶，故几于道”。语出老子。这第三句在释义上我的理解是，“处理洗涤世人厌恶之物”，如此才与全句意思贴切。

生命离不开水，而一部浩如烟海的文学史似乎也与水结下了不解之缘。

从“关关雎鸠，在河之洲”到“小桥流水人家”，从“白日依山尽，黄河入海流”到“桃花潭水深千尺”，从“飞流直下三千尺”到“秋水共长天一色”，从“滚滚长江东逝水，浪花淘尽英雄”到“曾记否，到中流击水，浪遏飞舟”……

时光如水，水如时光；时光如水，水如生命。人生在世，无论是悲痛欲绝还是欣喜欲狂都有滚烫的泪水伴随。莫非水，这一物质世界至高无上的形态，傲立生命之源，竟也是包含和携带着生命情感最柔美最精致的载具。

我以为，有好泉好水的乡土便温情脉脉，有好泉好水的家园便风韵依依，有好泉好水的原野便姿容秀出。你去想，你来看，古老而弥新的越西不就是这样吗？

展纸泼墨，信手把毫于“观音泉”气韵悠悠的风雨廊桥之上，一首《沁园春·越西》的辞赋泉涌而出，奔来笔底，一挥而就。其时，注入笔端的岂止是熟能生巧的书法功力，岂止是雅敬丛生的满怀豪情！

默念着前人“往者如观流水，来者如仰高山”的感言，默念着“逝者如斯夫！不舍昼夜”的慨叹，我一次次地在心中祝福，祝福“胜景清绝”的水韵越西，愈加风姿卓然。

（原载《凉山日报》2021年6月3日）

越西的蓝与深

杨献平

像要扑入天空！到越西站下车，抬眼，触目的蓝，是那种让人心生悲悯与浩瀚的蓝，深邃的蓝，纯粹的蓝，通彻的蓝，有一种亲近，却还有些许拒绝之意。我不由惊呼一声，怔在月台上。寄居成都十多年，我还真没如此被蓝天震慑过。这蓝，只在高原方可见，不仅是肉身的和视觉的，更触及宇宙和灵魂。迈步出站的瞬间，突然觉得，那天空的蓝似乎也跟着荡漾了起来。我想这是久违了的美好感觉，人所能看到的天空，就当是蓝色的；人所头顶的苍穹，就当是辽远深阔的。

从成都盆地到凉山，不过三个小时，高铁解决的，不仅是时间问题，更重要的，是在当下年代，人之所住所及，都变得轻松愉悦。由金河口开始，隧道洞然悠长，间或闪过的高山壁立且植被丰茂。可以明显感到了，身体在跟着列车慢慢抬升，徐徐、悠悠、轻盈，极其自然地向上行驶，这一过程，舒适感十足。由此觉得，成昆铁路由此而变得充满现代性和跃动感。在此之前，这条铁路修筑时候的艰难、悲壮，至今令人心底生寒，肃然动容。

工业文明和现代性的建立，改变的不仅仅是人们的生活方式，且与整个家国乃至世界文明进程息息相关。成昆铁路修筑的历史背景，可谓众所周知，而今天的多数人只是停留在“听说”“知道”的层面，即便往行数十、上百次的人，也只是能够感觉到沿途的风景，关心自己所要到达的地点。几年前，在去攀枝花的绿皮列车上，遇到一位原籍南充，参与过成昆铁路建设并长期服务于这条铁路的杨姓老人。攀谈之间，他说，当年修筑时，牺牲的军人多达2000多人，沿途有烈士陵园20多座。其中一次，他们在甘洛某处施工，就地晚餐时，发生山体滑坡，摧枯拉朽般的山石滚落，几名战士没有来得及躲避，瞬间就被吞没了。还有一次，在埃岱站附近钻隧道，战士们正干得热火朝天，突然冒水，紧接着发生坍塌。

老人边说边哭，眼睛里浑浊的泪水，好像蕴含了一个时代的壮烈江河。他说，他之所以不愿意离开成昆铁路，在米易站干到退休，一直到78岁的年纪，都住在距离成昆铁路米易站最近的一个铁路小区，是因为每天看着列车往来，听着铁轨与列车不断咬合的声音，方才能够睡着，也觉得安心。他说，他最好的几个战友都牺牲在这条铁路上了，即便时过境迁，他依旧时不时地梦见那些战友。听了他一番话，我忍不住抱了抱他年迈的肩膀，叫了他一声前辈。

大部分进步的标志几乎都是利众，是人和人之间的理解与和谐，是基于子孙后代福祉的自觉敬畏、恪守与传承。

置身越西大地，蓝空犹如一面巨大的镜子，她在明澈照耀，也在表述。这座四面环山的小城，平静、恰切地站在凉山高原，给我的感觉异常温顺，且又有些特异。城内街道虽然都不是一眼望不到头的，但异常干净，两边陈列的商铺有些忙碌。正是夕阳接受群山黑色冠冕的时候，越城镇显得陡然热烈了起来，不同的人们，从不同地方出来，朝着不同的方向。看着他们的车子或者走路姿态，感觉到一种从容。

夜间，天空仍旧持续发蓝，尽管略微清淡了一些，但蓝的底色依旧是主题，繁星逐个显现，明净、深邃，每一颗的光芒之中，都好像携带了遥远宇宙的消息。我觉得那是一种无上的守望和祝福。《孟子·尽心上》说，“尽其心者，知其性也。知其性，则知天矣”。人和天肯定是可以互通的，相互感应的。

爱默生说：“我们为什么不能与宇宙建立一种直接联系？”他还说，“我们在自然中孕育，被生命的洪流环绕，自然以其力量邀请我们，作出相应的行动”。坐在越西渐渐入夜的窗边，看着灿烂灯火之中的越西县城，我想到，这高海拔的越嶲郡，邛部、严州之地，也和中国乃至世界上的其他地区一般，从来就是独特、瑰丽和丰饶的，也是西南丝绸之路必经之地，由甘洛入境、南至小相岭出境的“零关古道”至今声名显赫，进入凉山的第一站便是越西，《史记·司马相如列传》说，“（司马相如）除边关，关益斥，西至沫、若水，南至牂柯为徼，通零关道，桥孙水，以通邛都”。“邛都”之名，也是越西前称之一种，《元史·地理志》记载，“至宋岁贡名马土物，封其酋为邛都王。今其地夷称为邛部川，治乌弄城（今越西县西北）”。小相岭之名，居然与诸葛武侯有关，光绪年间编撰成书的《越嶲厅全志》说：“小相公岭，治南七十里，即南天相岭十景之一。旧志载其地石磴崎岖，为凉山北境，野夷出掠之所。商旅往来必派兵护送。盖其形象高耸，为武侯所开，故称相公岭。”而小相岭前名，即司马相如之零岭。

该书还说，“今日山头，治南七十里小相公岭，为武侯所开，碑镌此四字”。诸葛亮在西南地区民间的影响力之大可谓少数中的少数。这一位智谋、忠心的臣子，一生短暂，与其后世名声与威望极不相称，但就是这样的一个人，在远离祖地的巴蜀、南中和汉中之地，为刘备仓促的帝业耗尽心血，使自己得以青史彪炳、万古流芳，并成为民间最为喜闻乐道的智者形象之一。

越西之夜寂静得可以细数星星的皱纹。午夜，我做了一个梦，主角当然是诸葛亮，即使在梦中，他也不是活生生的人了，而是一尊塑像。我在其背后停住，随后抬脚站在一块石头上面，目的是想清扫掉他塑像肩膀上的一团黑灰。正要伸手时候，忽然被人推得仰面跌倒，我以为是其他人所为，却没想到，那塑像居然转身过来，捋着灰白胡须，看着我说："尘埃非黑非白，何须动手来摘？"倏然惊醒，汗水涔涔，打开窗户，盛夏的越西之夜，清凉的微风漫卷而来，由窗户跨进来的那些，使得我愈加恍惚，一时分不清尚在梦中还是已经清醒了过来。细想之下，梦中所获诸葛之语，好像一个箴言，简洁而又隐晦。

所有给人启发的话语都是简单的，所谓"大道至简""大音希声"是也。辗转再睡至天明，阳光透窗，汽车的引擎与鸣笛打开新的一天，窗外的越西一派明净，那蓝的天空再度扑面而来，在我眼中，还带有一种强烈的杀伐之气。人们从各个小区和街道分散而行，然后闪没于不同的地点。众生芸芸，各司其职，《初刻拍案惊奇·卷三十五》说，"天不生无禄之人，地不长无名之草"，端的也是普遍真理。和朋友们一起到普雄，据说那里是越西县老县城所在，我猜想，肯定是宋代的"乌弄城"。沿着山路盘旋许久，再下坡，远远看到，群山之中，一座现代城镇坐落，多的是楼房，两层和三层居多，一律白色，在蓝色的天空与青草绵延的山岗之间，格外醒目。

我没想到，凉山彝寨的乡镇也有了如此规模，这是偏远地区在时代之中的真切体现。尽管有些雷同，但相比于人的富裕生活，"重复"其实也是美好的。因为，在大地上，人类才是现实生活的主体。镇子向南，赫然一片巨大的坝子。正值9月，稻子沉甸甸的，把自己压弯之后，还不断地试图昂起头来。进入其中的时候，我发现一些白色的格桑花，叶片薄，近乎透明，白之中，隐约有几根紫色和粉红色的花托。她们身材细长高挑，独独一根的花茎偏向伸张，托起花朵。风一吹，浑身摇摆，似精灵的舞蹈。这花也叫蒌萝，在凉山高原秋天的稻田边上集体开放，好像也在庆祝彝寨的尝新米节。

当地作家加拉巫沙说，在越西，凡是有坝子的地方，都种水稻。稻子成熟时候，人们都要举行“车史则”，也就是尝新米节。一群盛装的彝族女子走到观景台中央，在《石榴花开》《丰收歌》《金色麦浪》等歌曲当中，她们旋转着，欢快、热烈的节奏，吸引了诸多的外来游客加入其中，手牵手唱歌跳舞。这种情境，我也是久违了的。很多地方已经失去了对粮食丰收的喜悦，庆典仪式也已经消失多年，而在彝寨之中，这种古老的仪式仍旧延续着，这就是文化，就是民族的心灵之根。到稻田里，用镰刀割下几个籽粒饱满的谷穗，放在竹制的背篓里，到一户人家，他们点着柴火，把铁锅烧热，捋下尚还发青的稻谷，放在热锅里炒，不一会儿，新鲜香糯的稻谷香味飞腾而起，在类似四合院的彝家内外，瞬间奔窜缭绕起来。捧着略微焦煳的稻粒，也觉得有了一种丰收的喜悦。五谷之于人类，是一种集合了天地造化的无上恩德。《黄帝内经·灵枢·刺节真邪》说，“真气者，所受于天，与谷气并而充身也”。长期以来，我不反对肉食，但更尊重地生五谷。《墨子·七患篇》也说，“凡五谷者，民之所仰也，君之所以为养也”。我极其赞同古人的观点，尽管很多人以各种肉食为必需甚至以为荣。

普雄镇原名瓦吉莫，彝语为山岩下的坝子。这一片坝子，端的是大，巨大、阔大，内容也大，大的人口聚居地，古老南方丝绸之路上的驿站，由越西至西昌的重要节点。镇子里，有一座年代久远的火车站，很多车次都要在这里停靠。站在月台上，眺望远去的钢轨，不由想起当年成昆铁路筑路先驱，他们所为的，是一种渴望祖国强大、建设美好家园的朴素愿望。这种愿望从人类诞生之日起，就在不断地被追求和实践。一条铁路，30万人修了13年，一条铁路之下，许多人留下了热血，甚至成了永久驻留者，与那些枕木一起，成了成昆铁路物质和灵魂的一部分。看着那无限延伸的南去和北往，只觉得内心激越异常，且又充满惋伤。我对当地诗人阿苏越尔说，普雄这个名字真好，完全可以理解为“普遍的英雄”，在英雄退场的年代，“普遍的英雄”具有当代性的启示，也是一种赋予。毕竟，一个国家和民族的强盛往往集合了更多人的勇气和智慧。

回身的时候，普雄镇好像一个隐藏于青山的巨幅图景，活生生的，烟火气蒸腾，使得那蓝得不由分说的天空，也多了一分大地与人间暖色。回到越西县城的时候，太阳正中，以巨大蓝色为背景，使得初秋的城乡之间，灿烂一片。只是，有些树叶开始掉落，金黄洒了一地，干枯的树枝依然高举，正在筹集水分与能量，再一次染绿大地。到水观音处，却没有看到任何神龛与神像，只见深蓝的大水，在坝子之中，形成一面幽深宽阔的湖泊，溢出的水向下奔流的姿势，好像急于出去玩耍的大孩子，一路奔腾、跌宕，在河道之中冲撞，不时撩起银白色浪花，一团一团，似乎大水身上开出的莲花。

河边的老树身材扭曲，一身的狰狞，但仍旧绿叶满身，枝杈泛青，树根裸露。因为水的不断冲刷和浸润，才使得它们保持了原有的活力。万物之间的关系是相互喂养、扶持和成就。老子《道德经》说，“有无相生，难易相成，长短相形，高下相倾，音声相和，前后相随”，在越西水观音处，体验尤其深刻。沿着一边的山坡，爬了一会儿山路，突然看到诸多的笔直松树，根根向上，站在一起，齐向苍天，好像一种集体式的致敬。再行几百米，一座大殿巍然其中，当地朋友说，这就是文昌宫。庙的主人，乃是张亚子。且说，文昌宫向上左边一山坳处，便是张亚子出生之所。又云，张亚子乃是张育、张恶子二人之合化的道教人物形象之一。《史记·天官书》说：“斗魁戴筐六星，曰文昌宫：一曰上将，二曰次将，三曰贵相，四曰司命，五曰司中，六曰司禄。在斗魁中，贵人之牢。”文昌之于古代文人，当是神圣之神，祭祀之，祈求读书入仕，也是一种美好愿望。

大殿上写“代天行化”四字，这句话体现的是古人的天命观。《论语·尧曰》说，“不知命，无以为君子也”。《孟子·万章》云，“莫之为而为者，天也；莫之致而至者，命也”。如此的论述几乎充斥了整个古代典籍，民间信仰肯定有其安抚、鼓励和凝聚之世俗和精神作用，尤其在科技不发达的年代，寄希望或者保持希望之心，对于我们的心灵和生存生活至关重要，哪怕是来自虚无的肯定和暗示，也是一种理解与鼓舞。就此，黑格尔说，“无是这种自身等同的直接性，那么反过来说，有正是同样的东西。因此，‘有’与‘无’的真理，就是两者的统一。这种统一就是变易”。他的这段话，读起来更像表述《易经》的特点和方法。

下午的越西县城，天空的蓝正在变深，是那种增厚的深、宽阔的深，更是有意味和昭示性的深。若是真的以此为背景，那么，天地之间的一切，都因此而纯粹，接近理想状态。可我知道，繁杂多样才是世界和人的本质。我独自在街上溜达，看各种建筑、人和人群，毋庸置疑，大地虽然辽阔，但不同地区的人们，生活方式和文化习性必然迥然有异，因为这些迥异，哪怕毫米之差别，也才使得人类永久性地保持相互间的陌生感与好奇心。

傍晚，头顶蓝色天空，离开越西时候，不舍倒是没有。人在大地上的生活场景，不论农耕还是游牧，工业生产还是信息科技，乃至于量子力学、光学、计算，尤其量子纠缠等，只是方式、手段和认知上的不同，但万物与人的互动及其反应，其实都是万物在人这个灵性之物中的体现，其本身也都是美的，并且原本就有，我们只是不知，发现后方才觉得理所当然而已。高铁飞驰，不一会儿，就进入了接二连三的隧道，从黑到白，中间是快速闪过的葱绿色山体，海拔在走低，而越西，却在内心渐次加深。

（原载《散文百家》2024年第2期）

阵阵彝歌声声情

冯志军

一年半后，当我要离开已成第二故乡的越西时，支教单位领导曲木母沙校长邀请我到他老家——四川凉山州越西县大瑞镇郑家湾，以家宴的形式为我送行。

说起郑家湾，那可是个“红色”的新农村，村中是老红军曲木阿真(又名王作义）老先生的老家。当年，他就是在红军路过村子时，毅然投身革命队伍的。新中国成立后，又回到凉山州担负起了建设家乡的重任。郑家湾坐落在大瑞镇的东北角，出县城开车一刻钟时间，一个安静闲适的小村出现在眼前。冬日晨间的太阳红着脸在这山和那山之间逡巡，不忘轻抚这座光荣的村落，从八十年前全村的彝汉同胞义无反顾帮助红军佯攻泸定桥那日开始，致以历史的浓重的笔墨记忆和后人深深的崇敬……而曲木母沙校长的曾祖父，就是郑家湾彝族群众曲木阿真，他和彝汉群众一起，跟上了红军的脚步踏上了红色之路……当时，越西成了参加红军最多的一个县。

在微红晨光铺就的柏油马路上，我们一行人来到了郑家湾村口，“红军纪念馆”赫然眼前。遗憾，正值休息日，馆门轻锁，墙上的红色宣传画醒目，院坝中央有座雕塑，是红军战士吹着集结号，身旁一群彝汉老乡拥护左右……嘹亮的军号也在我耳边响起，水荡漾了，房屋喧闹了，欢腾的人们奔走相告，我和八十几年前的彝族老乡一起，热血沸腾、振臂高呼，为即将书写的新历史而群情激昂……深呼吸，凝神于村落安宁的氛围中，凝望着一幅幅刻在村舍旁的画作，一时恍惚……有彝族老妈妈在晨光中晾晒着干菜，自然宁静平和。有彝乡老爷爷坐在石凳上挑拣苞谷粒儿，安宁笃定从容……小村静静，好像那光辉的历史只是万千文字中普通的一笔，只刻在彝乡人的血脉中……

经过几个弯，我们在一座普通的院落前停下，两层小楼，和村中其他房舍无异，院坝的一半搭建着简易棚，棚下挂着排排腊肉、香肠——彝族年刚过不久，家家户户杀猪宰牛做腊肉香肠，好吃着呢！大门左边，搭了两个简易大灶，大锅里烤着坨坨肉，烧烤架上的鸡翅、猪腿正滋滋冒油……几个彝族青年男女围坐在旁，加火烧柴添油翻肉，分工明确各司其职。见我们进来，纷纷站起，原先黑红的脸更红了，他们讪讪地笑着，露出一口洁白的牙，搓着因炭火因禾田因辛勤的劳作而黝黑的手，如一棵棵青松。待我们伸出手去，才忙不迭地在身前的布衫上搓了搓，紧握住了我们的手……他们，从晨间天蒙蒙亮时就忙活开了，杀鸡宰羊买菜搭灶，只为了迎接我这位仅来一次，或许以后再也没有机会回来的异乡人。

阳光在此时变得更通透了，洒在院坝的长桌上，细看，是一排拼接而成的方桌，曲木母沙校长的亲戚、朋友，也包括我们共同的同事，早已坐在长凳上迎候，嗑着瓜子说着笑话，见我们来，逐个介绍起来：郑家湾的村长、红军的后代、一起打拼的发小……突然觉得惶恐，我是被当作多么尊贵的客人啊，转瞬又安然，这不就是彝族老乡兄弟般的深情厚谊嘛！也觉得自然，海拔1650米的川地的热情就是这样火辣辣的啊。还觉得亲切，从他们的爽朗笑声中，能感受到八十几年前，汉彝人民一起越江河翻山头插红旗的默契……说笑间，彝乡的“九大碗”陆续端上桌——大肘子、炸猪排、整鸡……各地的“九大碗”都不同，彝族乡民应时代做出对“九大碗”的改变，不变的是浓浓的待客之道和盛情，寓意汉彝情谊长长久久……猝不及防，那个盛放猪头的小钢盆儿放到了我面前：只有彝族席间最尊贵的客人才有这待遇。细数在座的各位，无论从哪方面来说，都远比我更值得这份殊荣……推托说笑间，曲木母沙校长起身向大家提议：我们为冯老师唱歌送行吧……大家纷纷站起，举起酒杯，唱起了彝语歌曲……在一首又一首声情并茂的演唱中，在一阵接一阵的欢歌笑语中，在一声又一声此起彼伏的嘱托中，在一张又一张黝黑热情的脸庞中，我看到了大凉山巍峨的群山间，勤劳内敛的彝乡人民，热情好客的彝族风俗，东西部协作中的奋勇前行，所有来自八十多年前的风华正茂，生发于新时代下对文昌文化的传承和发扬……我多么希望歌声不断、时间停滞，我多么希望歌声回旋、时光流转，我多么希望刚到这片土地时，彝乡人民欢迎我的歌声再次到来，给我机会，让我能在此间往复地生活、赤诚地热爱、全身心地付出、重新热情地去工作：是在凉山越西的第一个晚上，东西部协作江北驻地的人员带我们在附近的农家小院吃饭，陌生的小院主人端酒相迎，月光下烛光中，歌声嘹亮舞蹈翩然，我还听不懂彝语，只觉得歌声热烈欢快，一下引发了我对这片土地的好感……那时我还不知，这片黝黑的土地这群淳朴的乡民，会用这样自然朴实的方式，吸引我全然的热爱……

不得不离开时，曲木母沙校长和他的朋友们，携支教单位同事送我到村口，下午三四点的阳光像我们的脸颊微红，我们的眼眶也微微泛红……这片我热爱的土地啊，会随夕阳的西下、晨光的升起，人民的淳朴努力，民族的团结勤劳，越来越红火的……有孩童嬉闹着从我们身边跑过，用咯咯咯的笑声和我们打招呼，海拔1650米的高原红像两只大苹果，闪闪烁烁热情活泼，仿佛是具体生动的努力、触手可及的改变和鲜明亮丽的未来，号召着人们奋起、追逐、前行……这是新时代彝汉人民唱响的又一首新歌……

（原载“越西微报”微信公众号2024年2月24日）

消失的村庄和她永恒的情人

——记越西县申果庄“彝族裁缝第一人”莫洛克布

克惹晓夫

好看的皮囊千篇一律，有趣的灵魂万里挑一。我知道那个在申果庄大山深处深情演唱“雄伟的喜马拉雅山哎，奔腾的雅鲁藏布江哎，山高水长情谊深嘞，毛主席恩情永不忘哎”的有趣的彝族老人走了，永远地走了。

他的名字叫莫洛克布，人们叫他“莫洛阿咪子”。“莫洛”是他的姓，“阿咪子”是彝族已婚妇女的称谓；他快手账号上的名字是“彝族裁缝第一人”。

莫洛克布是个男裁缝，网红，家住越西县拉吉乡拉吉村，大点的地域范围叫诺古拉达，汉名写作申果庄，是彝区名闻遐迩的原始林区。

2020年前后，我和我同事达哈在快手上关注到他，并对他产生了浓厚兴趣。一是他在大山深处怡然自得、快乐逍遥的生活方式，二是他乐观豁达、兴趣盎然的性格。他熟悉、热爱着大山里的一草一木、一山一水。对那些植物，他能道出它们的彝语称谓、药食价值、烹饪手法，并在快手上让有需要的“老铁们”给他打电话，态度诚恳、亲切，不容任何人怀疑。除此之外，他还知道哪一处洞穴藏着可爱的小熊，为了不惊扰到这些生灵，提醒他人不要靠近。

他裹着头巾，身上穿着自己手绣的精美服饰，有时穿着一件半旧的西服，背上是装着荞麦馍馍和碗筷的背包，脖子挂着他喜爱的南红珠子。兴之所至的时候，他还会饶有兴趣地折下一枝花夹在耳朵上。我们看见他走在繁花爆棚的春日盛景，或在绿肥红瘦的夏天的绿荫下乘凉，抑或在秋雁拍打着乡愁的秋日眺望，皑皑雪山之间亦有他的身影。他赏花、他摘果、他放牧、他绣衣、他唱歌。是的，他唱歌。那时，他已从坡下走上了山头，他望着远处皑皑的雪山，露出他雪山一样闪烁着光泽的银牙，深情地唱道：雄伟的喜马拉雅山哎，奔腾的雅鲁藏布江哎……其实他看见的并不是喜马拉雅山，也不是什么雅鲁藏布江，他只是想歌唱，歌唱耸立在他心中、陪伴着他一生的每一座山峰，每一条荡漾着他快乐密码的清澈河流。有时他也会停下他手中的活，比如绣衣、给牲畜喂盐，由孙子代为录下教育彝家后生如何待人接物、选择伴侣、勤俭持家、善待公婆的快手视频，与“老铁们”一起分享他的快乐、幸福和他对这个世界的无比热爱，他是个蜚声彝区、有着良好口碑的网红。

快乐的克布也有他不快乐的童年，他的家庭仿佛有一个魔咒，死一个姐妹，生一个儿子，如此反复。生活在申果庄大山深处的哥哥们日出而作、日落而息，衣裤刚烂了，他有心用针线帮忙缝补。父亲发现他这个异样的“癖好”，用荆条撵着打，说哪来的男人婆，不事耕种，却喜女红。

父亲一声叹息，由他而去，那是多年以后的事了。克布工于刺绣的慧根勃发于道法自然和人神共居的生活环境。甚至走亲戚，他也不忘把绣包带上。看他包不离身，死按着绣包，不让别人触碰的模样，表姐妹就笑话他，让他打开看看里面藏着什么宝贝。在其他亲友觥筹交错时，他就躲在田坎土埂下安心刺绣，等表姐妹找着他时，才发现他在飞针走线。表哥纹样之精美、绣工之精细，让表姐妹们自叹不如。这样的日子久了，他甚至有了勇气，往村里绣娘堆里挤挤，嬉笑声里，共磋技艺，赢得“莫洛阿咪子”的芳名。由于他待人热忱，技艺精湛，陆续有人背着布匹，拎上一瓶白酒，慕名而来，求他裁剪、刺绣，他乐于助人，并不收取任何报酬。后来他认识到，他依靠这个手艺，不仅可以为自己家人添置新衣，还可补贴家用，甚至做成一个产业。

申果庄，我其实是并不陌生的，还在报社工作的时候，我在那儿小住过几天。赫赫有名的凉北森工局就曾经驻扎在申果庄，数以千亿级的成昆线上的枕木就是从那儿随着河道运出来的。实施长江防护林“天保工程”以后，经过数十年的光阴轮转，在林业工人的辛勤管护下，现已蔚然成林，吸引着远远近近的游客千里奔赴，一睹万亩林的容颜。随着近几年政府异地移民工作的强力推进，大山的子民都搬离了生于斯、长于斯、死于斯的原始林区，被安排在交通更为便捷，就医、就学、“就市”都更为方便的县城、乡镇周边附近，过起了楼上楼下电灯电话的生活。拉吉乡同其他无数异地移民后的彝家村庄一样，实际上已成为一个消失村庄，申果庄则成为了一个落寞的背景。彝人与大山，数千年之后，被剥离开来。

莫洛克布选择做大山永恒的情人。他让儿孙们下山，自己则选择了留在申果庄，看守着他身心都无法离开的这个高寒之地。下山，对他人，尤其对年轻人是幸福奔赴，跳起摸高，快马加鞭。对他而言，他有他自己的选择，他放不下自己心灵的这个金牧场。他说，无法想象有一天，自己不到山上去是什么感受。

2020年4月，我和我的同事，扛起摄影摄像器材，到了拉吉乡政府所在地拉吉乡拉吉村，打通乡政府驻守干部电话，他们让我们安心在乡政府内住下。我们不想过多打搅采访对象，但空荡荡的拉吉乡竟然找不到一家饭店，哪怕是能吃上一碗面的“苍蝇馆子”。拉吉乡就没有剩下几户人，映入眼帘的是人去楼空的萧瑟情景，完全没有凉北森工局在申果庄时车水马龙的热闹情景。当我们别无选择地踏入克布家时，彝家特有的热忱在一番亲友相见的寒暄中化解了我们的矜持。在此后的采访中，他们悉心的安排、合作给我们留下很多感人的瞬间。我们随克布一起在山里吃着从家里带来的厚实的荞馍、喝着野生蜂蜜调和的燕麦炒面，和他一起在夏日纳龙湖花海中徜徉。归牧的时候，我们在半道上歇下来。他快乐地牵着老伴的手，和其他亲友在天光云影和湖光山色间跳起了舞，唱起了歌。拍手、对脚、转身，他的步伐较其他人显得更为轻盈，也更为娴熟，背上的背包仿佛装着他一生的幸福，须臾不曾离身。

2024年2月24日凌晨1点过，我发现朋友告知莫洛克布去世的消息，心中满是悲痛。我知道，那迟早要来的一刻——人神共居的时代结束了。

（2024年2月26日正午　西昌）

采访手记

申果庄和它的历史拐点

夜幕降临，我的心又回到了申果庄。吃过晚饭，我、达哈、莫洛克布的表弟——专程从甘洛县赶过来，协助我们采风的摄影师吉孜哈土和一个外地朋友，一起从乡政府出发，慢慢走到通往万亩林区的关卡再返回，路程不长，仅有两三公里，这几乎成了2020年那个夏夜我们晚饭后不可或缺的活动。

申果庄夏夜的道路寂静无声，没有高楼大厦，没有人声鼎沸和车辆的轰鸣，甚至没有一丝丝光污染，河流的声响隐约可辨。银河璀璨，深邃广袤，圣相庄严，偶有一两颗流星像巡游的打更者划过天际，让人想起恩雅的一首歌名《漆染星空》。我们仿佛都有一种穿越时空的错觉，正在目睹洪荒年代神奇魔幻的一幕，被某种史诗般浩瀚无声的东西震撼着、迷惑着，也美丽着、闪耀着！与我们共享星光浴的还有申果庄大山深处无数肃穆的杉树、柏树等乔木和其他灌木以及敞放在山中的牦牛、马匹和羊群。我在心中默默念诵着诗仙“危楼高百尺，手可摘星辰。不敢高声语，恐惊天上人”隽永千古的动人诗句，也想起彝人占卜时的辞章：羊眼明、羊眼利，你生活在星光下，你生活在晨雾里，你知晓万物的秘密……

吃过早饭，我们再次来到晚间走过的乡道上，淙淙流水形成的一串串水帘已然在沟坎边上一字儿排开，成就了一道晶莹剔透的风景，格外赏心悦目。我们发现出牧较早的羊群已在远处开阔的斜坡觅草，抄起摄影摄像器材，迅速赶往。没有想到的是，我们一进入那片草原，才发现一场盛大的音乐会正在这片开阔的斜坡隆重举行，一切的草本、木本植物和每颗土粒下都藏着无数的发声器，那些娴熟地操练着各种器乐的乐手、鼓手和歌者，随着早上渐渐升高的气温，音乐会的氛围也愈加热烈起来。

当草地上虫子的鼓点和土埂下鸟儿的鸣叫渐渐喑哑下去的时候，申果庄水洗过的太阳才慢慢爬上山头，有人在院坝里剁着猪草，有人在屋顶上晾晒酸菜，户外高高耸立着的木架或者树木的枝丫间挂着一捆捆的圆根萝卜，有紫色的，也有白色的，那是为秋冬季节的牲畜预备的饲料。我们在一处牧场看见一个彝家的妇女赶着两三百只的羊群，羊群急切地朝着水塘飞奔而去，像珍珠撒满了原野。身着短褂，歪戴一顶帽子，帮她料理杂务的表弟怀里抱着两只才产下的羊羔喜笑颜开。我知道，他们快要迎来产羔的旺季，还有诸多百羊之父的故事正在这片古老的土地上续写新的篇章，这不再是传说中顽猴抓走一把荞麦，有九个妇女跟着追撵的诺古拉达了。

这样的情况在当年11月上旬第二次去采访时得到了印证。那几天克布偶感风寒，在位于县城附近的家里静养，我们见到他的家人，儿子、女儿和其他众多亲友，考虑到老人的实际情况，我们没有带上克布，但还是按计划到了申果庄。因为申果庄优质的畜牧品质，外地的货车直接开到了乡下，为数不多的牧民们相互帮忙，卖羊、卖牛、卖马，忙碌、热闹，却又十分费劲，装车的时候抽空回应着我们关切的问题。

在一所学校里，七个孩子和一个年轻的老师正上课，红扑扑的小脸蛋虽然不是十分干净，却是十分的健康。问一个男生下学期为何不想到其他学校就读，他说那里没有牛奶鸡蛋。课间休息时，孩子们嬉笑着，在院坝里快乐地玩着木马、在旗台跳上跳下，山里孩子的质朴、喜乐与秋日的蓝天相映成趣。

我站在乡政府外面的村道上，眺望群山环侍，稀稀落落、人去楼空的房舍，不知道这些习惯于大山生活的人去了哪里。他们告别了金牧场，告别了水源地、林地、猎场和坟地，像从创世史诗《勒俄特依》书中记载的那片洁白的雪花，扑向另一个完全陌生的环境，完全被融化就是他们应有的宿命吗？这就是人们常说的历史的拐点吗？我甚至想他们身处人来人往、车轮滚滚的街巷时有没有恐慌的感觉。他们会在什么时候，三年、五年或者三百年后，还有人蓦然想起在大山里祖先度过的，或艰难或幸福的时光吗？他们的笔下还有大山里吃人的巫婆、消失的猎狗和可以变成美女与鬼怪的树木吗？

我们静悄悄地来，又静悄悄地离开。心里想，等克布身体好了，待到申果庄银装素裹的冬日和来年的春天，我们再来采访，我们就会拥有克布和他这家子人的四季影像，我们也计划了到凉北森工局进行资料补充，采访部分异地移民安置小区，等等。之后，便是三年黑夜般的疫情和无数让人身心俱疲的琐碎事务。其间，克布委托甘洛的老表打来好几次电话，热切呼唤着我们，说养好了一头二代野猪，欢迎我们再来采访。

我期待着，甚至期盼着等以后纪录片剪成，在申果庄举行首映仪式，让克布和他的家人看看镜头下的他们有多么美，美成一种神话、传说。仿佛远在天边，却又近在眼前；仿佛伸手可及，却又感觉咫尺天涯……

（2024年2月27日凌晨补记）

（原载“月亮的部落”微信公众号2024年2月28日）

隐藏的文化印迹 · 南丝重镇

余 寒

南方丝绸之路是古代西南地区一条纵贯川滇两省，连接缅、印，通往东南亚、西亚以及欧洲各国的古老国际通道，它和西北丝绸之路、海上丝绸之路同为古代对外交通贸易和文化交流的主要通道。

南方丝绸之路是在春秋战国时期巴蜀至南亚的秘密商道——“蜀滇身毒道”的基础上开辟的。西汉元光六年（前129年），汉武帝派司马相如开辟“西夷道”，由成都经邛崃、雅安、汉源、甘洛、越西、喜德至西昌。又逐渐向南延伸，经会理、过金沙江、到云南永仁等地、至大理，与另一条“东夷道”（五尺道）汇合，再走南夷道（博南道），最后通往南亚、东南亚诸国。这就是南方丝绸之路的主道。

南方丝绸之路贯越西古城而过，因此，越西成为南方丝绸之路的重要驿站，对丝路文化的传播具有重要意义。对于丝路的产生，有的学者认为南方丝绸之路是始于先秦、盛于汉唐的商贸通道，是由多条主干道和支干道组成的商贸道路网络系统；有的学者认为南方丝绸之路主要是一条民族迁徙的走廊；还有的学者认为南方丝绸之路是为了军队的进入和军事物资的运输而开通的。丝路的作用不仅仅包括商贸往来，还有中央政权统一西南地区、巩固西南边陲、促进民族文化交流和民族融合等，甚至还包括把古蜀青铜文化等西传，丰富了南亚、中亚、西亚和欧洲地中海文明的内容，对于世界古代文明的发展作出了重要贡献。

无论丝路是如何产生的，还是丝路对古代文明的作用有多大，作为南方丝绸之路上的重镇——越西，深受丝路文化、商旅文化的影响，留下了许多文化印迹。

古道——零关：不变的文化坐标

横贯越西的这段南方丝绸之路叫零关古道，又作灵关古道。在越西县城南7里处，“零关”二字依旧深深刻在石崖之上，见证着古道的繁荣兴衰。不远处的双石桥桥面的凹槽，依稀可看到马帮的足迹，隐约可闻“丁零零”的马帮铃声……

西汉，蜀人司马相如受命出使西南少数民族地区时,《史记》所载“通零关，桥孙水，以通邛都”便是此处。“零关”二字出自何处已无从考证，因为“零关”摩崖石刻题记没有题款，是什么时候雕凿的？出自谁人之手？史料上没有找到明确记载。相传，是西汉司马相如通西南夷时所书。另一种说法是清代四川书法家、越西中所本地人马枬手迹。据越西县史志办公室调查，“零关”二字为清代浙江人氏、民国初任上川南观察使梁正麟真迹。梁正麟与马枬关系甚密，后成儿女亲家。两人均好书法，造诣颇高。梁正麟应马枬之邀来越西，在听马枬等人讲越西的悠久历史及零关古道的事后，得知司马相如曾在此处书写过“零关”真迹后，欣然提笔写下。

如今，零关古道已经沉寂在历史的印迹中，留下的只有耐人寻味的记忆。无论“零关”是何人所书，我们仍旧能从这两个厚重的字上找到贯穿千年历史的记忆。

“零关”二字也有几种解释，其一是指零关县。零关道开辟于汉代，汉代越嶲郡下属15个县，零关县便是其中之一，零关也由此得名。其二是指零关道。“零关”二字所刻的崖壁不高，就在古道边，标注这条道叫零关道。其三是以灵山设关，称为“灵关”，又叫“零关”。汉代时，西南很不稳定，朝廷在此设关镇守，以保护过往商家和关内百姓，另提醒过往商家马帮，以零关为界，北面为朝廷所管辖的范围，比较安全，过了零关就要注意安全了。事实也是如此，许多商家和马帮被劫都发生在零关以南。

零关古道是“南方丝绸之路”的必经之路，是重要组成部分。零关古道在不同地段、不同时期叫法不同，如镇西古道、清溪古道、小山道、孔明鸟道、牦牛道等。

古道是历史的长廊，赋予越西历史丰富的文化内涵和文化底蕴。因为古道，越西有着昔日的繁荣；因为古道，越西有着太多的追忆；因为古道，越西有着独特的文化；因为古道，越西有着巨大的潜力……

古道是越西政治、经济、文化变迁的浓缩之路，它见证着越西的繁荣兴衰，聆听过轻悠的马帮铃声，承受过马蹄的坚实踩踏，也湮没了许多耐人回味的故事。

古道上有许多有趣的地名，每个地名都有一个隐藏的故事，古时还有人把这些地名编成了顺口溜：

大渡河水深又宽，“官渡”木船可平安。

大树李子晒经关，白马抬头望河南。

八里“平夷”到大湾，跨过深沟五道桥。

平坝窑厂双马槽，煎茶斗坡吹海棠。

镇西老卡子清水塘，腊梅营、蓼叶坪，白沙沟望腊关顶。

梅子凤凰保安营，连三营前利济站。

新桥垭口沟东边，青杠关顶板桥河。

马敞河坝石头多，大寨古城王家屯。

大屯撵小屯，天鹅抱蛋越西城。

好个越西城，两石修座城。

小孤山过丁山桥，中所街上去赶场。

金马常饮渔洞水，文昌喜进清官亭。

陶家营连五里牌，炒米关看白泥湾。

小哨歇脚紧鞋带，要拜观音长老坪。

小相岭关隘险又高，远望泸沽想西昌。

顺口溜中的“晒经关”，相传是唐僧取经回来，渡河时将经书打湿后，晒经书的地方。晒过经书的石头都印下了经书的经文，至今仍可看到晒经关的石头上有经文印痕。有诗为证，顾汝学诗：“一片晒经石，离时唐僧留。谁人能解此，应叫石点头。”

“炒米关”从字面上看，就知道这个地方缺水，米都只能炒来吃，而不能用水煮成米饭。炒米关又叫“要冲城”，距县城15公里。据史料记载为唐朝韦皋将军修建。要冲城，旧《志》(《旧唐书·地理志》）云：在所南百里，临大渡河。唐贞元中，韦皋所筑，俗呼炒米寨，亦曰炒米城。或曰在今越巂卫西三十里……

炒米关如何得名呢？这还是一个寓意“善恶”的传说。《太平寰宇记》中载：炒米关“城下有龙泉水出”。古时炒米关并不缺水，而且河里的水很清澈，井的水很甘甜，庄稼也长得很好，牛羊成群，人们过着幸福快乐的日子。一日，绿衣秀才路过此地，见到炒米关一片欣欣向荣的景象，心生一念，想看看这里的人心善恶。他摇身一变，幻化成一个流浪的老人，浑身肮脏，散发出恶臭的气味。他走进村里，伸出脏兮兮的手，向一位妇人讨水喝。妇人却说：“走开，走开！你那么脏，你用的瓢，哪个还要？”绿衣秀才没有讨到水喝，他又向一个年轻漂亮的女子讨水，女子却捂着鼻子说：“好臭，走开！我家没有水。”随后，绿衣秀才又向一男子讨水，这男子不但不给，还破口大骂："死老头，给我滚远点！别碍我的眼睛。"绿衣秀才受到辱骂，非常气愤，口里说道："良地育善人，灵水净人心。此地人不善，只有炒米吃。"说完，猛地用拐杖往地下一杵，河里的水便流到地底下去了，井里也不再冒水，慢慢干涸了。然后，绿衣秀才对着骂他的男人吹了一口气，将男人吹到对面的山崖上倒挂起来。现在，远远望去还能看到倒挂的男人石像。"炒米关"也因此而得名。

如果说"炒米关"是寓意着善恶的传说，那么"天鹅抱蛋越西城"就是描绘人与动物和谐相处的美好愿景。

零关古道的利济站（今保安乡政府），古时也叫作天鹅坝。天鹅坝四周环山，中间平坦，过去是一片湖泊沼泽，碧水蓝天，气候宜人。相传，这里是王母娘娘的领地，每年夏日酷暑，王母娘娘都要到这里避暑休憩。久而久之，王母娘娘喜欢上了天鹅坝，在满山苍翠中种植了许多仙草灵药，并派天鹅仙子带领千万天鹅在此管理守护这些仙草灵药。天鹅仙子带着千万天鹅来到天鹅坝定居下来，繁衍生息，与当地的老百姓和谐共处。有一年，越西县发生了瘟疫，瘟疫蔓延很快，天鹅坝一带也受到了波及，许多老百姓都染上了瘟疫，卧床不起，一些年老体弱的老人和小孩相继病逝。天鹅仙子看到百姓受到瘟疫的折磨，看到人间亲人去世后的悲伤，她于心不忍，便私自采摘了许多仙草灵药，让属下送给老百姓。于是，越西县城上空出现天鹅衔着灵草飞来飞去的罕见现象。由于有了灵药，瘟疫很快就被控制，染上瘟疫的人也很快痊愈。为了感谢天鹅仙子和她的属下，百姓们立下一条规定：无论何人都不准猎杀伤害天鹅，也不准拾取天鹅蛋，违者严惩，乃至逐出越西。从此以后，越西便成了天鹅繁衍生息的乐园。随着时间的推移，一些天鹅飞到了越西县城的钟鼓楼、土碉等高建筑上筑巢孵蛋，"天鹅抱蛋越西城"便由此而来。后来，王母娘娘知道了此事，认定天鹅仙子擅自动用仙草灵药，违反了天条，便派人将天鹅仙子和属下全部押回天庭，只允许天鹅仙子每年秋天到天鹅坝看望一下种植的仙草灵药，所以后来人们只能在秋天才能看到天鹅了。

古道上地名中带有“营、哨、屯、关”等字的地名，均是驻兵、屯兵的地方，用以维护古道的安全。

如今，古道的繁荣景象已成为过去，古道上的驿站茶铺也隐失在历史的尘埃中，古老的石板路面也逐渐被水泥路面取代，唯有各个地方的地名延续了下来，记录古道的文化，续写古道的历史，流传古道的故事，传承古道的印迹。

古道沧桑，清晰的文化脉络逐渐模糊；沧桑古道，丰厚的文化底蕴日夜沉淀。对古道的记忆日渐遗忘和消退，只有古道的文化坐标亘古不变，而坐标中的故事等待后人的挖掘与讲述。

古桥——双石桥：承载历史的厚重

在“零关”摩崖石刻题记旁边的观音河上有一座古石桥，它是零关古道上最负有盛名的古迹。石条和石礅砌成的结合桥墩上，并铺着两块厚厚的石梁，因为桥面是两块石梁铺成，所以叫“双石桥”，老百姓又叫丁山桥、零关桥。

双石桥建于明代嘉靖年间，距今有五百多年的历史。古老的石桥静静地屹立在溪水之上，默默感受溪水的远去，承载时间的流逝，缓缓历经岁月的沧桑，积淀历史的厚重。

岁月如斯，桥已古老。经历了五百多年的风雨，双石桥至今仍是零关古道上桥面最长、跨度最大、保存最完好的古桥。作为零关古道上的重要桥梁，为沟通南北交流、商旅贸易、传承文化作出了重要贡献。

只有行走在古桥上，才能真切地感受到古桥的古朴苍劲、厚重刚韧。石桥下流淌着溪水，也流淌着岁月，磨光了石头的棱角，也抹去了曾经的光泽，只留下桥基上的水渍苔痕和记载岁月的年轮。

古桥记录着曾经岁月中的商贾马帮的匆匆步履，行走在古桥上，可明显地看见桥面中间有着深深的凹槽，这是500多年来行人走磨留下的印迹。桥面上大大小小、深浅不一的石坑，这是马帮和背夫留下的蹄印和拐痕。这些蹄印和拐痕足以说明桥的古老，也足以证明古道的繁荣。

走在石桥上，我们只要仔细观察，就不得不佩服古人的智慧，它的建造独具匠心。双石桥并不是用水泥衔接在一起的，特别是桥梁和桥墩之间的衔接，没有用任何黏合剂，但古桥依然屹立了500多年，而且无损。因为设计桥梁的师傅把桥墩设计成了石锁，桥面的石梁是被桥墩“锁”住的，原理类似现在的锁卡。

古桥的石礅、桥面的石梁很大很重，特别是桥面的石梁，有的重量可达10余吨。在没有吊车和起重机的古代，如何将这些石礅、石梁搬运过来？如何将石梁横放到石礅之上的呢？

据说运送石梁和石礅是采用的“滚木法”，安放桥面的石梁是采用的“土屯法”。相传，安放桥面的石梁费了很大一番功夫，还留下了一个动人的传说。当时，桥墩修建好了，桥梁也用滚木运到了河边，但每块桥梁长1丈多，宽3尺，厚两尺，重达10余吨。河里用不到滚木，人也抬不动石梁，牛马也拉不动，这把掌墨师傅难住了，接连几天都毫无进展。眼看工期就要临近，掌墨师傅心急如焚，急得唉声叹气。一天，河边来了一个白胡子老头，来回在河边走动。掌墨师傅有些奇怪，走向老人，觉得老人很面熟，但又想不起来在哪里见过。于是，掌墨师傅对老人说：“老人家，你在河边走，要注意，这里全是石头，小心摔倒。”老人点了点头，并没有说话，只是看了看还没修完的桥。掌墨师傅看到老人望着没有完工的桥，便脱口问道：“老人家，这些石梁我们用尽办法也抬不上桥墩，你可是有把石梁放到桥墩上的办法？请告知。”白胡子老人说：“泥巴都埋到我脑门了，我还有什么好办法喔！”掌墨师傅沮丧地低下头摇了摇，再抬头时，突然发现老人不见了，错愕之下，猛然想起这老人就是画像中的祖师鲁班爷，掌墨师傅幡然醒悟，这是鲁班爷来指点迷津了。掌墨师傅一下顿悟，惊叫道：“泥土，泥土……”于是他指挥群众把河水引流，在桥墩之间填满泥土，直至桥墩高度一致，用滚木法将石梁滚到桥墩之间，再将桥墩之间的泥土挖走，石梁就稳稳放在了桥墩之上。

桥是修好了，我们也看到古桥的样子，但我们却不知道这座古桥在设计、采石料、打制石料、运石料、安置石料等各种工序中，包含着古人多少血汗、多少智慧、多少辛劳。试问没有现代化的设备，我们能否完成这些工序、完成古桥的修建？

所以说，古桥不只是古桥，它是一个时代智慧的集中体现，也是古时越西人民勤劳的见证。

石桥横河，碧水东流，摩崖镌刻；古桥、溪水、零关石刻浑然一体。水绕山而流，山有水则青，桥因山得名，故曰“丁山桥”；溪流顺古道而下，石刻应古道而出，古桥因溪水而建，又称“零关桥”。

或许是受到水观音河水的浸养，以及金马山仙气的影响，双石桥也变得很有灵气。在桥面上可以看到许多清晰的小脚印，据当地的老人讲，谁家的小孩爱生病或者带不起来，就把小孩抱到双石桥上，将小孩的光脚脚印凿在桥面上，神灵就会保佑孩子平安健康长大。凿刻脚印是让过往的行人踩踏，这样小孩的病就会被过往的行人带走，寓意“贱孩好养”。

当然，现在双石桥是国家级文物保护单位，受到保护，也不许人在桥面上凿刻脚印了。

古桥是零关古道中的重要桥梁，是往来商旅贸易的重要纽带，同时也是各民族历史文化融合的长廊。自从古桥建成的那天起，就注定了古桥承载厚重历史和沉淀文化底蕴的命运。

如今，古桥已经沉寂，它的价值并不是桥的功能，而是沉淀下来的文化的价值。自1958年修建公路后，利用古桥过往的人不多了，而行走古桥是为了体会零关古道的历史和古桥的韵味，以及探寻商旅马帮的足迹。

成群结队的马帮身影模糊淡去，清脆悠扬的马铃声随风远逝，零关古道的繁荣融入岁月成为历史印迹，只有双石桥还一直坚守，吟唱着属于自己的浪漫歌谣……

古碉——土碉：流逝时光的倒影

土碉是越西很常见又很特别的一种民居建筑，有人说它同四川阿坝地区的羌族石碉是一文一武两种不同的建筑风格，是川西南一绝。

随着社会的发展，越西土碉逐渐退出历史的舞台，大量的土碉被现代建筑取代，这种建筑文化也随之消失。特别是一些具有特色的土碉，更是难以保留，只留下些琐碎的“零片”，依稀能追溯出当时的风采。

庆幸的是，在越西的村落里还保留着一些古碉。这些古碉不仅仅是住房那样简单了，它是流逝时光的倒影，是一个时代的产物，也是一个时代智慧的象征，更是一个时代的文化符号。

越西的土碉有许多种，有的土碉独具特色，至今还保存的有南箐乡的青龙白虎碉、中所镇的金包银土碉和青碉、河东乡的八角土碉等。

青龙白虎碉坐落在南箐乡白泥村，一青、一白、一黄三座土碉显得格外醒目，也格外孤寂。

一青、一白土碉也就是越西土碉中比较有特色的土碉——青龙白虎碉，当地人称为青碉和白碉。至于黄色土碉的名字已经被淡忘，就连现在房屋的主人吴开明老人也不知道土碉的称呼，只知道它是土碉，修建年代比较久，具体是什么年代也不是很清楚。

据吴开明老人介绍，三座土碉修建的时间不一，最先修建的是“黄碉”，之后才是青龙碉和白虎碉。修建土碉很耗财力和物力，特别是粗实的木材和石条，要经过长时间的积累。即使是当时的财主家的财力，也不能一下支付这巨大的开支，只能分批次修建。

一位80多岁的姓曾的老人告诉我，青龙白虎碉其实并不是土碉的全名，这是一座没有修建完毕的四合院，它的全名叫“四象土碉”，黄色土碉的名字应叫“玄武碉”。

老人是旧社会修建房屋的工匠，他说：这种防御性的四象土碉应该是四座土碉，即青龙碉、白虎碉、朱雀碉和玄武碉。青龙碉与白虎碉紧挨，相错一座土碉的位置，在东面；朱雀碉和玄武碉分散其后，相错一座土碉的位置，在西面。四座土碉大概呈等腰梯形状，无论土匪从任何一方进攻，都会受到三座土碉的防御。

从外形颜色上，青龙碉为青色（深蓝色），在外墙上色时，在石灰浆里加入青色颜料；白虎碉为白色，就是石灰浆原本的颜色；朱雀碉为红色，在石灰浆里加入赤色颜料；而玄武碉为黄色，保持土夯墙的本色。

老人介绍说：按照原本的设计，玄武碉应该是黑色，但由于越西的棺材是黑色，黑色代表死人住的地方，为了避讳棺材的黑色，所以玄武碉不上石灰浆，保持了土夯墙的本色。

越西的土碉，追溯起来源远流长，最远可追溯到西汉元鼎六年（前111年）。那时，越西民众就广泛使用泥土夯墙，修筑民居和城堡，土碉便由此诞生。史料记载：三国时，诸葛武侯在此地筑土城一座，人称奴诺城。据《越嶲厅全志》载：“元置邛部川，旧筑古城，在今治北二十五里王家屯场外。”古城城厚不一，丈许至三四丈不等，皆为黄土城墙，无石砌。

土碉产生时代决定了土碉的用途，土碉除了居住外，一切都是为了防御。

土碉的墙壁是很厚的土夯墙，底楼土夯墙是三尺二，也是越西最厚的土夯墙，俗称狮子头。二楼是三尺，三楼是二尺八,四楼为二尺四，从下到上，依次递减，主要是为了房屋结构稳固。

在四象土碉里，我们看到土碉的很多结构，大到墙体、支柱，小到门闩、窗户，它的设计都是围绕防御功能进行的。

龙门的厚度大约10厘米，门扣也是很粗的铁链打造而成。吴开明老人介绍说:“整个土碉的设计都是为了防盗防土匪抢劫的。”关上龙门，系上门扣后，还要把门杠抵上，门杠也是手臂粗的木棍。一般情况下，土匪想要破开龙门进入土碉的难度很大。

土碉共有4层，每层之间用结实的木板梯连接，每层的楼口也有楼门，楼门的开关由上一层控制。如果土匪进入土碉后，楼门也是一道防御，要破开楼门也需要花很大的功夫才能进入上一层。

每层楼6个窗户，这既是通风口，也是垛口。窗户设计为东西两面分别2个，南北面各1个。吴开明老人说:“窗户口采用里大外小结构，主要为了方便射击，抵御土匪进犯。”

土碉的基脚采用青石条浆砌而成，每根石条大约500斤，甚至更重。基脚的高度大约2米，这也是为了防御而设计的。基脚用大石条浆砌，是为了防止遭受水攻和挖毁。在当时，靠人力挖毁由500斤石条砌成的基脚几乎是不可能的事。

在青碉和白碉周围，我们看到由石条浆砌成的基脚几乎没有任何毁坏，石条与石条之间也没有任何缝隙。砌石条用的浆是用石灰和糯米合成的，时间越久它就越牢固。

土碉内部均用很粗的木墩作为支架主体，其中主支架的木墩直径大约半米，再用粗实的木板穿方连接而成，是越西典型的“金包银”结构。即使墙体毁坏，也对整个土碉结构影响不大。这也是为防止土匪毁坏墙壁而设计的。

而在中所镇邓家大院的“金包银”土碉，也同样体现出了防御的设计。邓家世代习武，家备一石锁重120斤，武师每日单手舞举百余次；另外还有一个练力的石礅重250斤，石礅制有耳以供手提，练时要手握耳提围着80米的院子走上三圈。如今，练力石礅还“躺”在邓家大院，石礅上的耳内覆满泥土，长着一些苔藓。时光飞逝，物是人非，没有人再用它练力，或许也没有人能举得起它，石礅只能默默地与一堆乱石头“躺”在一起孤守老宅，回忆过去辉煌美好的时光。

武术世家出身的邓家祖辈，在修建土碉时，考虑到安全、坚固、实用、风水等因素，邓家大院整体方位是坐南向北，东北、东南、西南、西北四个角都修建了土碉，由厢房、偏房、围墙连接起来，组成完整的四合院。四座碉房唯独东北角的一个是“金包银”土碉，其他三个都是一般土碉。因为东北角紧挨龙门，防守、瞭望等功能尤为重要，所以修建了“金包银”。

“金包银”土碉，外围以土夯筑，内层用上好的木料相隔装饰，内层靠墙面的木地板就有数厘米厚，在一些重要的地方，如墙的基脚处在土墙与木板中间还夹有一层石板，遇强盗撬开土墙也进不了内室。土碉就是这样坚固结实，防水防盗，防火防枪。

碉内有堂屋、厢房、书房、侧室以及杂物间。不得不承认，“金包银”土碉能真实地反映出越西当时的文化和历史发展演化的过程，以及当时人们的生活面貌、审美倾向和精神价值取向，它是越西建筑文化的一个代表性符号。

“金包银”土碉的修建不仅要耗费大量的人力和物力，它需要的木料也相当多，更为关键的是修建“金包银”土碉对木匠的技术要求特别高。

“金包银”土碉的第三层又叫走马转角楼。俗话说：“石匠怕打石狮子，木匠怕建转角楼。”

“金包银”土碉内有一个室内阳台，楼上四角走廊相通，形成转角楼。转角楼看起来简单，可做起来不容易。它需要木匠高超的技艺，每根支柱都要经过精心考虑，不然就会造成受力不均而倒塌。估计，当时能建造转角楼的木匠不会太多，请木匠的工钱也不会低。

眼前的这座“金包银”土碉几经易主，已不是邓家族人所有，它的拥有者叫沈绍民。征得主人同意，我们走进土碉，深秋的寒意顿时消失得无影无踪，冬暖夏凉便是走进土碉的第一感觉。屋内光线不是很好，因为土碉的窗户都开得很小。

龙门还是古时的模样，只是有些破旧，颜色也变得有些灰暗。透过龙门，时光的碎片仿佛在深暗的角落里恬淡呈现，并一点一点地凝聚。武师和大刀相伴，英雄和长弓相随，石锁和石礅相立；晚霞和竹林辉映，归鸟与骏马应和，红柿和土碉相依……

一幅武将世家的画面，一个英雄的传奇故事，一座风景如画的土碉……

悄然间，英雄已然逝去，土碉已被遗忘，这一切只是遥远的记忆，时光岁月的倒影。

青碉的独特之处在于具有防火的功能，在墙壁与房檐之间用雕有精美图案的石板修建了一个“隔离带”，老百姓叫作“风火墙”。在遭到火攻时，火焰会被“风火墙”挡住，屋檐的木条、房檐等木料就不会着火。

坐落在河东乡的八角土碉，在继承防御的功能后，注重外形的美观，它具有八角飞出的屋檐角，是真正的飞椽翘檐，让人赏心悦目。

时代的发展注定了土碉的命运，它逐渐被更加舒适牢固、建造快捷的建筑所取代。越西的土碉数目也逐年急剧递减，逐渐消失在时代的发展变迁中。或许要不了多久，越西土碉又将成为建筑文化中的一个传说，变成流逝岁月的时光倒影，只留在人们过去的记忆之中。

古忆——马帮：淡淡的悠长回忆

零关古道是商贸往来的命脉，商贸往来最离不开的是什么？毫无疑问，是马帮。在古代，商贸往来中，马帮起着不可替代的作用。

谈起马帮，给人的印象便是长长的马队、模糊的背影、清脆的马铃声，给人的感觉又是淡淡的、古朴的、厚重的；当回忆马帮的真实生活时，展现的却是悠长的古道、匆忙的脚步、艰辛的旅途……

马帮因古道而产生，是各个地方商贸往来的纽带。“人、马、货物”是马帮的三大要素。人是马帮的组织者、主导者，由锅头（首领）和马脚子（赶马人）组成。马是重要载体，没有马，就无所谓马帮，在马帮中的作用非常重要，一般少则百十匹，多则几百匹，一些大型马队甚至有上千匹。货物是人和马赖以生存的保障。

马帮常年奔走在古道上，大部分时间过的是野营露宿的生活。他们一般天还没亮就要起来，给骡马喂料后上好货物启程。中午吃一次午饭，中途实在太累就休息。天色昏暗时，马帮都要尽力赶到他们必须到达的地方，在那里宿营，并在天黑前埋好锅烧好饭，卸完货物，搭好帐篷。

每天的工作都由大家分工合作，找柴的找柴，做饭的做饭，搭帐篷的搭帐篷，洗碗的洗碗，很多事情都是轮流做，尽量做到各司其职、平等分工。

“晴天一身汗，雨天一身泥”就是马帮生活的真实写照。为了生存，风餐露宿、严寒酷暑、风霜雪雨，那是家常便饭。

月复一月、年复一年的艰苦生活，造就了马帮人的冒险、守信、吃苦的精神，并形成了独特的马帮文化。

马帮是一种民间运输团体，但他们的运作已经是一种商业行为。每次生意，马帮的所有人都要分工负责，以保证货物完好无损地运到交接地点，由对方一一清点。要是出了纰漏，做了手脚，下次就没有人再请你了，也就意味着“饭碗”丢了。所以马帮特别看重信誉，也特别守信，要是在路途中出了意外，马帮所有的人都会承担责任，哪怕倒贴，也要让客户满意，以保证自己的信用。

马帮有马帮自己的规矩和禁忌。比如中途休息叫“打尖”，吃午饭叫“开稍”，露营叫“开亮”，工钱叫“彩利”。有些数字谐音不吉，则借他字代替。如“三”谐“丧”，以“神”字代；“四”“十”谐“事故”“蚀本”，以“重双”和“金”字代。有些音意含凶的词语，则采取回避或替代的方式。如虎称“高鹰”，蛇称“老梭”，狼称“山兵”，鬼称“黑影”，哭叫“汪”，灯叫“亮子”，锅叫“祖师”，肉叫“片片头”，饭叫“钢”，等等。途中若遇洪水断路就叫“开顺”，若遇送葬就叫“送财神”“进财”，皆含有讨口彩的意思。

这些都是语言禁忌，其他还有骡马禁忌、衣饰禁忌、食宿禁忌、物象禁忌、出行禁忌等。

骡马禁忌有：忌骡马体貌异常，如马额有白、马背生旋、白蹄白尾等；忌骡马行为反常，如骡马夜间卧眠，半夜马嘶骡吼；忌当生人面前数马；忌马穿过羊群；忌马脖带草藤而归。

衣饰禁忌有：忌穿红、黄二色衣服，衣服款式以宽大为宜，忌错扣和敞胸露怀，忌裹腿松散、跨越草帽、乱抛草鞋等。

食宿禁忌有：忌盛饭菜旋转锣锅，忌饭前敲空碗空筷，忌筷子直插饭食上，忌吃饭串门，忌吃饭时坐门槛或马鞍，忌吃途中捡到的食物。开饭时，遇到路人，一定要邀请同食，哪怕是飞禽走兽经过，也要抛丢食物饲喂。野外宿营时忌宿沙河畔、大箐口和悬崖下，忌火种熄灭；住店时忌与生人同房，忌放置东西无序。

物象禁忌有：忌见鹰擒兔子，忌见耗子搬家，忌见蛇交配、蜕皮，忌见马蜂炸窝，等等，一般违背常理的物象都是马帮禁忌的。如看见这些禁忌，就要采取吐口水、喊避祸话的方式化解，有的还要烧香、磕头以驱除禁忌带来的不利。

出行禁忌有：生肖属马日严禁出行，农历腊月、六月忌远行。

马帮中最大的规矩就是每次吃饭前，必须把牲畜照顾好，先把骡马喂好、喂饱，人才会开饭。因为马帮所有的人都要靠骡马才能生存下去，先喂骡马以表示对骡马的尊重，让骡马和人的感情更深一些。

山悠悠，水潺潺，山间铃响马帮来。马帮在当时创造了很大的财富，让整个商贸活跃起来，推动社会的发展，但马帮却处于当时的社会底层，没有人会去关注他们，只把他们当作运输工具，而他们创造的价值却被忽略。

马帮在越嶲行走的路线由北向南依次经过大渡河、大树堡、晒经关、白马、河南站、八里堡、平夷堡、大湾、深沟（清溪关）、五道桥、双马槽、海棠、腊梅营、蓼叶坪、白沙沟、腊关顶、梅子营、凤凰营、保安营、连三营、利济站（保安乡）、青杠关、板桥、马敞河坝、大寨、王家屯（新民镇）、大屯、小屯（天皇寺北面山下）、越西县城、小孤山、丁山桥、中所镇、陶家营、五里牌、炒米关、白泥湾、小哨、长老坪、小相岭、登相营、泸沽镇、西昌。

青杠关（今板桥乡青松村）的花椒是马帮路上最受欢迎的商品。宋朝时期，越西花椒已经是远近知名的贡品，越西花椒被称为“贡椒”至少已有上千年历史。《凉山志》《宋史·本纪第五》均有宋太祖开宝二年（969年），邛部川入朝进贡记载。《元史·地理志》也载：邛部川，在宋时岁贡名马土物。《巴蜀史志》记载，宋代邛部川以马匹、花椒等土产交换内地的茶叶、丝绸。《中华文化通志》记载：宋代邛部川农业已有较高水平，当地特产红椒已是远近知名的贡品和商品交换的重要物资。

在民间，贡椒的来历又是另一种说法。据青杠关90多岁的老人施学品说，越西本地就有野生花椒生长，主要有藤椒、高脚黄、两面针、狗椒等，而目前越西种植的花椒品种是一个叫刘贡一的本地人引进的，距今大概有近千年的历史。当时，刘贡一引进了20多株花椒，种在青杠关的对门山山上。这些花椒树相当适宜青杠关的气候，长得很快，进入生产期后，每年每株花椒树都会摘5斗（150斤）鲜花椒。青杠关得天独厚的气候造就了花椒特有的品质，这里产出的花椒油重粒大、色泽红润、芳香浓郁、香麻可口。很快，刘贡一引进的花椒得到了当地村民的认可，在这里普遍种植，青杠关的花椒也随之声名远扬。朝廷下派官员到此，当地百姓把花椒作为礼品赠送，下派官员又把这里的花椒向皇帝进贡，得到皇帝的赞赏，列为贡品，“贡椒”也就成了这里的花椒的名称，传扬开来。

由于越西的花椒享有“贡椒”之美誉，花椒也成了马帮运输的重要商品。花椒香气浓郁，但敞在空气中的时间一久，花椒的香气就会散发掉，质量就会下降。为了让花椒保存长久，且香气不减，马帮摸索出了一种独特的保存方法，最大限度保存了花椒的品质。

青杠关的村民施学政告诉我们古时马帮保存花椒的方法。施学政说，一般人家保存花椒都是用的布口袋和装洋芋的木桶。但马帮进贡的花椒和驮运出去卖的花椒却有特有的保存容器。保存进贡的花椒和卖的花椒的容器是用竹条编制的竹桶，竹桶里面覆上一层黑褐色的“洋油”，使竹桶不透一丝气，这样就可以让花椒一直保持色泽鲜红，香气横溢，驮运起来也比较方便。遗憾的是这黑褐色的“洋油”究竟是什么东西做成的，施学政并不知道，这种“洋油”的制作方法更是随着马帮的消失而失传。

如今，越西也还存在零星的马帮，只是此马帮非彼马帮。现在的马帮也是运输的工具，只是少了商业的成分。他们只生存在一些山区之中，帮人们托运一些建筑材料到交通不方便的地方，没有古代马帮的浩大规模，也没有古时马帮独特的文化底蕴。

不知是马帮见证古道的繁荣兴衰，还是古道见证了马帮的产生消亡。马帮的铃声日渐稀落，商贾的千金散尽，灿烂的文化却浸入这条零关古道，与山谷中的河流一起长流不止，和人们的生活一样繁衍不息。

长长的马队景象再难寻觅，那渐行渐远的队伍慢慢隐去，马帮的背影逐渐淡化，只留下悠长的回忆，让人蓦然想起。

（原载《文昌阅嶲》2022年11月版）

用笔尖记录　用镜头见证“文昌故里　水韵越西”

陈　璇

2023年9月23日上午，“果香嶲州　乐享丰收”——越西2023年秋季旅游主题活动在越西县大瑞镇现代农业产业园区盛大开幕。活动以越西本土苹果成熟季、农民丰收节为契机，将传统中秋元素、国庆节日和越西文旅特色结合，以丰富多彩的活动内容、独具特色的节庆形式，致敬耕耘，礼赞丰收。

活动现场迎来了一批特殊的客人，他们是由全国50余家报纸副刊的编辑、记者组成的采访团。在现场，当地农民携带自家种植的瓜果蔬菜以及苹果、葡萄、菜籽油、越西豆腐乳等独具越西特色的农产品进行展销，与现场游客以及采访团一起分享丰收的喜悦。通过农产品推介展销、现场观摩、果品鉴评等，激发越西乡村消费活力，带动乡村经济发展。

“这是我第一次来越西，对越西的第一印象是气候和温度非常好。第二感受是越西苹果与我们陕西当地的苹果相比，高海拔带来的温差和日照，让越西苹果果香更加浓郁、口感脆爽、脆甜多汁。”看到红彤彤的苹果挂满枝头，来自西安日报社的章学锋激动地说道。

据悉，此次由中国报纸副刊研究会、中共越西县委、越西县人民政府主办，中共越西县委宣传部、越西县文化广播电视和旅游局、越西县农业和文化旅游投资有限责任公司承办的2023年全国报纸副刊理论研讨会暨“文昌故里　水韵越西”采访调研活动，还将有参加普雄镇传统尝新米节，在呷古村开启零距离非遗初体验，感受古南方丝绸之路上的小相岭，走进红军长征纪念馆以及文昌故里风景区等活动。纵情山水间，挖掘越西深厚的“南丝路文化、蜀汉文化、文昌文化、红色文化和民族文化”五大文化品牌，用笔和相机记录越西乡村新貌，体验民俗文化，为艺术创作积累丰富素材。

近年来，越西全县上下以文化为媒，力推经济与文化融合、城市与文化结合、旅游与文化交融，不断增强文化软实力，推进民族地区现代化建设进程，以“串点成线　串珠成链”对县内旅游资源进一步整合提升，切实把县域优势转化为发展优势。

（原载“中国副刊”公众号2023年9月24日）

尝新米赏彝绣　丰收时节走越西

陈　璇

秋风送爽，稻谷飘香，满满的丰收喜悦中，今年的尝新米节如期而至。2023年9月24日，越西县普雄镇尝新米节在且拖村举行。来自全国50余家报纸副刊的编辑、记者组团来到且拖村，与当地群众共享丰收的喜悦。

在越西，凡平坝河谷产水稻的地方，均有过彝族尝新米节的习俗。普雄镇且拖村就是四川省第一批非物质文化遗产项目“彝族尝新米节”的体验基地。每年尝新米节，人们聚集在这里，举行各种形式的庆祝活动。

丰收，是一年辛苦劳作的回报；尝新，更是一年辛勤耕耘的犒赏。秋收时节的普雄大地，放眼望去，皆是颗粒饱满的金黄稻穗，饱满、匀称、沉甸甸的，透露着丰收的喜悦。一阵风吹过，稻穗随风摇曳，诱人得让人忍不住伸手摘下一颗嚼一嚼，味道很香甜。

尝新米节作为彝族传统民俗节庆活动之一，彝语称“车史则”，意为吃新米，是一个庆贺丰收的同时，也为祈祷来年丰收而举行的传统农事节日。这一天，人们载歌载舞、祭祀祈福，尽情享受劳作的快乐和丰收的喜悦。这是一个既令人期盼的传统节日，也是一个集美食、民俗活动为一体的民族文化盛宴，来自周边村寨的彝族妇女们盛装打扮，尽情展示着自己精致的服饰手艺以及佩戴着的亮眼银饰，将彝族传统服饰“美出圈”。

据史料记载，普雄镇种植水稻已有500多年历史，越西彝族尝新米节历史悠久，文化源远流长。节日期间，有田野走秀、千人抽穗、长街宴共尝新米、篝火达体舞等活动。

下午，副刊编辑记者调研采风团走进“成昆线上彝绣第一村”普雄镇呷古村。呷古村民族手工艺文化底蕴深厚，其中，彝族刺绣手艺尤为突出，有“不会绣花的女子不算彝家女”的古训沿袭。

近年来，呷古村将彝绣手艺发扬光大，定位于发展高端彝族精品手工刺绣，系统生产、定点销售，产品远销广州、深圳、北京等地，甚至引来了国际著名服装品牌的订单。2021年底，呷古彝绣新村项目落地，该项目以乡村旅游为核心，充分发挥农文旅与本地彝绣融合的产业功能，以提升乡村内生动力，创造可持续的乡村振兴。

在呷古村，色彩缤纷、手工精致的彝绣作品，引起了副刊编辑记者们的浓厚兴趣，他们有的围着绣娘们深入采访，有的坐在绣娘身旁仔细观摩，还有的干脆拿起针线，学起了彝绣。在这里，他们不仅感受到彝族妇女的心灵手巧，而且被特色鲜明、风格独具的彝绣之美所感染所陶醉。据了解，这个彝族村寨通过培训，已经培养出200多位新绣娘。靠着一双巧手，很多人家已摆脱贫困，走向富裕。

（原载“中国副刊”公众号2023年9月25日）

漫步越西　领略自然之美与文化之韵

陈　璇

古巂州，今越西，外揽山水之幽，内得人文之胜，既有古蜀文化的深刻烙印，又有文昌文化的源远流长。巍巍相岭，彝风浩荡；巂水清扬，微风鼓浪。循着巂水流淌的方向，越西这座城市，值得慢慢品味。

2023年9月25日，全国50余家报纸副刊编辑、记者来到越西小相岭。小相岭，又叫小相公岭，是省级文物保护单位。这里有开通于汉代的古道遗址；山顶曾有诸葛亮亲题的“今日山头”四字碑，而今越西县小相岭隧道口下行150米公路旁的登高台上，一组群雕再现了诸葛亮题写“今日山头”之场景，是越西“三国文化”的具体展现。

小相岭古道遗址位于南箐镇小相岭村。古道开通于汉代，是“南方丝绸之路”和“川滇茶马古道”的组成部分。该古道遗址是凉山境内迄今保存较完整、路程较长、马蹄印最多的古代青石板路。

小相岭栈道全长约480米，栈道连接“今日山头”群雕和小相岭古道遗址，其中还有一段玻璃栈道，依山而建，斗折蛇行，幽静的小道四周树木环绕。虽然天公不作美，飘起淅淅沥沥的小雨，但这丝毫没有阻挡大家参观的热情。雨天走栈道也别有一番滋味，绵绵细雨中，越过彩林，登上山顶，云雾在山间翻腾……

沿小相岭山路盘旋而下，便到了红军洞和红军长征纪念馆。越西，是一片红色热土，是凉山州参加红军人数最多的县，被称为彝族红军之乡。

红军长征纪念馆，是越西县爱国主义教育基地和红色文化乡村旅游基地。馆内一张张图片、一件件实物以及珍贵的历史文物资料，无声地诉说着越西的红色历史。

文昌故里之称起于文昌帝君出生在越西县中所芦林沟的传说。据《越嶲厅全志》记载："张亚子晋太康八年二月初三，七十一化降生在中所芦林沟张老夫妇家中。……后勤学苦练，羽化成神。"越西民间有关文昌帝君的传说有很多，其中流传最广的是文昌帝君是由蛇转化为人，往来四方，讲学云游。文昌文化融合了儒、佛、道的精华，影响深远。

文昌故里景区山清水秀，不仅有观音碧潭、文昌大庙等自然与人文景观，附近更有零关题记、丁山桥这样的国家级重点文物保护单位——零关古道上的文物点。

与历史文化相关的地点，从来为文化记者编辑所特别关注。前来调研采风的编辑记者，围着几位当地专家，了解着这里的历史与传说。

9月25日调研采风的最后一站是中所镇陶家营村，这里曾是南方丝绸之路零关古道上的重要驿站，明洪武年间，都指挥陶亨为维护零关古道的通畅，率兵驻扎于此，陶家营因此得名。村里土碉楼林立，现存完好的土碉楼还有20多座，其中具有代表性的有18座。王家碉、鸣琴碉、紫微碉、逍遥碉、跃进碉、杨柳青碉、团正碉、红军碉……每一座土碉都有它背后的故事。沿着青石板铺就的入村路，编辑记者们在一座座土碉楼中流连忘返，找寻历史记忆。陶家营村近年来致力发展乡村旅游，新修建了不少漂亮楼房，办起了民宿和农家餐馆，历史遗存与现代建筑在这里水乳交融。

（原载"中国副刊"公众号2023年9月26日）

走进越西县城北感恩社区

陈 戎

2023年9月26日上午，凉山彝族自治州越西县城北感恩社区，副刊编辑记者四川越西调研采访团的到来，引得不少社区居民的驻足观看。

社区书记莫色古布子为大家介绍了社区的大致情况：越西县城北感恩社区距越西县城1.5公里，总投资4.2亿元，集中安置全县17个乡镇38个村建档立卡贫困户1420户7023人，是国家发展改革委确定的“十三五”美丽搬迁安置区、四川省先进基层党组织、四川省基层治理示范社区、四川省“六无”平安社区、四川省民族团结进步示范社区、四川省民主法治示范社区、凉山州城市基层治理示范社区。

社区内有配套建设的小学1所、幼儿园2所，2600多名搬迁群众子女全部实现就近入学。社区内建有医疗服务站，配备7名医务工作者，搬迁群众全部落实家庭医生签约服务。文化体育广场、超市、餐饮服务商业等公共服务场所，保障了群众基本生活需求。

漫步社区，栋栋高楼之间，两所平房引起了编辑记者们的注意。那是两处特意保留下来的旧式彝族房舍。社区书记告诉大家，这一处破旧、一处略新的房屋，是入住楼房前彝族乡亲房舍的样子，是他们特意保留下来的，与周围环绕的高楼在一起，生活的旧貌与新颜一目了然，既为留念，也引人深思。

位于社区内的越城镇第一幼儿园中，孩子们正在上早操，在欢快音乐的伴随下，孩子们跟着老师一起跳跃起舞。

这是社区内两所幼儿园之一，设有大中小班，入托儿童200多名。被孩子们亲切称为园长妈妈的木兰英，言语爽快，满面笑容。这位曾被评为明星园长的资深幼儿教育工作者，说起园里的孩子们，语调中充满慈爱。这里70%—80%的孩子是留守儿童，刚入园时很多孩子的个人卫生情况很糟糕。她和园里的老师们就在这样的状况下，用爱心和耐心一点点引导孩子，从最基本的生活习惯开始培养，现在，孩子们的面貌发生了很大的改变，仪容整洁了，也懂得了遵守纪律、礼貌对人。

在社区工作站，一本红色的存折样的东西引起了大家的注意。翻开来，姓名和住址后面，一行行的记录清晰明了。这是社区设立的积分簿，每家一本。积分簿中的每一项记录都是加分项或者减分项，参加社区组织的活动、环保行为等都可以挣得积分，而不当行为则有可能减分。这里的积分是可以使用的，可以兑换生活必需品、文体用品，1000积分甚至可以兑换一台电视机；也可以用积分换取社区的实际帮助，比如帮助接送孩子等。这种辅以实利的做法，对于帮助居民文明规范行为的养成无疑是积极的。

这个社区还建有扶贫非遗工坊，把彝绣、漆器、银饰全部搬入车间，让“指尖技艺”转变成为“指尖经济”，可以提供约500个就业岗位，一些搬迁过来的群众便可以在家门口就业。

整洁的社区环境，漫步其中、面色安详的人们，越西县城北感恩社区的现状，让前来调研采访的副刊编辑记者深有感触。木兰英园长的一句表述非常准确传神，她说：我们这些孩子身上发生的变化，其实正是展示了搬迁而来、生活在这里的人们身上所发生的变化。

（原载“中国副刊”公众号2023年9月27日）

后　记

受中共越西县委宣传部邀请，2023年9月中国报纸副刊研究会在越西县召开了全国报纸副刊理论研讨会，会议期间举办了“文昌故里　水韵越西”中国文化记者越西行采访调研活动。

越西县地处四川省西南部，凉山彝族自治州北部。全县面积2257.61平方公里，总人口39.1万（截至2023年底），是一个以彝族为主体的多民族聚居县。近年来，越西县着力打造农文旅融合发展示范县和清凉避暑旅游目的地，建设美丽繁荣文明和谐新越西。

这本采访调研作品集，是来自全国50多家媒体的60余名文化编辑记者走进越西，走进彝族村镇，挖掘越西深厚的“南丝路文化、蜀汉文化、文昌文化、红色文化和民族文化”，用笔和相机记录越西乡村新貌的成果。我们从编辑记者们发表在全国各媒体的30多篇作品中评选出一等奖、二等奖和三等奖，并编选若干篇特别奖作品（不参加评选）。书中还收录了一些越西当地作家的作品以及其他宣介越西的作品。有的作品在收录到本书时对个别文字作了修订。这些作品对宣传展示越西的现代化建设进程、增强越西农文旅产业的对外宣传力和影响力、提升越西的知名度和美誉度，起到了良好的作用。

本书出版在即，诚挚感谢在越西采访调研活动期间中共越西县委、县人民政府的高度重视和鼎力支持，感谢中共越西县委宣传部全程陪同报道。感谢凉山日报社原副总编辑何万敏对活动的大力支持。感谢各位副刊同人的积极参与和支持!

中国报纸副刊研究会

2024年10月

图书在版编目（CIP）数据

越西的云朵：中国文化记者越西行采访调研作品集 / 丁振海，郭运德主编；王琴珍，何万敏执行主编 . 北京：党建读物出版社，2024. 10. -- ISBN 978-7-5099-1592-9

Ⅰ . I267.1

中国国家版本馆 CIP 数据核字第 2024T7P217 号

越西的云朵

YUEXI DE YUNDUO

中国文化记者越西行采访调研作品集

丁振海　郭运德　主编

王琴珍　何万敏　执行主编

责任编辑：朱瑞婷

责任校对：钱玲娣

封面摄影：余寒

装帧设计：刘伟

出版发行：党建读物出版社

地　　址：北京市西城区西长安街80号东楼（邮编：100815）

网　　址：http://www.djcb71.com

电　　话：010-58589989 / 9947

经　　销：新华书店

印　　刷：保定市中画美凯印刷有限公司

2024年10月第1版　2024年10月第1次印刷

710毫米 ×1000毫米　16开本　17.25印张　插页8页　211千字

ISBN 978-7-5099-1592-9　定价：26.00元